THOMAS SOWELL
ESSENCIAL
Sociedade, Economia e Política

LIVRO 1

THOMAS SOWELL
ESSENCIAL
Sociedade, Economia e Política

TRADUÇÃO
CARLOS SZLAK

COPYRIGHT © FARO EDITORIAL, 2025
COPYRIGHT © 2011 BY THOMAS SOWELL

Todos os direitos reservados.

Avis Rara é um selo da Faro Editorial.

Nenhuma parte deste livro pode ser reproduzida sob quaisquer meios existentes sem autorização por escrito do editor.

Diretor editorial **PEDRO ALMEIDA**
Coordenação editorial **CARLA SACRATO**
Assistente editorial **LETÍCIA CANEVER**
Tradução **CARLOS SZLAK**
Preparação **TUCA FARIA**
Revisão **BARBARA PARENTE**
Imagem de capa **FARO EDITORIAL**

Dados Internacionais de Catalogação na Publicação (CIP)
Jéssica de Oliveira Molinari CRB-8/9852

Sowell, Thomas
    Thomas Sowell essencial : sociedade, economia e política / Thomas Sowell ; tradução de Carlos Szlak. — São Paulo : Faro Editorial, 2025.
    288 p.

    ISBN 978-65-5957-718-7
    Título original: The Thomas Sowell Reader.

    1. Estados Unidos – Condições econômicas – 2009 2. Estados Unidos – Condições sociais – 1980-2020 3. Estados Unidos – Política e governo – 2009-2017 I. Título II. Szlak, Carlos

24-5240   CDD 973.92

Índice para catálogo sistemático:
1. Estados Unidos – Condições econômicas – 2009

1ª edição brasileira: 2025
Direitos de edição em língua portuguesa, para o Brasil, adquiridos por **FARO EDITORIAL**

Avenida Andrômeda, 885 — Sala 310
Alphaville — Barueri — SP — Brasil
CEP: 06473-000
www.faroeditorial.com.br

SUMÁRIO

Prefácio à edição brasileira 11

Prefácio 15

Nota da edição 17

QUESTÕES SOCIAIS

A cigarra e a formiga 21

Já se perguntou o porquê? 25

O "dever de morrer"? 28

A moeda dos tolos 31

Boomers e bumerangues 34

A família está em vias de extinção? 37

Vida na sarjeta. 40

História distorcida 43

Ritos animais 46

Gado humano. 49

A síndrome de Einstein 52

A coisa certa: o caso dos irmãos Wright. 55

Revisionistas contra a América 58

"Curas" para o autismo? 61

Instruindo os instrutores 64

Envelhecer 67

Estrangeiros em serviços domésticos 71

"Compaixão" cruel 74

As guerras em torno de valores 77

Amor é uma palavra de quatro letras 80

"Igualdade" sem sentido 83

Pequenas coisas 87

Mascotes dos ungidos 90

Os americanos antiamericanos 93

"Bola morta" *versus* "bola viva" 96

ECONOMIA

Pensamento no estágio inicial 105

Os mitos sobre os sindicatos 108

"Acessibilidade" 111

Salvando vidas 115

Visualizando o "fundo de reserva" 118

A economia do crime 121

A economia da discriminação 131

"Distribuição de renda" 145

Leis de salário mínimo 159

O papel da economia 172

QUESTÕES POLÍTICAS

Ivan e Boris — E nós 185

Ronald Reagan (1911—2004). 188

O esquema da "compaixão" 191

A política da criança mimada. 194

O vocabulário da esquerda 197

Encargos sem financiamento. 200

Reflexões sobre limites de mandato 203

A sobrevivência da esquerda 206

A política em uma lição. 209

O padrão dos ungidos 212

Reexaminando *On Liberty* 242

Marx, o homem 247

Fontes. 271

Notas 272

THOMAS SOWELL
ESSENCIAL
Sociedade, Economia e Política

PREFÁCIO À EDIÇÃO BRASILEIRA

*Por Roberto Motta**

A filha de um amigo estuda em uma das melhores escolas bilíngues do Rio de Janeiro. O programa de ensino, quase todo em inglês, prepara filhos de executivos expatriados e de famílias ricas cariocas para continuar os estudos em universidades estrangeiras. Há duas semanas, a professora apresentou um trabalho a ser feito pela turma: escrever sobre a vida de uma personalidade negra ilustre. A filha do meu amigo escolheu escrever sobre Thomas Sowell. A professora a informou que não seria possível. A personalidade negra ilustre deveria ser escolhida de uma lista que a professora já tinha preparado. Thomas Sowell, que não constava da lista, teria adorado essa história.

Sempre gostei de ler, mas, durante um longo período, me faltou disciplina e orientação. Por volta de 2008, participei da criação de um partido político, que viria a se tornar o partido Novo (essa história é contada com detalhes no livro *Os Inocentes do Leblon*). A ideia atraiu um grupo interessado nas ideias conservadoras e liberais que se reunia semanalmente em um escritório do Leblon. Alguém sugeriu que eu talvez gostasse de um livro chamado *Economia Básica* (*Basic Economics*) de um autor americano que eu desconhecia, Thomas Sowell. A única palavra adequada para descrever minha reação ao livro foi *fascinação*. O segundo livro de Sowell que li é aquele que considero até hoje sua obra-prima: Intelectuais e Sociedade.

Ler Thomas Sowell é libertador. É como acordar de um sono profundo. Ler Sowell é encontrar explicações claras, coerentes e elegantes sobre questões e fenômenos que nunca compreendemos – ou que nem sabíamos que existiam.

Thomas Sowell não usa oratória rebuscada nem recorre ao pedantismo e obscurantismo acadêmicos que caracterizam boa parte das obras consideradas relevantes. Sua escrita é fluida, natural, saborosa, nutritiva e altamente legível. Ela serve de veículo para lucidez e capacidade de análise que colocam Sowell em destaque entre os pensadores modernos (seu único rival, na minha opinião, é Christopher Hitchens). Destruidor de falácias e demolidor de mentiras, Sowell combina o raciocínio de um economista bem formado com o olhar crítico de quem testemunhou as grandes mudanças de sua época.

O alvo preferido de Sowell é o progressismo, a versão embrulhada para presente do equívoco intelectual, moral e político também conhecido como marxismo, comunismo ou socialismo. Sowell expõe o absurdo do politicamente correto, o uso de questões étnicas como mecanismos de conquista do poder e a destruição moral e política causada pelo sequestro de pautas como o meio ambiente pelo ativismo de extrema esquerda.

No centro de todo o desastre, explica Sowell, estão os *ungidos*: aquele grupo de pessoas que, por razões variadas, acreditam ter a capacidade e o direito de ditar como todos devem viver suas vidas. Os ungidos produzem regras sobre como falar, como viver relacionamentos amorosos e até especificam de forma minuciosa a composição das equipes que contratamos para nossas empresas.

PREFÁCIO À EDIÇÃO BRASILEIRA

Sowell lança sobre essa insanidade coletiva uma crítica inteligente, detalhada, plena de fatos e dados, mordaz e impiedosa. Ler Thomas Sowell é sempre um privilégio.

Boa leitura.

ROBERTO MOTTA é Engenheiro Civil pela PUC-RJ e Mestre em Gestão pela FGV-RJ. Roberto tem mais de 35 anos de experiência como executivo, incluindo 5 anos como consultor do Banco Mundial nos EUA.

Há mais de 10 anos Roberto estuda segurança pública, com centenas de palestras e seminários realizados em todo o país e milhares de textos, artigos e vídeos publicados. Em 2018 Roberto participou da transição do governo do estado do Rio de Janeiro, coordenando a transferência da segurança estadual do Gabinete de Intervenção Federal para as Secretarias de Polícia Civil e Militar e exercendo por um curto período o cargo de Secretário Executivo do Conselho de Segurança (antigo cargo de Secretário de Segurança). Roberto também foi suplente de deputado federal e de vereador e publicou quatro livros: *Ou Ficar A Pátria Livre, Jogando Para Ganhar: Teoria e Prática da Guerra Política*, *Os Inocentes do Leblon* e *A Construção da Maldade*, sobre a crise de segurança pública do Brasil.

Roberto também participou como consultor do documentário Entre Lobos, da Brasil Paralelo, e é colunista do Instituto Millenium, do Instituto Liberal, da Revista Oeste, da Gazeta do Povo e comentarista da Rede Jovem Pan.

Roberto é um dos criadores do Partido Novo, do qual se desligou em 2016.

PREFÁCIO

Resumir o trabalho de uma vida é um desafio, mesmo para alguém como eu, que se concentrou em uma especialidade. Achei ainda mais desafiador por causa de minha vida assaz longa e dos diversos campos que tenho abordado ao longo dos anos, que vão desde textos sobre economia em publicações acadêmicas até colunas de jornal, tanto humorísticas quanto sérias, a respeito de tudo, incluindo beisebol, política, guerra e crianças que começam a falar tarde — sem mencionar alguns livros sobre história, habitação, autobiografia, intelectuais e raça.

Sinceramente, nunca teria me ocorrido tentar reunir todas essas coisas muito diferentes nas páginas de um único livro se a ideia não tivesse sido sugerida por John Sherer, editor da Basic Books. No entanto, alegro-me que ele tenha feito isso. Uma amostragem de todos esses itens pode ter mais coisas para interessar ao leitor comum do que um livro dedicado a um único tema, dirigido para um único público.

Em cada uma das várias seções do livro — seja sobre cultura, economia, política, direito, educação ou raça —, eu comecei com as colunas de jornal e, em seguida, avancei para textos mais longos que permitem análises mais aprofundadas. Cada leitor pode escolher entre uma ampla gama de assuntos a explorar e decidir quais examinar mais superficialmente e quais investigar mais a fundo.

Minha expectativa é que esta ampla seleção de meus escritos reduza a probabilidade de os leitores interpretarem mal o que eu disse sobre muitos assuntos controversos ao longo dos anos. Se o leitor concordará com todas as minhas conclusões é uma questão à parte. Porém, discordâncias podem ser produtivas, ao passo que mal-entendidos raramente são.

Uma razão para alguns mal-entendidos é que minha abordagem e meus objetivos foram simples e diretos para aquelas pessoas em busca de agendas secretas ou outras motivações complexas. Desde muito jovem, tive a preocupação de procurar entender os problemas sociais que sobejam em qualquer sociedade. Antes de tudo, isso foi uma tentativa de buscar alguma explicação para as coisas intrigantes e perturbadoras que aconteciam a meu redor. Tudo isso foi para meu próprio esclarecimento pessoal, já que eu não tinha ambições políticas nem os talentos políticos necessários para ocupar cargos eletivos ou nomeados. Mas, depois de ter alcançado certa compreensão de questões específicas — um processo que não raro levou anos —, meu desejo era compartilhar essa compreensão com outras pessoas. Essa é a razão do material que foi publicado neste livro.

THOMAS SOWELL
Hoover Institution
Universidade de Stanford

NOTA DA EDIÇÃO

Identificar os livros dos quais o material publicado aqui foi extraído será feito na seção "Fontes" no final do livro, em benefício daqueles leitores que talvez queiram ler os textos completos no original. No entanto, nenhuma razão semelhante se aplica à reprodução de minhas inúmeras colunas publicadas em jornais e revistas ao longo dos anos; então, essas fontes não são mencionadas.

Gostaria de agradecer à Yale University Press por conceder a permissão para reproduzir minha crítica sobre *On Liberty*, de John Stuart Mill, publicada em *On Classical Economics*, e o primeiro capítulo de *Affirmative Action Around the World*. O material autobiográfico foi reimpresso com a gentil permissão de The Free Press para incluir excertos do primeiro e último capítulos de *A Personal Odyssey*. Outros materiais publicados aqui de *Basic Economics*, *Intellectuals and Society*, *Migrations and Cultures*, *The Vision of the Anointed*, *Applied Economics* e *Conquests and Cultures* são todos de livros que já são propriedade da Basic Books. O capítulo intitulado "Marx, o homem" é de *Marxism: Philosophy and Economics*, que está esgotado e cujo direito autoral é de minha propriedade.

Também devo agradecimentos a minhas dedicadas e diligentes assistentes de pesquisa, Na Liu e Elizabeth Costa, que contribuíram muito para os textos originais dos quais estes excertos foram extraídos, assim como para a produção deste livro. Agradeço igualmente à Hoover Institution, que tornou todo o nosso trabalho possível.

QUESTÕES SOCIAIS

A CIGARRA E A FORMIGA

Do mesmo modo que os filmes *Rocky* e *Guerra nas Estrelas* tiveram suas sequências, assim também deveriam ter as fábulas clássicas. Eis aqui a continuação de uma fábula bem conhecida.

Era uma vez, uma cigarra e uma formiga que viviam no meio do campo. Durante todo o verão, a cigarra brincava e se divertia, enquanto a formiga trabalhava duro sob o sol escaldante para armazenar comida para o inverno.

Com a chegada do inverno, a cigarra começou a passar fome. Em um dia frio e chuvoso, ela foi pedir comida para a formiga.

— Você está louca?! — a formiga exclamou. — Passei o verão inteiro me matando de trabalhar, enquanto você corria por aí saltitando e rindo de mim por eu desperdiçar todas as alegrias da vida.

— Eu fiz isso? — a cigarra perguntou, mansamente.

— Sim! Você disse que eu era uma daquelas bobocas antiquadas que não tinham captado completamente a essência da filosofia moderna da autorrealização.

— Puxa, sinto muito por isso — a cigarra afirmou. — Eu não sabia que você era tão sensível. Mas com certeza você não vai guardar rancor de mim em um momento como este.

— Ora, eu não guardo rancor, mas tenho boa memória.

Naquele momento, outra formiga apareceu.

— Oi, Canhoto — a primeira formiga saudou.

— Oi, George.

— Sabe o que esta cigarra quer que eu faça, Canhoto? Ela quer que eu lhe dê uma parte da comida que armazenei dando um duro danado durante todo o verão, sob o sol escaldante.

— Achei que você estivesse disposto a compartilhar com ela por iniciativa própria — Canhoto disse.

— Como é que é?!

— Se temos divisões desiguais da generosidade da natureza, o mínimo que podemos fazer é tentar corrigir a desigualdade.

— Generosidade da natureza, uma ova! — George exclamou. — Precisei carregar essas coisas morro acima e atravessar um rio em um tronco. Durante o tempo todo, tive que ficar de olho nos tamanduás. Por que essa folgada não pode procurar sua própria comida e guardá-la?

— Não se exalte, George — Canhoto tentou acalmá-lo. — Ninguém mais usa a palavra "folgado". Dizemos "pessoa em situação de rua".

— Eu digo "folgado". Qualquer um que seja tão preguiçoso a ponto de não ter um teto sobre sua cabeça, que prefere ficar exposto a essa chuva fria em vez de trabalhar um pouco...

— Eu não sabia que ia chover desse jeito — a cigarra interrompeu. — A previsão do tempo dizia "céu claro e temperaturas mais altas".

— Céu claro e temperaturas mais altas? — George bufou. — Foi o que os meteorologistas disseram para Noé!

Canhoto pareceu aflito.

— Estou surpreso com sua insensibilidade, George. Seu egoísmo, sua ganância.

— Você enlouqueceu, Canhoto?

— Não. Pelo contrário, eu me eduquei.

— Hoje em dia, às vezes isso é pior.

— No verão passado, segui uma trilha de migalhas de biscoito deixadas por alguns estudantes, que me levou até uma sala de aula em uma universidade de elite.

— Você frequentou a faculdade? Por isso está voltando para cá com todo esse palavrório e ideias imbecis.

— Recuso-me a responder a isso. — Canhoto ergueu uma sobrancelha. — Enfim, foi no curso do professor Sombrio sobre justiça social. Ele explicou como os benefícios do mundo são distribuídos de forma desigual.

— Os benefícios do mundo? — George repetiu. — O mundo não carregou essa comida morro acima. O mundo não atravessou o rio agarrado a um tronco. O mundo não vai ser comido por nenhum tamanduá.

— Essa é uma visão estreita da questão — Canhoto disse.

— Se você é tão generoso, por que não alimenta essa cigarra?

— Eu vou alimentá-la. — Então, virando-se para a cigarra, Canhoto disse: — Siga-me. Vou levá-la até o abrigo do governo, onde haverá comida e um lugar seco para dormir.

George ficou surpreso.

— Agora você está trabalhando para o governo?

— Estou no *serviço público* — Canhoto afirmou com orgulho. — Quero "fazer a diferença" neste mundo.

— Vejo que você frequentou mesmo a faculdade. — George meneou a cabeça. — Mas se você é tão amigo da cigarra, por que não ensina a ela como trabalhar durante o verão e guardar algo para o inverno?

— Nós não temos o direito de mudar o estilo de vida dela e tentar fazê-la ser como nós. Isso seria imperialismo cultural.

George ficou tão pasmo que não conseguiu responder.

Canhoto não só ganhou a discussão como também continuou a expandir seu programa de abrigos para cigarras. À medida que a notícia se espalhava, cigarras vinham de regiões distantes. Com o tempo, algumas das formigas mais jovens decidiram adotar o estilo de vida das cigarras.

Conforme a geração mais velha de formigas saía de cena, cada vez mais formigas se juntavam às cigarras, brincando e se divertindo nos campos. Finalmente, todas as formigas e todas as cigarras passavam todo seu tempo desfrutando do estilo de vida despreocupado e viveram felizes para sempre: durante todo o verão. Então o inverno chegou.

JÁ SE PERGUNTOU O PORQUÊ?

Quando você viu cenas de pobreza e miséria em muitos países do Terceiro Mundo, pessoalmente ou em imagens, já se perguntou por que os Estados Unidos foram poupados desse destino?

Quando você tomou conhecimento das opressões cruéis que tantas pessoas sofreram em países despóticos ao redor do mundo, já se perguntou por que os norte-americanos foram poupados?

As cenas de carnificina patrocinadas por governos e a violência de rua mortal em países como Ruanda ou nos Bálcãs já o fizeram se perguntar por que essas cenas terríveis não são vistas nas ruas dos Estados Unidos?

Não há nada mais fácil do que dar como certo aquilo a que estamos acostumados, e imaginar que é mais ou menos natural, de modo que não requer explicação. Em vez disso, muitos norte-americanos pedem explicações do motivo pelo qual as coisas não estão ainda melhores e manifestam indignação por não estarem.

Alguns acham que o problema é saber se o copo está meio vazio ou meio cheio. Fundamentalmente, a questão é saber se o copo começou vazio ou começou cheio.

Aqueles que estão procurando constantemente as "causas raízes" da pobreza, do crime e de outros problemas nacionais e internacionais agem como se a prosperidade e a observância da lei fossem tão naturais que o que merece ser explicado é a ausência delas. Porém, um olhar rápido ao redor do mundo hoje, ou remontando à história, refutaria qualquer ideia de que as coisas boas simplesmente acontecem de forma natural, que dirá de forma inevitável.

Os Estados Unidos da América são a exceção, e não a regra. Quando nos damos conta de que é uma exceção, podemos até sentir gratidão por termos nascido aqui, mesmo que a gratidão tenha se tornado fora de moda em muitos círculos. No mínimo, podemos desenvolver alguma preocupação em garantir que aquilo que tornou este país mais próspero não seja perdido ou descartado — ou erodido, aos poucos, até desaparecer.

Aqueles entre nós que constantemente enaltecem a "mudança" em termos vagos e gerais não parecem ter medo de que um cheque em branco em favor da mudança possa ser um enorme risco em um mundo onde tantos outros países que são diferentes também estão muito piores.

Chilrear sobre a "mudança" pode gerar uma sensação eufórica de excitação ou de exaltação pessoal, mas, como de costume, o diabo mora nos detalhes. Mesmo países despóticos que adotaram mudanças radicais muitas vezes descobriram que essas mudanças eram para pior.

Os czares da Rússia, o xá do Irã, o regime de Batista em Cuba eram todos despóticos. Porém, parecem angelicais comparados aos regimes subsequentes. Por exemplo, os czares nunca executaram tantas pessoas em meio século quanto Stalin executou em um único dia.

Mesmo os melhores países devem fazer mudanças, e os Estados Unidos fizeram muitas mudanças econômicas, sociais e políticas para melhor. Mas isso é totalmente diferente de transformar a "mudança" em um mantra.

Em geral, ser a favor ou contra a "mudança" é algo infantil. Tudo depende dos detalhes. Ser a favor de "mudanças" genéricas significa dizer que o que temos é tão ruim que qualquer mudança tenderá a ser para melhor.

Essa postura pode fazer algumas pessoas se sentirem superiores às outras que acham que há muita coisa digna a ser preservada em nossos valores, tradições e instituições. O *status quo* nunca é sacrossanto, mas sua própria existência mostra que é viável, ao passo que alternativas teóricas sedutoras podem não vir a ser.

A maioria dos norte-americanos considera tão garantidos seus valores, tradições e instituições que acham difícil perceber o quanto todas essas coisas estão sob ataque constante nas escolas, nas faculdades e em grande parte da imprensa, dos filmes e da literatura.

Nos Estados Unidos, há uma guerra cultural em curso — e, na realidade, na civilização ocidental em geral — que pode, em última análise, ter tanto a ver com nossa sobrevivência, ou incapacidade de sobreviver, quanto com a guerra contra o terrorismo.

Há todos os tipos de recompensas financeiras, ideológicas e psíquicas em troca de solapar a sociedade norte-americana e seus valores. A menos que alguns de nós percebam a existência dessa guerra cultural, e os altos riscos envolvidos, poderemos perder o que custou tanto para os norte-americanos ganhar e preservar antes de nós.

O "DEVER DE MORRER"?

Uma das muitas ideias em voga que têm ganhado adeptos entre parte da *intelligentsia* é que os idosos têm "o dever de morrer", em vez de se tornarem um fardo para os demais.

Isso vai além de simplesmente uma ideia discutida a uma mesa de seminário. Na Grã-Bretanha, o sistema público de saúde está restringindo o acesso a alguns medicamentos ou tratamentos que autorizará para os idosos. Além disso, parece quase certo que iniciativas similares de contenção de gastos descontrolados levarão a políticas semelhantes quando a assistência médica norte-americana for assumida pelo governo.

Não restam dúvidas, deixar os idosos morrerem é muito mais barato do que gastar a quantia de dinheiro necessária para mantê-los vivos e saudáveis. Se um sistema de saúde governamental vai economizar alguma quantia significativa de dinheiro, é quase certo que fará isso sacrificando os idosos.

Houve um tempo — felizmente, agora é algo do passado distante — em que algumas sociedades muito pobres tiveram que abandonar os idosos a seu destino, porque simplesmente não havia margem de manobra suficiente para todos sobreviverem. De vez em quando, os próprios idosos simplesmente se afastavam de suas famílias e comunidades para enfrentar seu destino sozinhos.

O "DEVER DE MORRER"?

Mas será que é essa a situação atual?

Falar sobre "o dever de morrer" me traz à lembrança minha infância no Sul dos Estados Unidos, durante a Grande Depressão da década de 1930. Certo dia, me disseram que uma senhora idosa — uma parente nossa — iria ficar conosco por um tempo, e me ensinaram a como ser gentil e atencioso com ela.

Nós a chamávamos de "tia Nance Ann", mas não sei qual era seu nome de registro ou qual sua relação biológica real conosco. Tia Nance Ann não tinha uma casa própria, mas ia se mudando da casa de um parente para a de outro, não passando tempo suficiente em nenhum lar para ser um fardo verdadeiro.

Naquela época, não tínhamos coisas como eletricidade, aquecimento central ou água quente encanada. Porém, tínhamos um teto sobre nossas cabeças e comida na mesa, e tia Nance Ann era bem-vinda a ambos.

Embora pobres como éramos, nunca ouvi ninguém dizer, ou mesmo insinuar, que tia Nance Ann tinha "o dever de morrer".

Só comecei a ouvir esse tipo de conversa décadas depois, de pessoas muito instruídas em uma era de abundância, quando até a maioria das famílias vivendo abaixo da linha de pobreza oficial possuía um carro ou caminhão e tinha ar-condicionado.

Atualmente, numa época em que as casas possuem televisões de tela plana e a maiorias das família come regularmente em restaurantes ou recebe pizzas e outras refeições em casa, é que as elites — e não as massas — começaram a falar sobre "o dever de morrer".

Nos velhos tempos de tia Nance Ann, ninguém de nossa família havia frequentado um curso superior. Aliás, ninguém tinha ido além do ensino fundamental. Pelo visto, é preciso ter uma educação cara, às vezes incluindo cursos sobre ética, antes de começar a falar sobre "o dever de morrer".

Muitos anos depois, ao passar por um divórcio, contei a uma amiga que estava considerando contestar a guarda de meu filho pela mãe.

Sem demora, ela me exortou a não fazer isso. Por quê? Porque criar um filho interferiria em minha carreira.

No entanto, meu filho não tinha uma carreira. Ele era apenas um menino que precisava de alguém que o entendesse. Acabei ficando com a guarda de meu filho e, embora ele não fosse uma criança exigente, criá-lo não deixou de atrapalhar um pouco minha carreira. Mas você simplesmente abandona uma criança quando é inconveniente criá-la?

A mulher que me deu esse conselho possuía um diploma da Escola de Direito de Harvard. Ela tinha mais anos de formação educacional do que toda a minha família teve naquela época de tia Nance Ann.

Hoje em dia, grande parte do que é lecionado em nossas escolas e faculdades procura desmantelar valores tradicionais e substituí-los por noções mais chiques e badaladas, das quais "o dever de morrer" é apenas uma.

Essas iniciativas para mudar valores costumavam ser chamadas de "esclarecimento de valores", ainda que tenha sido necessário alterar o nome repetidas vezes ao longo dos anos, à medida que um número crescente de pais percebia o que estava acontecendo e se opunha. Os valores que supostamente precisavam de "esclarecimento" eram suficientemente claros para durar gerações, e ninguém pediu esse "esclarecimento" às escolas e faculdades.

Tampouco nos tornamos pessoas melhores por causa disso.

A MOEDA DOS TOLOS

Thomas Hobbes, filósofo do século XVII, disse que as palavras são os calculadores dos sábios, mas constituem a moeda dos tolos.

Isso é tão dolorosamente verdadeiro hoje quanto era há quatro séculos. O uso das palavras como meios para tentar transmitir seu significado é muito diferente de tomar as palavras de forma tão literal que elas acabam usando e confundindo você.

Considere a simples frase "controle de preços dos aluguéis". Se você tomar essas palavras ao pé da letra — como se fossem dinheiro no bolso —, obterá uma distorção completa da realidade.

Nova York é a cidade com as leis de controle de preços dos aluguéis mais antigas e rigorosas do país. San Francisco é a segunda. Mas ao considerar as cidades com os aluguéis médios mais altos, você verá que Nova York ocupa o primeiro lugar e San Francisco o segundo. Sem dúvida, as leis de "controle de preços dos aluguéis" não controlam o valor do aluguel.

Se você verificar os fatos, em vez de se basear nas palavras, descobrirá que as leis de "controle de armas" não controlam as armas, os gastos de "estímulo" do governo não estimulam a economia, e que diversas políticas "inclusivas" impõem resultados cruéis, como a destruição da família negra.

Sabe quantos milhões de pessoas morreram na guerra "para tornar o mundo seguro para a democracia" — uma guerra que levou dinastias autocráticas a serem substituídas por ditaduras totalitárias que massacraram muito mais de seu próprio povo do que as dinastias massacravam?

As palavras e as frases reconfortantes e acolhedoras têm uma enorme vantagem na política. Nenhuma expressão tem tido um histórico tão duradouro de sucesso político como "justiça social".

A ideia não pode ser refutada porque não possui um significado específico. Lutar contra ela seria como tentar esmurrar o ar. Não é por acaso que "justiça social" tem sido um sucesso político por mais de um século — e segue em frente.

Embora a expressão não tenha significado definido, ela dispõe de conotações emocionalmente poderosas. Existe um forte sentimento de que simplesmente não é correto — que é injusto — que algumas pessoas estejam em situação muito melhor do que outras.

"Justificado", mesmo quando o termo é usado em artes gráficas e carpintaria, significa alinhar uma coisa com outra. Porém, qual é o padrão ao qual pensamos que as rendas ou outros benefícios devem estar alinhados?

Será que a pessoa que passou anos na escola vadiando, aprontando ou brigando — desperdiçando dezenas de milhares de dólares que os pagadores de impostos gastaram em sua educação — deve acabar com sua renda alinhada àquela da pessoa que passou esses mesmos anos estudando para adquirir conhecimento e habilidades que seriam posteriormente valiosos para si mesma e para a sociedade em geral?

Alguns defensores da "justiça social" sustentariam que aquilo que é basicamente injusto é o fato de uma pessoa nascer em circunstâncias que tornam as oportunidades dela na vida muito diferentes das oportunidades que outros têm — não por culpa dessa pessoa e não por mérito dos outros.

A pessoa que desperdiçou as oportunidades educacionais e desenvolveu comportamentos autodestrutivos poderia ter se tornado diferente se nascesse em um lar ou comunidade diferente.

Claro que isso seria mais justo. Mas agora não estamos mais falando sobre justiça "social", a menos que acreditemos que é culpa de toda a sociedade o fato de distintas famílias e comunidades possuírem valores e prioridades diferentes, e que a sociedade possa "resolver" esse "problema".

Nem a pobreza ou a má educação explicam tais diferenças. Há indivíduos que foram criados por pais que eram ambos pobres e pouco instruídos, mas que incentivaram seus filhos a obter a educação que nunca tiveram. Muitos indivíduos e grupos não estariam hoje onde estão sem isso.

Todos os tipos de encontros fortuitos — com pessoas específicas, informações ou circunstâncias — significaram pontos de virada marcantes na vida de inúmeros indivíduos, seja em direção à realização, seja à ruína.

Nenhuma dessas coisas é igual ou pode ser igualada. Se isso é uma injustiça, não é uma injustiça "social", pois está além do poder da sociedade.

Podemos falar ou agir como se a sociedade fosse onisciente ou onipotente. Porém, fazer isso seria deixar as palavras se tornarem aquilo que Thomas Hobbes chamou de "a moeda dos tolos".

BOOMERS E BUMERANGUES

Houve um tempo em que os avós costumavam ir morar juntos com seus filhos e netos, sobretudo quando ficavam viúvos, ou simplesmente enfrentavam dificuldades financeiras para cobrir todas as despesas. Hoje em dia, são os filhos e netos que se mudam para a casa dos avós.

Um relatório recente do Departamento do Censo norte-americano revela que existem três vezes mais domicílios onde os filhos e os netos estão vivendo na casa dos avós do que aqueles onde os avós estão vivendo com os filhos e netos. Além disso, essa tendência está crescendo.

Em 1970, havia pouco mais de 2 milhões de menores de dezoito anos vivendo nas casas dos avós. Em 1997, esse número chegou a quase 4 milhões. Seis por cento de todos os menores de dezoito anos vivem nas casas dos avós.

Antigamente, qualquer adulto que tivesse saído para o mundo se sentiria constrangido de voltar a morar com os pais, quanto mais trazer sua família também. Atualmente, isso acontece tão frequentemente entre os *baby boomers* [pessoas da geração *baby boomer*, que são aquelas nascidas depois da Segunda Guerra Mundial, entre 1946 e 1964, período de alta taxa de natalidade nos Estados Unidos] que existe uma palavra para os filhos adultos que saem da casa dos pais

BOOMERS E BUMERANGUES

e depois voltam: bumerangues [em inglês se escreve *boomerangs*, formando o trocadilho].

Talvez a pior situação de todas seja aquela em que o pai e a mãe abandonaram os filhos e os deixaram vivendo na casa dos avós. Isso acontece cerca de um terço das vezes.

Esses avós não são pessoas ricas, que vivem de investimentos e pecúlios. A maioria deles está trabalhando, mesmo que os filhos não estejam. Além disso, eles sofrem mais de depressão e outros problemas de saúde do que os avós sem essas preocupações.

Por mais negativo que isso seja, o que é ainda pior é considerar o que vai acontecer quando a última geração responsável — aquela que se sente com a responsabilidade de cuidar tanto de seus pais idosos quanto de seus filhos adultos — sair de cena, deixando para trás apenas a geração do "eu".

Isso é apenas uma das muitas bombas-relógio tiquetaqueando, enquanto desfrutamos de uma economia próspera. É razoável esperar que a geração do "eu" amadureça quando ficar desprovida de outras pessoas para transferir suas responsabilidades. Porém, não aposte todo seu dinheiro nisso.

Geralmente, as pessoas não amadurecem quando há outras pessoas que inventam desculpas por sua imaturidade. Em um mundo "tolerante", quem vai dizer aos pais irresponsáveis para amadurecerem?

Mesmo quando os pais estão presentes e os filhos vivem com eles, parece que cada vez mais estão permitindo que essas crianças quase se criem sozinhas. Recentemente, quando uma mulher reclamava sobre o comportamento malcriado e até perigoso que via nas crianças, perguntei: "Onde estão os pais delas?" Ela respondeu: "Não há mais pais nos dias de hoje." Tive que admitir que ela tinha razão.

Uma das maiores desculpas para a criação negligente dos filhos é que o pai e a mãe "precisam" trabalhar, a fim de "pagar as contas". No entanto, na memória recente, era comum em famílias da classe trabalhadora

— negras e brancas — o marido trabalhar e a mulher ficar em casa para cuidar dos filhos. Por que, naquela época, o casal não precisava trabalhar para pagar as contas?

Naquela época, as pessoas eram mais ricas? Pelo contrário, elas eram muito mais pobres. As famílias atuais que vivem na pobreza possuem coisas pelas quais os norte-americanos comuns não podiam pagar naquele tempo.

Atualmente, as pessoas comem em restaurantes mais vezes em um mês do que costumavam comer em um ano; ou, em alguns casos, em uma década. Quando jovem, eu me senti desconfortável ao começar a comer em restaurantes, porque raramente comera em um durante minha infância. Quanto a ter um carro, a ideia nunca passara por minha cabeça.

Se as pessoas naquela época tivessem vivido como vivemos hoje, claro que o marido e a mulher teriam que trabalhar para pagar as contas. Provavelmente também teriam que colocar os filhos para trabalhar.

As pessoas fazem escolhas e têm suas próprias prioridades — e os adultos assumem responsabilidades por suas escolhas e prioridades. É uma desculpa dizer que são "forçados" a ter famílias com dois salários apenas para "pagar as contas".

Quando temos um sistema em que as crianças são alimentadas nas escolas e outras responsabilidades básicas também são retiradas dos ombros dos pais, por que deveríamos nos surpreender com o fato de que o senso de responsabilidade parental parece estar se erodindo? Não ficamos surpresos quando um sedentário não tem os músculos de alguém que se exercita. Cada vez mais, nossa sociedade está produzindo sedentários morais.

A FAMÍLIA ESTÁ EM VIAS DE EXTINÇÃO?

Para a *intelligentsia*, a família — ou "a família tradicional", como dizem hoje em dia — é apenas um estilo de vida entre muitos. Além disso, proclamam periodicamente seu declínio, sem nenhum sinal de remorso. Às vezes, até com um leve ar de superioridade.

Os dados mais recentes do censo revelam que a família tradicional — um casal casado e seus filhos — constitui pouco menos de um quarto de todos os domicílios. Por outro lado, uma década atrás, tais famílias constituíam apenas um pouco mais de um quarto de todas as famílias. Qualquer relato a respeito do desaparecimento da família tradicional é bastante exagerado.

As estatísticas de momento podem ser muito enganosas quando percebemos que as pessoas passam por diferentes estágios em suas vidas. Mesmo as famílias mais tradicionais nunca consistiram permanentemente de casais casados e seus filhos. Os filhos crescem e saem de casa. As pessoas que se casam não começam a ter filhos imediatamente. Se cada indivíduo no país se casasse e tivesse filhos, as famílias de casais casados com filhos ainda não constituiriam 100% dos domicílios em nenhum momento dado.

Com o aumento da renda *per capita*, mais indivíduos podem se dar ao luxo de serem donos de seus próprios domicílios. Entre eles, incluem-se jovens adultos não casados, viúvos e viúvas, e outros que costumavam viver com parentes antigamente. Quando mais desses domicílios são criados, os domicílios familiares tradicionais se tornam automaticamente uma porcentagem menor de todos os domicílios.

Aliás, o crescimento dos domicílios com um único morador — cerca de 25% dos domicílios hoje — é a razão pela qual a renda média familiar vem subindo muito pouco, mesmo que a renda *per capita* tenha aumentado consideravelmente. Os profetas do apocalipse gostam de citar as estatísticas de renda familiar para alegar que a renda dos norte-americanos está estagnada, quando na verdade houve um aumento sem precedentes e sustentado na prosperidade, entre mulheres e homens, negros e brancos, e praticamente todos os outros.

Hoje em dia, o casamento ocorre mais tarde do que no passado e mais pessoas não chegam a se casar. Porém, 53% de todos os domicílios ainda são ocupados por casais casados, com ou sem filhos vivendo atualmente com eles, ao passo que alguns dos outros domicílios contêm viúvos cujos casamentos chegaram ao fim apenas por causa da morte de um dos cônjuges.

Apesar das tentativas de equiparar casais casados com pessoas que vivem juntas como "parceiros domésticos", os casais casados estão, na realidade, em melhor situação do que os casais não casados, por quase qualquer padrão imaginável. Os casais casados apresentam rendas maiores, vidas mais longas, saúde melhor, menos violência, menos consumo de álcool e menos pobreza. Como o jogador de beisebol Casey Stengel costumava dizer: "Você pode conferir." Um lugar onde é possível verificar isso é o livro *The Case for Marriage*, de Linda Waite e Maggie Gallagher. Porém, esse é apenas um entre muitos lugares. Em geral, você não toma conhecimento desses fatos porque eles não são considerados "politicamente corretos", já que a mídia, os políticos, a academia e os tribunais estão ocupados tentando fazer com que todos os tipos de condições de vida pareçam iguais.

A FAMÍLIA ESTÁ EM VIAS DE EXTINÇÃO?

O último relatório do censo "America's Families and Living Arrangements" [Famílias e condições de vida nos Estados Unidos] contém toda sorte de estatísticas, mas evita mostrar as estatísticas mais básicas sobre a renda média de famílias de casais casados em comparação com "outros agregados familiares" ou com "agregados não familiares". Ao que tudo indica, o Departamento do Censo não quer ser politicamente incorreto.

No entanto, se você analisar os números do censo, descobrirá algumas pistas reveladoras. Embora tanto "parceiros não casados" como "cônjuges casados" estejam distribuídos ao longo da escala de renda, a faixa com o maior número de homens que são parceiros não casados possui uma renda entre 30 mil e 40 mil dólares por ano. A faixa com o maior número de maridos apresenta uma renda entre 50 mil e 75 mil dólares. Entre os lares de casais casados, a faixa com o maior número de domicílios dispõe de uma renda igual ou superior a 75 mil dólares. Entre "outros grupos familiares", a faixa com o maior número de domicílios apresenta uma renda abaixo de 10 mil dólares.

As mulheres que moram juntas possuem quatro vezes mais chances de se tornarem vítimas de violência do que as mulheres casadas, e seus filhos têm 40 vezes mais chances de serem abusados por namorados que moram com elas do que por seus próprios pais.

Apesar de tudo isso, continua sendo um dogma entre aqueles que ditam as modas ideológicas que o casamento é apenas mais um estilo de vida, nem melhor nem pior do que qualquer outro. Até mesmo o Departamento do Censo parece relutante em publicar dados estatísticos que contrariem essa visão e irritem os ungidos.

VIDA NA SARJETA

A pobreza costumava significar fome e roupas inadequadas para se proteger contra as intempéries, além de longas horas de trabalho exaustivo para tentar chegar ao fim do mês. Porém, hoje em dia, a maioria dos que vivem abaixo da linha oficial da pobreza não só tem comida suficiente como também são um pouco mais propensos do que outros a apresentar excesso de peso. As roupas comuns são tão abundantes que os jovens delinquentes brigam por roupas de grife ou tênis extravagantes. Quanto ao trabalho, há menos dele nas famílias de baixa renda atualmente do que entre as famílias abastadas.

A maioria das pessoas pobres de hoje possui tevê em cores e fornos de micro-ondas. No antigo sentido físico, a pobreza não é nem de longe tão disseminada quanto antes. Contudo, a vida na pobreza não é nenhum mar de rosas — e muitas vezes é um pesadelo.

Um livro recentemente publicado, intitulado *Life at the Bottom* [*A vida na sarjeta*], retrata um quadro brilhantemente perspicaz, mas muito doloroso da classe baixa: o vazio, as angústias, a violência e a miséria moral. Este livro trata de um bairro da classe baixa britânica onde seu autor, Theodore Dalrymple, trabalha como médico. De fato, isso pode facilitar a compreensão e aceitação de sua mensagem por muitos norte-americanos.

Grande parte daqueles sobre quem Dalrymple escreve é branca. Então, enfim, talvez seja possível examinar honestamente as causas e consequências de um estilo de vida na classe baixa sem o receio de ser chamado de "racista". As pessoas que estão fazendo as mesmas coisas socialmente destrutivas e autodestrutivas que vêm sendo feitas nos bairros de classe baixa nos Estados Unidos não podem alegar que isso acontece porque seus ancestrais foram escravizados ou porque enfrentam discriminação racial.

Uma vez que essas desculpas estejam fora do caminho, talvez possamos encarar a realidade e até mesmo falar com sensatez sobre como as coisas se tornaram tão confusas e tão horríveis. Como médico de pronto-socorro, Theodore Dalrymple trata de jovens que foram espancados tão brutalmente que demandam atendimento médico — porque eles tentaram se sair bem na escola. Quando isso acontece nos guetos norte-americanos, as vítimas foram acusadas de "agir como brancos" ao tentarem obter uma formação educacional. Do outro lado do Atlântico, tanto as vítimas quanto os delinquentes são brancos.

O bairro de classe baixa britânico onde Dalrymple trabalha, assim com seu equivalente norte-americano, apresenta o que ele chama de "o tipo de jovem egotista feroz do qual eu me manteria a uma grande distância em plena luz do dia". Ele também enxerga "a destruição dos laços familiares fortes que sozinhos tornaram possível a saída da pobreza para um grande número de pessoas".

O próprio pai de Dalrymple nasceu em uma favela, mas em um ambiente social muito diferente do da classe baixa atual. Para começar, seu pai recebeu uma educação de verdade. Os livros escolares que foram utilizados para ensiná-lo seriam considerados muito difíceis na era atual da educação simplificada.

O pai de Dalrymple recebeu as ferramentas para sair da pobreza, enquanto a classe baixa atual não só é privada dessas ferramentas como também recebe desculpas para permanecer na pobreza, assim como ideologias que culpam os outros por sua situação, a quem é incentivada a invejar e se ressentir. O resultado final é uma geração de destituídos que tem dificuldade em soletrar palavras simples ou realizar operações aritméticas simples, e que não tem intenção de desenvolver habilidades profissionais.

Ao ter suas necessidades físicas atendidas pelo Estado de bem-estar social, como se fosse gado, a classe baixa é deixada com "uma vida esvaziada de significado", como Dalrymple afirma, já que nem mesmo pode se orgulhar de prover sua própria comida e abrigo, como gerações antes dela faziam. Pior ainda, é deixada sem senso de responsabilidade num mundo livre de julgamentos.

Alguns educadores, intelectuais e outros podem imaginar que estão sendo amigos dos pobres ao desculpar ou "compreender" seu comportamento autodestrutivo e a estimular uma visão paranoica do mundo mais amplo ao seu redor. Porém, o mais importante que alguém pode fazer pelos pobres é ajudá-los a sair da pobreza, como o pai de Dalrymple foi ajudado por aqueles que o ensinaram e o fizeram seguir padrões — tratando-o como um ser humano responsável, e não como gado.

Nenhum resumo pode fazer justiça aos exemplos vívidos e insights sagazes de *Life at the Bottom*. Ele precisa ser lido, com a compreensão de que sua história também é nossa história.

HISTÓRIA DISTORCIDA

Uma das razões pelas quais nossas crianças não alcançam os padrões acadêmicos das crianças de outros países é que muito tempo é gasto nas salas de aula norte-americanas distorcendo nossa história por motivos ideológicos.

"Como você se sentiria se fosse um indígena norte-americano e visse os invasores europeus se apropriando de suas terras?" é o tipo de pergunta com que nossas crianças tendem a deparar em nossas escolas. Trata-se de um exemplo clássico de procurar olhar para o passado com os pressupostos — e a ignorância — do presente.

Uma das coisas que admitimos como natural nos dias de hoje é que é errado se apossar das terras alheias pela força. Nem os indígenas norte-americanos nem os invasores europeus acreditavam nisso.

Ambos se apossavam da terra alheia pela força — assim como asiáticos, africanos, árabes, polinésios e outros. Sem dúvida, os indígenas lamentaram perder tantas batalhas. Porém, isso é totalmente diferente de dizer que eles achavam que as batalhas eram o jeito errado de resolver a questão de quem controlaria as terras.

É praticamente impossível a criança de hoje em dia entender a mentalidade de indígenas de séculos atrás sem um conhecimento histórico muito maior do que nossas escolas já propiciaram.

Tampouco é o propósito de tais perguntas o entendimento da história. O propósito é marcar pontos contra a sociedade ocidental. Em suma, a propaganda substituiu a educação como objetivo de muitos "educadores".

As escolas não são as únicas instituições que distorcem a história para obter vantagem ideológica. "Nunca se esqueça de que eles eram donos de muitos escravos" foi a enorme manchete na primeira página da seção de resenha de livros do *New York Times* em sua edição de 14 de dezembro de 2004. Nas páginas internas da seção havia uma acusação contra George Washington e Thomas Jefferson.

De todos os fatos trágicos acerca da história da escravidão, o mais surpreendente para um norte-americano atual é que, embora a escravidão fosse uma instituição mundial por milhares de anos, em nenhum lugar do mundo a escravidão foi uma questão controversa antes do século XVIII.

Pessoas de todas as raças e cores foram escravizadas, e escravizaram outras. Pessoas brancas ainda estavam sendo compradas e vendidas no Império Otomano décadas após os negros norte-americanos serem libertados.

Todos odiavam a ideia de serem escravos, mas poucos tinham escrúpulos em escravizar os outros. A escravidão simplesmente não era uma preocupação, nem mesmo entre os intelectuais, e muito menos entre os líderes políticos, até o século XVIII — e mesmo assim foi uma preocupação apenas na civilização ocidental.

No século XVIII, entre aqueles que se voltaram contra a escravidão, destacaram-se George Washington, Thomas Jefferson, Patrick Henry e outros líderes norte-americanos. Podemos pesquisar toda a África, Ásia ou Oriente Médio do século XVIII sem encontrar nenhuma rejeição comparável à escravidão lá.

No entanto, quem é alvo de críticas severas atualmente? Os líderes norte-americanos do século XVIII.

Decidir que a escravidão era algo errado foi muito mais fácil do que decidir o que fazer com milhões de pessoas de outro continente, de outra raça e sem nenhum preparo histórico para viver como cidadãos livres em uma sociedade como a dos Estados Unidos, onde representavam 20% da população total.

Fica claro a partir da correspondência privada de Washington, Jefferson e muitos outros que a rejeição moral deles à escravidão era inequívoca, mas a questão prática do que fazer naquele momento os deixou perplexos. Isso permaneceria assim por mais de meio século.

Em 1862, um navio transportando escravos da África para Cuba, infringindo uma proibição relativa ao tráfico internacional de escravos, foi capturado em alto-mar pela Marinha norte-americana. A tripulação foi presa, e o comandante do navio, enforcado nos Estados Unidos, embora a própria escravidão ainda fosse legal na época na África, em Cuba e nos Estados Unidos.

O que isso nos diz? Que escravizar pessoas era considerado uma abominação. Contudo, não era nada evidente o que fazer com os milhões de pessoas que estavam escravizadas.

Finalmente, essa questão foi respondida por uma guerra em que uma vida foi perdida para cada seis pessoas libertadas. Talvez essa tenha sido a única resposta. Porém, não faça de conta hoje que essa foi uma resposta fácil — ou que aqueles que enfrentaram o dilema no século XVIII eram vilões especiais, quando a maioria dos líderes e a maioria das pessoas ao redor do mundo naquela época não viam nada de errado com a escravidão.

Aliás, a edição de setembro de 2004 da *National Geographic* trazia uma matéria sobre os milhões de pessoas ainda escravizadas em todo o mundo naquele momento. Mas onde estava a indignação moral a respeito disso?

RITOS ANIMAIS

Se você acha que há um limite para a quantidade de infantilidade entre os californianos, convém pensar melhor — sobretudo em relação aos californianos das comunidades acadêmicas.

Recentemente, um leão-da-montanha foi descoberto em uma árvore em Palo Alto, uma comunidade residencial adjacente à Universidade de Stanford. Isso aconteceu por volta do horário em que os alunos de uma escola próxima estavam prestes a sair. Já tinha havido um incidente em que um cavalo foi encontrado atacado por outro animal nas terras de Stanford, e alguns acharam que o responsável poderia ter sido um leão-da-montanha.

Temendo que o leão-da-montanha pudesse considerar uma das crianças da escola local como um alvo tentador, a polícia atirou no animal e o matou. A indignação contra a polícia irrompeu por toda a península de San Francisco e até o condado de Marin, do outro lado da ponte Golden Gate, a quase 50 quilômetros de distância.

Segundo o jornal *San Francisco Chronicle*, "A polícia recebeu inúmeras ligações e e-mails indignados de pessoas enfurecidas com as imagens dos telejornais mostrando o leão descansando pacificamente numa árvore pouco antes de um policial matá-lo a tiros com um rifle de alta potência".

Sim, o leão-da-montanha estava descansando pacificamente. Isso é o que os felinos fazem antes de atacar, em geral de forma muito rápida.

RITOS ANIMAIS

Os palpiteiros sempre apresentam alternativas fáceis. Um manifestante contra "o assassinato de uma criatura tão bela" afirmou que ela "poderia ter sido facilmente removida do local e realocada" e que os "desprezíveis bastardos sedentos de sangue" que a mataram deveriam se envergonhar de si mesmos.

O manifestante não ofereceu nenhuma sugestão útil de como um leão-da-montanha poderia ser "facilmente" removido de uma árvore, e sem dúvida não se voluntariou para demonstrar como fazer isso pessoalmente na próxima vez em que a polícia encontrasse um leão-da-montanha trepado em uma árvore em um bairro residencial.

Os defensores dos direitos dos animais disseram que a polícia poderia ter dado "uma chance" ao leão-da-montanha, tentando tranquilizá-lo enquanto ele estava na árvore, e recorrer ao tiro como último recurso caso ele se tornasse agressivo.

Um santuário improvisado foi erguido no local onde o leão-da-montanha morreu. Flores, cartões e fotos foram colocados ao redor.

Esta é uma comunidade acadêmica onde a indignação é um estilo de vida. Aqueles envolvidos em exibicionismo moral não têm tempo para realidades mundanas.

Naturalmente, a polícia precisa lidar com realidades mundanas o tempo todo. Não muito antes desse episódio, a polícia tentou capturar três filhotes de leão-da-montanha disparando dardos tranquilizantes. Erraram o alvo em duas de três tentativas com um dos filhotes.

E se a polícia tivesse disparado um dardo tranquilizante contra o leão-da-montanha adulto na árvore e errado o alvo? Teriam tido a chance de disparar um segundo dardo em um alvo em movimento rápido antes que o animal atacasse uma das centenas de crianças que logo estariam saindo da escola nas proximidades?

Os exibicionistas morais nunca levam em conta que a polícia pode errar o alvo, seja disparando um dardo tranquilizante contra leões-da-montanha ou usando uma arma de fogo contra um criminoso. Os perpetuamente indignados estão sempre se perguntando por que foram necessários tantos tiros.

Nunca ocorre a pessoas com diplomas acadêmicos e cargos docentes que elas são ignorantes e incompetentes em diversas áreas da vida humana, e que deveriam ter isso em mente antes de expressar suas emoções e exibirem sua superioridade moral.

Os diplomas mostram que o indivíduo tem conhecimento em uma área específica. Com muita frequência eles encorajam as pessoas a pontificar sobre uma ampla gama de outros assuntos em que não sabem do que estão falando. O fato de os acadêmicos serem predominantemente de esquerda está em perfeita consonância com a suposição deles de que terceiros — principalmente terceiros como eles mesmos — devem controlar as decisões de outras pessoas que possuem conhecimento e experiência diretos.

Provavelmente, os policiais não leram Chaucer e não sabem o que é existencialismo. Porém, eles podem saber o que é perigo.

Alguns pais de crianças pequenas de Palo Alto, que moram perto do local onde o leão-da-montanha foi morto, disseram que a polícia fez a coisa certa. Ainda existem alguns bolsões de sanidade, mesmo em Palo Alto.

GADO HUMANO

Um antigo programa de televisão apresentava grandes lutas de boxe do passado, incluindo o vídeo de uma luta entre o lendário campeão meio-pesado Archie Moore e um jovem boxeador canadense chamado Yvon Durelle. Nessa luta, cada lutador foi derrubado quatro vezes. Como Archie Moore também estava entre aqueles que atuavam como comentaristas do programa, alguém lhe perguntou se ele sabia que aquela era uma grande luta de boxe enquanto estava lutando.

"Sim!", ele respondeu enfaticamente. Na ocasião, Archie dissera a si mesmo: "Esse é o tipo de combate que qualquer boxeador gostaria de lutar — uma queda, um combate exaustivo — e sair como vencedor."

A superação de adversidades é um de nossos grandes desejos e um de nossos grandes motivos de orgulho. Porém, é algo que nossos ungidos pensadores profundos se esforçam para eliminar de nossas vidas por meio de todas as coisas, desde a inflação de notas escolares até o Estado de bem-estar social.

Os ungidos querem eliminar o estresse, o desafio, o esforço e a competição. Eles querem que as necessidades da vida sejam supridas como "direitos", ou seja, à custa dos pagadores de impostos, sem que ninguém seja forçado a trabalhar por essas necessidades, exceto, é claro, os pagadores de impostos.

Não se espera que nada seja conquistado. A "autoestima" deve ser oferecida às crianças na escola como dádiva do professor. Os adultos devem ter sua assistência médica e outras necessidades oferecidas como dádiva do governo. As pessoas devem ser misturadas e combinadas por raça, sexo e qualquer outro aspecto que os ungidos queiram levar em consideração, a fim de apresentar qualquer tipo de imagem que os ungidos acham que deva ser apresentada.

Esta é uma visão dos seres humanos como gado a ser alimentado pelo governo e arrebanhado e cuidado pelos ungidos. Tudo o que nos torna seres humanos deve ser removido de nossas vidas e devemos viver como criaturas desnaturalizadas, que são controladas e dirigidas por nossos superiores.

Aquilo que ajuda os seres humanos a serem independentes e autossuficientes — não importa se automóveis, armas, o livre mercado ou *vouchers* — provoca hostilidade instantânea dos ungidos.

Os automóveis permitem que a pessoa se movimente como quiser, sem ter que pedir permissão a seus superiores. A simples ideia de que outras pessoas irão aonde quiserem, morarão onde quiserem, viverão como quiserem e enviarão seus filhos para as escolas que escolherem é irritante para os ungidos, pois nega o próprio "especialismo" que está no cerne da imagem que possuem de si mesmos.

As armas são completamente inadequadas para o tipo de pessoas dóceis que os ungidos imaginam ou para o mundo ordeiro e padronizado no qual elas devem viver. Quando estamos em perigo mortal, devemos ligar para a polícia, de modo que os policiais cheguem ao local algum tempo depois, identifiquem seu corpo e preencham relatórios em três vias.

O livre mercado é um ataque diário à visão dos ungidos. Basta pensar em todos esses milhões de pessoas por aí comprando o que querem, sempre que desejarem, quer os ungidos achem ser bom para elas, quer não.

Pense naqueles que ganham uma renda de qualquer valor ao produzir bens ou serviços para outras pessoas, a preços resultantes de

GADO HUMANO

oferta e demanda, como os ungidos ficando completamente à margem do processo, impotentes e frustrados, incapazes de impor sua visão específica de "justiça social".

O Estado de bem-estar social não se ocupa realmente do bem-estar das massas. Ele é uma questão de ego das elites.

Um dos aspectos mais perigosos do Estado de bem-estar social é que ele rompe a conexão entre o que as pessoas produziram e o que elas consomem, pelo menos na mente de muitos. Para a sociedade em geral, essa conexão permanece tão imutável como sempre, mas o Estado de bem-estar social faz com que seja possível para os indivíduos pensar em dinheiro ou bens como apenas repartições arbitrárias.

Portanto, aqueles que têm menos podem se sentir injustiçados pela "sociedade" e apresentam menos inibições quanto a roubar ou vandalizar. E o próprio conceito de gratidão ou obrigação desaparece, até mesmo a obrigação de decência básica por respeito aos demais. Da próxima vez que vir um indigente deixando seringas usadas para injeção de drogas num parque onde crianças brincam ou urinando na rua, eis o que você estará vendo: o dinheiro arrecadado com impostos em ação e o resultado final da visão dos ungidos.

A SÍNDROME DE EINSTEIN

O que têm em comum o conhecido pianista Arthur Rubinstein, o ditador italiano Benito Mussolini, o gênio matemático autodidata indiano Ramanujan, o economista ganhador do Prêmio Nobel Gary Becker, o apresentador de programa de entrevistas G. Gordon Liddy e os renomados físicos Richard Feynman, Edward Teller e Albert Einstein?

Além de serem pessoas notáveis, todos começaram a falar tarde quando eram crianças. Por exemplo, Edward Teller, não disse nada que alguém entendesse até completar quatro anos. Einstein começou a falar aos três anos, mas ainda não era fluente quando completou nove.

Embora a maioria das crianças que começam a falar tarde seja do sexo masculino, também existiram algumas mulheres conhecidas que demoraram para começar a falar: a célebre pianista do século XIX Clara Schumann e a importante matemática do século XX Julia Robinson, a primeira mulher a se tornar presidente da American Mathematical Association. Além disso, houve inúmeras pessoas de habilidade excepcional em diversos campos que estavam anos atrás do padrão no desenvolvimento da capacidade de fala quando crianças.

Pais e profissionais têm ficado perplexos e confusos quanto ao motivo do atraso na fala em crianças cujo desenvolvimento intelectual precoce era evidente, mesmo quando eram bebês. Algumas dessas crianças conseguem montar quebra-cabeças criados para crianças mais velhas ou para adultos. Algumas são capazes de usar computadores sozinhas já aos dois anos de idade, ainda que permaneçam em silêncio enquanto outras crianças estão desenvolvendo sua capacidade de fala.

Ninguém realmente sabe ao certo por que isso acontece. Essas crianças só começaram a ser estudadas na última década. Meu livro *The Einstein Syndrome* é um desses estudos. Novas pesquisas sobre essas crianças estão sendo realizadas pelo professor Stephen Camarata, na faculdade de medicina da Universidade Vanderbilt. Ele próprio começou a falar tarde.

As investigações sobre o cérebro de Einstein sugeriram a alguns neurocientistas que ele começou a falar tarde por causa de seu desenvolvimento cerebral incomum, como revelado por uma autópsia. As partes de seu cérebro em que o pensamento analítico estava concentrado se espalharam muito além da área normal e se propagaram para áreas adjacentes, incluindo a região de onde a fala é geralmente controlada. Isso levou alguns neurocientistas a aventar que seu gênio e sua capacidade de fala tardia poderiam estar relacionados.

Neste momento, ninguém sabe se essa é a razão pela qual Einstein levou tanto tempo para desenvolver a capacidade da fala, e muito menos se isso é verdadeiro para outras pessoas de intelecto excepcional que também demoraram para começar a falar. No entanto, o que se sabe é que existem diversas deficiências que são mais comuns entre indivíduos de inteligência superior do que na população em geral.

Por exemplo, alguns membros da Mensa, a sociedade de QI elevado, apresentam uma incidência de alergias muito maior do que a normal. Uma amostra de jovens matriculados no curso da Universidade Johns Hopkins para jovens prodígios em matemática — crianças capazes de obter uma pontuação de 700 no SAT de matemática quando têm apenas doze anos — revelou que mais de quatro quintos deles eram alérgicos e/ou míopes e/ou canhotos.

Isso está em consonância com uma região do cérebro que possui um desenvolvimento acima do normal e que consome recursos que deixam outra região ou outras regiões com menos recursos do que o usual para realizar outras funções. Isso também está em consonância com o fato de que algumas crianças brilhantes que começam a falar tarde permanecem impermeáveis a todas as tentativas de pais ou profissionais para fazê-las falar no momento normal. No entanto, essas mesmas crianças começam a falar mais tarde por conta própria, às vezes depois que os pais finalmente desistem e param de tentar.

Steven Pinker, neurocientista do MIT e respeitada autoridade em linguagem, diz: "A linguagem parece se desenvolver tão rapidamente quanto o cérebro em crescimento é capaz de lidar com isso." Embora essa fosse uma afirmação acerca do desenvolvimento geral da linguagem, pode ser especialmente pertinente para crianças inteligentes que começam a falar tarde. Conforme o cérebro todo cresce na primeira infância, aumentando os recursos totais disponíveis, as regiões cujos recursos foram apropriados por outras partes agora podem se recuperar e se desenvolver normalmente.

Minha pesquisa e a do professor Camarata revelaram uma série de padrões em crianças com a Síndrome de Einstein que eram semelhantes aos que as biografias do próprio Einstein mostram. A maioria das crianças que começam a falar tarde não se assemelham àquelas em nossos estudos, mas um número considerável se assemelha.

Infelizmente, muitas dessas crianças são diagnosticadas de forma errada como retardadas, autistas ou como tendo transtorno de déficit de atenção.

A COISA CERTA: O CASO DOS IRMÃOS WRIGHT

Uma das maiores invenções do século XX — na verdade, uma das invenções mais importantes na história da humanidade — foi obra de dois jovens que nunca frequentaram uma faculdade e que eram simplesmente mecânicos de bicicletas em Dayton, Ohio.

Essa parte dos Estados Unidos costuma ser tratada com desdém como "*flyover country*" [região de sobrevoo], porque é uma parte do país que as elites das costas leste e oeste sobrevoam a caminho de lugares que consideram mais importantes. Porém, elas só conseguem sobrevoá-la por causa desses mecânicos de Dayton.

O primeiro voo de avião dos irmãos Wright foi de apenas cerca de 35 metros — aproximadamente, a distância da base do batedor até a segunda base no beisebol — e não tão longo quanto a envergadura de um Boeing 747. Contudo, esse voo deu início a uma das jornadas mais longas já realizadas pela humanidade, e essa jornada ainda não acabou, à medida que voamos cada vez mais longe no espaço sideral.

O homem sonhou em voar durante séculos e outras pessoas estavam trabalhando duro no projeto em vários lugares do mundo quando do os irmãos Wright finalmente conseguiram fazer seu avião decolar em 17 de dezembro de 1903. Pouco importava o quão longo ou curto fosse o voo. O importante era que eles mostraram que era possível.

Infelizmente, Orville e Wilbur Wright são atualmente rotulados como "homens brancos mortos", a quem deveríamos ignorar, ou até mesmo deplorar. Se um deles fosse uma mulher ou um negro, ou pertencesse a qualquer outro grupo especialmente distinguido, o centenário de seu voo seria um feriado nacional, com uma orgia de desfiles e discursos por todo o país.

Recentemente, uma repórter de uma revista conhecida me ligou para verificar alguns fatos sobre pessoas famosas que começaram a falar tarde e que eu tinha mencionado em meu livro *The Einstein Syndrome*. Seu editor queria saber por que não havia mais "diversidade" entre as pessoas que eu citei. Quase todos eram homens, por exemplo, e homens brancos, para ser mais preciso.

A grande maioria das pessoas que começam a falar tarde são meninos, e eu não tive controle sobre isso. Numa sociedade predominantemente branca, não deveria ser surpreendente que homens famosos que começaram a falar tarde fossem quase todos brancos. Com certeza, na China, a maioria seria chinesa.

A repórter aparentou certo alívio quando assinalei que a ilustre matemática Julia Robinson e a conhecida pianista do século XIX Clara Schumann estavam entre as mulheres discutidas em meu livro. Ramanujan, gênio matemático autodidata indiano, chamou minha atenção logo após o livro ser publicado, mas a repórter pareceu feliz em poder adicionar o nome dele na lista de famosos que começaram a falar tarde.

Essa obsessão por "diversidade" se espalhou amplamente. Ao folhear o livro de matemática do ensino médio de minhas sobrinhas vi muitas fotos de matemáticos renomados, mas — a julgar pelas fotos — você nunca sonharia que algo significativo tivesse sido feito em matemática por homens brancos.

Essa falsificação mesquinha da história é menos perturbadora do que os "educadores" dedicados à doutrinação que estão distorcendo a

A COISA CERTA: O CASO DOS IRMÃOS WRIGHT

realidade para enquadrá-la em sua visão. Quem não consegue perceber a diferença entre educação e lavagem cerebral não pertence a nossas escolas.

A história é o que aconteceu, e não o que desejamos que tivesse acontecido ou o que uma teoria diz que deveria ter acontecido. Uma das razões para o grande valor da história é que ela nos permite verificar nossas crenças atuais em relação a fatos concretos de todo o mundo e ao longo dos séculos.

Contudo, a história não pode ser um teste de realidade para as visões na moda atuais quando a própria história é moldada por essas visões. Quando isso acontece, estamos nos isolando em um mundo fechado de pressupostos.

Não há nenhuma evidência de que os irmãos Wright pretendessem que o avião fosse pilotado ou utilizado apenas por pessoas brancas. Muitos dos grandes avanços na ciência e na tecnologia foram presentes para toda a humanidade. Aqueles cujos esforços criaram esses avanços foram exaltados por causa de suas contribuições para a espécie humana, e não para sua tribo ou sexo específico.

Ao procurarmos depreciar essas pessoas como "homens brancos mortos", apenas nos depreciamos a nós mesmos e nada fazemos para promover conquistas semelhantes por pessoas de todos os tipos. Quando os irmãos Wright levantaram voo, todos nós decolamos juntos.

REVISIONISTAS CONTRA A AMÉRICA

Um norte-americano de origem chinesa se meteu em grande confusão quando a escola particular em que ele lecionava teve uma discussão pública a respeito do bombardeio norte-americano de Hiroshima. Como alguém que cresceu na China, ele se lembrou de como havia ficado alegre ao tomar conhecimento do bombardeio, sabendo que tal ação poderia livrar os chineses dos horrores infligidos a eles pelos japoneses.

Claro que essa não foi a resposta politicamente correta, como ele logo descobriu pela reação negativa, hostilidade e ostracismo que, mais à frente, culminaram em sua saída da escola. Os ungidos não querem que ninguém perturbe sua visão. Quando falam em "diversidade", isso não é o que têm em mente.

Hiroshima se tornou um dos muitos símbolos de uma hostilidade contracultural aos Estados Unidos entre a *intelligentsia* em geral e os historiadores "revisionistas" em particular. O cinquentenário do bombardeio de Hiroshima de 6 de agosto de 1945 incitou a revista *Newsweek* a analisar o fato com o benefício da retrospectiva, meio século depois daquele domingo.

A linha revisionista afirma que não era necessário bombardear Hiroshima. Bastaria ter invadido, ter negociado um acordo, ter adotado diferentes estratégias.

A estimativa da revista *Newsweek* hoje é de que poderiam ter ocorrido 20 mil mortes de norte-americanos numa invasão do Japão.

Isso contrasta consideravelmente com as estimativas das pessoas que tinham a grande responsabilidade de travar a guerra naquela época.

O general Douglas MacArthur, que fora escolhido para comandar a invasão do Japão, antes que a bomba atômica fosse testada e aprovada, disse ao secretário de Guerra Stimson para esperar mais de um milhão de baixas norte-americanas. Winston Churchill, primeiro-ministro britânico, também esperava mais de um milhão de baixas norte-americanas, juntamente com meio milhão de baixas britânicas que estavam programadas para desembarcar nas praias com os norte-americanos.

Uma pessoa familiarizada com a história da resistência obstinada dos soldados japoneses até a morte — muito poucos foram capturados vivos — não terá dificuldade em entender por que baixas tão expressivas eram esperadas. Os fuzileiros navais norte-americanos perderam mais de 5 mil homens ao tomar a ilhota de Iwo Jima, e os próprios japoneses perderam mais de 100 mil homens quando os norte-americanos conquistaram Okinawa, a ilha mais ao sul do Japão. Isso superou o número de mortos em Hiroshima ou Nagasaki.

O cenário ingênuo da *Newsweek* de que o Japão teria sido derrotado em 90 dias seria divertido se não fosse repulsivo.

Para a Câmara dos Comuns, Winston Churchill estimou que a guerra contra o Japão teria terminado em 1946, e o Pentágono avaliou que o Japão poderia ter resistido até 1947.

Não só existia um exército japonês que havia demonstrado sua resistência e habilidade em diversos campos de batalha, mas também havia 5 mil aviões camicases prontos para ataques suicidas contra os norte-americanos que invadissem seu país. Se esses aviões conseguissem matar apenas cinco soldados norte-americanos cada um, eles sozinhos teriam matado mais soldados do que aqueles previstos no cenário cor-de-rosa da *Newsweek*.

A população civil japonesa, incluindo as crianças, também estava sendo mobilizada e treinada em ataques suicidas contra tropas e tanques inimigos. Teria sido um dos maiores banhos de sangue de todos os tempos.

Claro que o Japão poderia ter sido derrotado sem a bomba atômica. Porém, a que custo em vidas de pessoas mortas de outras maneiras e em quantidades maiores?

A outra abordagem adotada pelos historiadores revisionistas é dizer que o Japão estava "pronto para se render" antes do lançamento das bombas atômicas. A questão mais óbvia é a seguinte: então, por que não fizeram isso? Aliás, por que não se renderam depois que Hiroshima foi bombardeada, com isso poupando Nagasaki?

Independentemente das negociações que possam ter ocorrido nos bastidores, a rendição não era de forma alguma uma certeza. Mesmo após a destruição das duas cidades, foi necessária a intervenção sem precedentes do próprio imperador para fazer com que os militares concordassem em se render. E mesmo enquanto a mensagem do imperador estava sendo transmitida, alguns oficiais militares foram mortos ao tentar atacar o estúdio de origem da transmissão.

A verdadeira questão não é se o Japão estava disposto a negociar algum tipo de fim para a guerra, mas se estava pronto para aceitar as condições oferecidas, que envolviam não só a capitulação militar como também a ocupação norte-americana de seu território. Foi essa ocupação, assim como a ocupação da Alemanha, que transformou uma nação militarista, que havia iniciado diversas guerras em tempos recentes, num país pacífico e democrático.

Este foi um feito histórico, viabilizado pelos termos da rendição — que, por sua vez, tornaram-se possíveis graças a duas bombas atômicas. No balanço geral, isso salvou não apenas vidas norte-americanas e britânicas como até mesmo vidas japonesas, sem falar a vida de pessoas na Ásia, como nosso professor sino-americano, que disse uma verdade amarga que os ungidos não queriam ouvir.

"CURAS" PARA O AUTISMO?

"Novas maneiras de diagnosticar o autismo mais cedo." Essa foi uma manchete recente do *Wall Street Journal*. Não resta dúvida de que podemos diagnosticar qualquer coisa o mais cedo que quisermos. A verdadeira questão é saber se o diagnóstico se mostrará correto.

Minha própria percepção de como é fácil fazer diagnósticos falsos de autismo surgiu de experiências com um grupo de pais de crianças que começaram a falar tarde, que eu formei em 1993.

Muitas dessas crianças foram diagnosticadas como autistas. Porém, o passar dos anos revelou que a maioria delas não só começou a falar como também se desenvolveu socialmente.

"Agora eu quero que meu filho não fale tanto", alguns pais chegaram a dizer.

Eu não fiz absolutamente nada para gerar esses resultados. Como leigo, recusei-me a diagnosticar essas crianças, e muito menos a sugerir qualquer tratamento, ainda que muitos pais quisessem esse conselho.

Conforme meu grupo se tornava conhecido, vários pais escreviam para perguntar se poderiam trazer seus filhos até mim para buscar minha opinião ou conselho. Eu recusei todas as vezes.

Mesmo assim, se eu tivesse criado um método mal elaborado de diagnóstico e tratamento dessas crianças, poderia agora reivindicar um alto índice de sucesso na "cura" do autismo, com base em estudos de caso. Talvez minha taxa de sucesso fosse tão alta quanto a reivindicada pelos diversos programas alardeados pela mídia.

Para começo de conversa, se uma criança não é autista, praticamente qualquer coisa vai "curá-la" com o tempo.

Meu trabalho me colocou em contato com o professor Stephen Camarata, da Universidade Vanderbilt, que se especializou no estudo de crianças que começam a falar tarde, e que também é qualificado para realizar o diagnóstico de autismo.

O professor Camarata organizou seu próprio grupo de pais de crianças que começam a falar tarde, que cresceu para centenas de crianças, em comparação com as dezenas de meu grupo. No entanto, os tipos de crianças e os tipos de famílias são bastante semelhantes nos dois grupos, de maneiras descritas em meu livro *The Einstein Syndrome*.

A diferença é que o professor Camarata não é um leigo, mas um profissional especializado, com décadas de experiência, e ele também expressou consternação com a quantidade de diagnósticos falsos de autismo que encontrou.

O que Camarata também encontrou é algo que eu encontrei em meu grupo menor: pais que foram persuadidos a permitir que seu filho fosse diagnosticado como autista a fim de ter direito ao dinheiro disponibilizado pelo governo, que pode ser usado para terapia fonoaudiológica ou qualquer outro tratamento que a criança necessite.

O quanto isso pode ter contribuído para as estatísticas crescentes acerca da quantidade de crianças diagnosticadas como autistas é algo que ninguém sabe, e, ao que tudo indica, poucas pessoas estão falando sobre isso.

Outro fator associado ao grande aumento da quantidade de crianças diagnosticadas como autistas é o costume cada vez maior de se referir às crianças como estando no "espectro autista".

Em outras palavras, uma criança pode não ser realmente autista, mas apresenta uma série de características comuns entre crianças autistas. O problema com essa abordagem é que muitas crianças que não são autistas possuem características que são comuns entre crianças autistas.

Por exemplo, um estudo de crianças com QI elevado, realizado pela professora Ellen Winner do Boston College, descobriu que essas crianças possuem "interesses obsessivos" e "costumam brincar sozinhas e gostam da solidão", e também são crianças que "parecem seguir seu próprio ritmo" e dispõem de "memórias prodigiosas". Muitas das crianças em meu grupo e no grupo do professor Camarata apresentam essas características.

Quem diagnostica crianças seguindo uma lista de "sintomas" pode encontrar muitas crianças aparentemente "autistas" ou crianças no "espectro autista".

Os pais precisam ser poupados do trauma emocional dos diagnósticos falsos, e as crianças precisam ser poupadas de tratamentos estressantes que resultam de diagnósticos falsos. No entanto, o conceito de "espectro autista" proporciona muita flexibilidade para os responsáveis por diagnósticos falsos.

O autismo verdadeiro talvez não receba a quantia necessária de dinheiro se grande parte desse dinheiro é desperdiçada em crianças que, na verdade, não são autistas.

Contudo, dinheiro é dinheiro para aqueles que estão realizando projetos de pesquisa, e uma mídia crédula os ajuda a conseguir esse dinheiro.

INSTRUINDO OS INSTRUTORES

Parece que ninguém carece mais de instruções do que as pessoas que escrevem instruções para computadores e *softwares*. É claro que estamos apenas supondo que sejam pessoas. Poderiam ser seres de outro planeta, e as próprias instruções sugerem que essa possibilidade não deve ser descartada de imediato.

A primeira instrução para quem escreve instruções para computador deveria ser: nunca comece no Passo Dois, visto que nada do que for dito será entendido por aqueles que não sabem o que é o Passo Um.

Por exemplo, o ironicamente intitulado arquivo "Ajuda" em um conhecido *software* de becape começa dizendo o que devemos fazer após a tela "Restaurar" aparecer. Porém, não diz nada acerca de como fazer essa tela aparecer. Tampouco há algo na tela inicial que ofereça uma pista.

Os autores de instruções devem lembrar que, por mais simples ou sofisticado que o computador ou *software* possa ser, no final o usuário terá que pressionar algumas teclas no teclado, clicar em um mouse ou realizar alguma ação específica, mesmo que seja destruir o computador por frustração.

Muitas instruções para computador não especificam qual ação devemos executar. Em vez disso, elas *descrevem* o que devemos fazer, como, por exemplo, "acessar os arquivos de becape". Se o usuário soubesse como fazer isso, ele não teria que aturar essas instruções.

INSTRUINDO OS INSTRUTORES

Embora tais enunciados sejam chamados de instruções, poderiam ser mais apropriadamente chamados de lembretes. Se já sabemos como fazer essas coisas, eles apenas nos lembram quando fazê-las.

Como o usuário vai aprender a realizar essas operações pela primeira vez parece ser algo de pouco interesse para os autores de instruções para computadores. Talvez eles achem que vamos apenas tentar a sorte e ver o que acontece. Em muitos casos, eles têm razão. De fato, alguns usuários aprenderam da pior forma que tentativa e erro é ocasionalmente mais rápido do que procurar entender o que as instruções estão dizendo.

Ao instalar pela primeira vez um *software* de xadrez em meu computador, eu fiz questão de ignorar completamente as instruções. Apenas alguns meses depois, senti curiosidade de dar uma olhada nas instruções. Se eu tivesse recorrido ao manual, ainda estaria esperando para fazer minha jogada inicial.

Simplificar instruções não significa adicionar muito mais palavras. As palavras que especificam a ação que deve ser realizada não precisam ser mais numerosas do que as palavras que descrevem essas mesmas ações. Palavras específicas são simplesmente mais úteis.

O fato é que as instruções para computador são excessivamente prolixas. Com muita frequência, elas exaltam todas as opções incríveis e as variações disponíveis para realizar o que desejamos. Fazem propaganda exagerada sobre as glórias do produto. Dado que o produto já foi comprado, ou não tínhamos o manual de instruções, tudo isso poderia ser eliminado.

Em muitos casos, não teríamos comprado o produto se tivéssemos lido o manual de instruções antes e percebido o quão impenetrável é a selva que ele representa.

Um grande número de empresas de computadores e *softwares* parece achar que ser condescendente com o usuário é o mesmo que simplificar. Por exemplo, meu *software* de becape abre com uma tela mostrando um sujeito com um sorriso vazio no rosto, dizendo "Agora é hora de iniciar uma nova sessão de becape...". Não estou brincando. Por que você acha que abri o *software* de becape? No fim, o *software* oferece conselhos gratuitos de como devo numerar os cartuchos que uso para armazenar os dados.

Entre tudo isso, só resta o inútil "Ajuda" para recorrer.

Provavelmente, a principal razão para as instruções que não instruem é que os autores não conseguem ou não querem se colocar na posição de usuários. Em vez disso, esses autores — repare que ainda não revelo se acredito ou não que são pessoas — parecem estar muito mais interessados em todos os recursos sofisticados que podem ser usados 3% do tempo do que em todas as coisas chatas que são usadas nos outros 97% do tempo.

Talvez as empresas de computador e *software* devessem contratar algumas pessoas pouco versadas em tecnologia para tentar seguir as instruções escritas por seus autores com conhecimento avançado em tecnologia. Os manuais mais úteis que poderiam resultar desse processo talvez fizessem com que alguns usuários realmente se sentissem valorizados, como são informados repetidamente por gravações enquanto esperam para falar com alguém do suporte técnico.

ENVELHECER

A seguir, pensamentos aleatórios sobre envelhecer:

Apesar dos problemas advindos do envelhecimento, eu não gostaria de voltar a ser um adolescente, nem por mil dólares por dia mais despesas.

Eu só senti que estava mesmo velho quando meu irmão caçula se aposentou.

Este é um período da vida a que Benjamin Disraeli se referiu como "anedotário".

Nada é mais ridículo do que descontos para idosos. As pessoas na casa dos sessenta anos acumularam muito mais riqueza do que as pessoas na casa dos trinta.

Esses são meus anos de declínio. Eu declino de todos os tipos de convites e oportunidades.

As pessoas que falam sobre "tempos antigos e mais simples" são, em geral, muito jovens para se lembrar desses tempos, e de como eram complicados.

Um corpo velho é como um automóvel velho: os freios precisam de conserto hoje, o volante no próximo mês e a transmissão depois disso.

Olhar para fotos antigas me faz duvidar de que já fui tão magro fisicamente. E lembrar algumas das coisas que fiz naqueles dias me faz duvidar de que eu já fui tão magro mentalmente.

Você poderia pensar que os jovens, com décadas de vida à frente deles, olhariam mais para o futuro e planejariam mais do que os mais velhos. Mas acontece exatamente o contrário. Os jovens tendem a se orientar para o momento presente, enquanto os mais velhos pensam no futuro de seus filhos e netos, e se preocupam com o rumo de seu país nos próximos anos.

Dizem que não é possível ensinar truques novos a um cão velho. Mas talvez o cão velho já conheça os truques que só parecem novos para os jovens, e não dê muita importância a esses truques.

Quando eu era jovem, ter quarenta anos parecia tão distante que eu não conseguia imaginar como seria ter quarenta anos. Agora mal consigo me lembrar de como era ter quarenta anos.

A idade dá uma desculpa para você não ser muito bom em coisas que você também não era muito bom quando jovem.

Um ditado antigo diz que somos uma vez um homem e duas vezes uma criança. A diferença é que mais ou menos automaticamente temos pais para cuidar de nós da primeira vez, mas se vamos ter alguém para mostrar o mesmo amor e cuidado quando estivermos no outro extremo da vida é outra história.

É surpreendente — e terrível — como muitas das pessoas que estão acompanhando os idosos tentam fazê-los andar mais rápido do que eles querem, ou mais rápido do que são capazes. Qual é o propósito disso, exceto criar tensão e estresse desnecessários? E quão urgente é economizar alguns segundos aqui e ali?

Quando alguém precisou me dizer que eu me encontrava em uma praia de *topless*, eu soube que estava ficando velho.

Assim como muitos que estão envelhecendo, eu estou bem — desde que me lembre de que não estou bem.

De fato, os velhos não são mais inteligentes do que os jovens. O que ocorre simplesmente é que já cometemos os erros que os jovens estão prestes a cometer. Então, já sabemos que são erros e quais são as consequências.

Algumas pessoas envelhecem como vinho de qualidade, enquanto outras simplesmente se transformam em vinagre.

Alguém perguntou a um homem na casa do setenta anos em que idade ele começou a perder o interesse em mulheres. "Não sei", ele respondeu. "Mas quando isso acontecer, eu te conto."

Eu exorto meus colegas mais velhos a escreverem suas memórias, só para que historiadores "revisionistas" não consigam mentir sobre o passado impunemente.

Mais de uma vez, em alguma manhã, após acordar me sentindo como se tivesse vinte anos de novo, fiz algo que me deixou usando muletas ou sendo lembrado por meu corpo de que eu sem dúvida não tinha mais vinte anos.

As mulheres podem mentir sobre sua idade para os outros, mas os homens mentem sobre sua idade para si mesmos.

Quando Don Newcombe, antigo e exímio arremessador do time de beisebol Dodgers, estava perto do fim de sua carreira, alguém perguntou se ele ainda era capaz de arremessar com tanta força quanto antes. "Sim, eu arremesso a bola tão forte como sempre", ele respondeu. "Porém, o problema é que ela leva mais tempo para chegar à base do rebatedor."

Oliver Wendell Holmes expressou isso da melhor forma: "Se eu pudesse acreditar que poderia servir de inspiração para aqueles que virão depois, estaria pronto para dizer adeus."

ESTRANGEIROS EM SERVIÇOS DOMÉSTICOS

Uma das ironias de nosso tempo é que nenhuma profissão parece menos doméstica do que a dos empregados domésticos. Os empregados domésticos estrangeiros são contratados não só por pessoas físicas, mas também por hotéis em todos os Estados Unidos e em países no exterior.

Há muitas camadas de ironia em tudo isso.

Enquanto alguns estão em campanha para "requalificar" as pessoas para os exigentes empregos de alta tecnologia do futuro, alguns dos trabalhadores mais urgentemente necessários são aqueles capazes de fazer coisas simples de maneira confiável e consciente. Cuidar de crianças e de idosos são exemplos primordiais de profissões em que é difícil conseguir gente capacitada — e é importantíssimo tê-las.

Por que é tão difícil encontrar empregados domésticos? As duas razões principais são as seguintes: (1) a ideia de que há algo "aviltante" em fazer trabalho "doméstico" foi fomentada, e (2) os pagadores de impostos estão subvencionando essa filosofia com pagamentos de assistência social e auxílio-desemprego. Pelo visto, não se considera aviltante aceitar esmolas, seja do governo ou nas esquinas.

Os estrangeiros que não estão nos Estados Unidos há tempo suficiente para assimilar as atitudes mais autodestrutivas do país são capazes de encontrar empregos desprezados pelos norte-americanos. Em mais de 30 anos na Califórnia, nunca vi um mexicano-americano mendigando nas ruas, embora mendigos e traficantes tenham se tornado uma visão comum e um aborrecimento público.

O serviço doméstico é considerado um desses empregos "sem futuro" que a *intelligentsia* e os socialmente sensíveis deploram. No entanto, esses empregos não só colocaram um teto sobre a cabeça das pessoas e comida em suas mesas como também foram o primeiro passo para que muitas delas saíssem da pobreza e ignorância em muitos países.

Em séculos passados, na Grã-Bretanha, hospedarias e restaurantes costumavam ser abertos por mulheres e homens que tinham começado suas carreiras profissionais como empregados domésticos para os ricos. Ali, eles aprenderam não só a preparar alimentos e cuidar de uma casa como também adquiriram boas maneiras, urbanidade e um senso de como administrar as coisas.

Muitos dos primeiros imigrantes japoneses para os Estados Unidos começaram como empregados domésticos. A consciência e a confiabilidade deles se tornaram tão amplamente conhecidas que essa reputação os ajudou a dar o próximo passo de ascensão na escala social, como jardineiros autônomos.

O jardineiro japonês se tornou uma instituição na Califórnia.

Ele era seu próprio chefe, com uma lista de clientes cujos gramados e jardins ele normalmente visitava uma vez por semana por cerca de uma hora. Quando a casa tinha uma cerca ou um átrio, ele precisava ter uma chave, ou seja, sua reputação de confiabilidade era crucial.

Muitos desses jardineiros nipo-americanos prosperaram e colocaram seus filhos na faculdade, para que pudessem seguir carreiras profissionais.

Não existem empregos sem futuro. Existem apenas pessoas sem futuro.

A filosofia social atual norte-americana, e o aparato do Estado de bem-estar social baseado nela, estão criando mais pessoas sem futuro.

ESTRANGEIROS EM SERVIÇOS DOMÉSTICOS

Nenhuma quantidade de requalificação pode ajudar nisso. Em primeiro lugar, não é possível requalificar pessoas que não foram qualificadas originalmente, que não se preocuparam em aprender na escola e que nunca desenvolveram um senso de responsabilidade.

O serviço doméstico é mais do que um emprego. Trata-se de uma janela para outro mundo. Assim como nações e civilizações aprendem umas com as outras, também o fazem os indivíduos.

Os muito pobres ao receber educação ou se expor a horizontes culturais mais amplos aprenderam algo de outro vocabulário e de interesses culturais dos quais nunca teriam conhecimento, exceto por trabalharem em casas de pessoas mais afortunadas ou mais bem-educadas do que eles.

Remontando minha própria vida, lembro-me de todos os tipos de livros e brinquedos trazidos para casa por membros de minha família que trabalhavam nas casas de pessoas abastadas com filhos mais velhos que tinham deixado de lado tais objetos. O que eles também trouxeram para mim foram benefícios culturais intangíveis, desde boas maneiras à mesa até um interesse por assuntos internacionais.

A difusão cultural não precisa ser na escala da Europa aprendendo os algarismos arábicos ou adquirindo papel da China, ou do Japão adquirindo todo um espectro de tecnologia ocidental. A difusão cultural pode significar uma empregada estrangeira aprendendo inglês em uma casa norte-americana, ou um garoto no Harlem crescendo sabendo que existe um mundo muito maior lá fora do que o Harlem.

Infelizmente, as atuais modas intelectuais e sociais destroem todo esse processo. Em seu lugar, oferecem aos pobres uma vida parasitária em um mundo de feiura e barbárie, aprisionados em um canto sombrio de ignorância e vítimas de demagogos que buscam aprisioná-los ainda mais em fobias e provincianismo bombástico.

Esse é o progresso social.

"COMPAIXÃO" CRUEL

"Compaixão" se tornou uma palavra de um número cada vez maior de palavras politizadas (como "acesso" ou "diversidade"), cujo significado foi corrompido irremediavelmente. Em nenhum lugar há mais indiferença cruel quanto ao destino de seres humanos do que entre os mascates de compaixão quando falam acerca de bebês, nascidos e por nascer.

A própria expressão "bebês por nascer" foi excluída da linguagem pela *intelligentsia* midiática e acadêmica, que a substituiu pela palavra "feto", que é inócua e imparcial. O sucesso dessa campanha de dessensibilização pode ser avaliado por quantos de nós ficamos chocados ao descobrir, no documentário médico *The Silent Scream* [*O grito silencioso*], que o que acontece em um aborto não é a retirada cirúrgica de um pequeno agrupamento de células, mas sim o desmembramento doloroso de um ser humano em luta, tentando em vão fugir de instrumentos fatais.

Aqueles que mais proclamam ruidosamente "o direito do público à informação" não se manifestam quando se trata do direito do público de saber isso. Aliás, esforços intensos são feitos para impedir a exibição desse documentário. Na cidade politicamente correta de Palo Alto, lar da Universidade da Stanford, uma mera descrição do processo foi excluída de uma coluna de jornal sobre o assunto.

"COMPAIXÃO" CRUEL

Não se trata apenas de a realidade do aborto ser um pouco forte demais para alguns estômagos. Mesmo questões menos emocionalmente desgastantes como a adoção refletem uma visão de mundo muito semelhante, em que os bebês são tratados de acordo com a ideologia e a conveniência.

Talvez a forma mais grosseira dessa visão seja exibida em leis e políticas contra a adoção inter-racial. Essas leis e políticas não só mantêm muitas crianças de minorias vegetando sem necessidade em orfanatos ou numa série de lares adotivos provisórios quando há casais dispostos a adotá-las, mas também tribunais e burocracias removem essas crianças em prantos dos únicos lares que já conheceram, quando esses lares são constituídos por famílias não pertencentes a minorias.

Destruir a vida de crianças de dois e três anos não significa nada para as burocracias de bem-estar social ou para os ideólogos acadêmicos e midiáticos que elaboram teorias sofisticadas sobre a necessidade de manter a identidade cultural. Às vezes, também há um desfile de horrores curiosos a serem temidos pela adoção de crianças de minorias por casais brancos. No entanto, estudos concretos sobre crianças adotadas entre diferentes raças não revelam esses horrores, e os quocientes de inteligência desses jovens são mais altos do que os das crianças de minorias criadas por seus próprios pais.

Mesmo sem considerar as adoções inter-raciais, há um oposição ideológica à adoção, como tal. Uma edição recente da *National Review* especifica campanhas midiáticas contra a adoção em publicações que vão desde o *New York Times* até a *Playboy*.

Para os críticos, a adoção não é uma "solução", pois apresenta problemas em potencial. As crianças podem ser abusadas pelos pais adotivos ou se sentir de segunda classe, ou os pais podem se sentir ambivalentes, ou a mãe original pode acabar sendo localizada, décadas depois, pelo filho que entregou para adoção.

É claro que a adoção não é uma solução. Assim como tudo o mais na vida. No mundo real, existem apenas escolhas.

A adoção funcionou muito bem para todo tipo de pessoa, desde o presidente Gerald Ford até o cientista negro George Washington Carver, que foi criado por um casal branco. Contudo, as adoções nem sempre são bem-sucedidas, assim como as coisas nem sempre dão certo quando as pessoas são criadas por seus pais biológicos.

No cerne da oposição às adoções, ou de qualquer coisa que tenda a desencorajar os abortos, está a noção de que as crianças são sacrificáveis quando incomodam os adultos. Toda e qualquer pessoa que já tenha criado filhos sabe que o incômodo faz parte da essência deles, e toda e qualquer pessoa que possa remontar honestamente a sua própria infância sabe que foi pelo menos um incômodo, se não uma verdadeira dor de cabeça, para seus pais em diversas ocasiões.

Tudo isso está incluído no território, ou seja, num universo que não criamos, com restrições das quais não podemos escapar, e oferecendo apenas escolhas, por mais que a *intelligentsia* e os políticos proclamem "soluções".

O mundo extremamente racionalista dos ungidos, onde laços e costumes tradicionais foram jogados na lata de lixo da história, é o verdadeiro objetivo, independentemente do problema específico, seja educação sexual, eutanásia ou adoção.

O problema não é que algumas pessoas pensem dessa maneira. O problema é que outras pessoas não apenas as levam a sério, mas permitem que elas nos intimidem com sua pretensão de conhecimento e insight especiais, apesar de um histórico de teorias fracassadas que remonta pelo menos a uma geração, deixando um rastro de destroços sociais, desde o declínio de padrões educacionais até o aumento das taxas de criminalidade, consumo de drogas e suicídio.

Pior de tudo, deixamos que elas se apropriem da palavra "compaixão", para usá-la como alavanca política, quando tantas de suas ações revelam a completa falta dela.

AS GUERRAS EM TORNO DE VALORES

As guerras culturais são guerras sujas, muito parecidas com as guerras de guerrilha nas selvas, que não respeitam as regras da Convenção de Genebra. A guerra entre os valores tradicionais e os valores vanguardistas está se alastrando por todos os Estados Unidos hoje em dia, das galerias de arte às Forças Armadas, e desde o jardim da infância até a Suprema Corte. Em jogo estão os valores culturais que prevalecerão e quem tomará as decisões que refletem esses valores.

O discurso categórico dos "direitos" é amplamente utilizado como arma em tais guerras culturais. Aqueles que estão promovendo o "direito" das mulheres de participar de combates militares, por exemplo, estão na verdade dizendo que as decisões dos comandantes militares responsáveis pela vida de milhares de soldados, e as decisões da sociedade norte-americana quanto aos papéis sociais dos sexos, devem ser todas suplantadas pelas visões dos grupos de defesa feminista autoungidos e politicamente organizados.

Os detalhes dos argumentos — a força física dos sexos, o desempenho das mulheres nas Forças Armadas etc. — são, em certo sentido, todos irrelevantes. A questão não é o que decidir, mas *quem irá decidir*. Como em outras partes das guerras culturais, o problema é se uma elite eloquente deve obter o poder de impedir as decisões dos outros.

Para os ungidos, o uso de palavras como "direitos" basta para colocar as opiniões de uma patota acima de discussão, e a palavra "estereótipos" é suficiente para colocar os valores da sociedade em geral abaixo de discussão. Os ungidos não querem discussão. Eles querem poder.

Nos últimos anos, um dos "direitos" mais notáveis que surgiram é o direito ao dinheiro dos pagadores de impostos para qualquer coisa que escolha se autodenominar "arte" — independentemente de os pagadores de impostos ou eleitores gostarem do que é produzido, e independentemente de o objetivo claro dessa "arte" ser de fato insultar os valores e as crenças do público.

Pois as pessoas decidirem em que seu próprio dinheiro será gasto é "censura" na novilíngua dos ungidos.

Em termos mais gerais, as guerras culturais estão sendo travadas para transferir os poderes de tomada de decisão para elites que não pagam, nem em dinheiro nem de outras formas. Por exemplo, as responsabilidades familiares foram assumidas por escolas, tribunais, serviços sociais e outros que não sofrem consequência se suas decisões se revelam desastrosas para as crianças ou para seus pais, ou para toda a sociedade.

O propósito básico do chamado "movimento dos consumidores" é igualmente uma iniciativa para evitar a escolha do consumidor, e não apenas informá-lo. "O consumidor deve ser protegido às vezes de sua própria imprudência e vaidade", Ralph Nader disse em seu primeiro artigo, publicado em *The Nation*, em 1959.

É quase a mesma história na esfera econômica, onde ter um "plano" econômico, ou talvez até mesmo uma "política industrial" ou uma "política energética" são todos considerados amplamente e acriticamente entre as elites opinativas como coisas boas em si mesmas. Porém, o "planejamento" governamental não é uma alternativa ao caos. Trata-se de uma apropriação dos planos de outras pessoas.

Seja a esfera da arte, do combate militar, do direito, das escolas ou da economia, a questão é se a apropriação da elite substituirá tanto a autonomia individual como a escolha democrática.

AS GUERRAS EM TORNO DE VALORES

Os tribunais são o principal campo de batalha nessas guerras em torno de valores culturais, pois estão bem posicionados para impedir as decisões dos outros ao "interpretar" a Constituição, proibindo ou promovendo o que os juízes querem proibir ou promover.

Nos últimos anos, as disputas acirradas em torno dos indicados para a Suprema Corte refletiram esse papel central dos tribunais em impor políticas tão repugnantes para o público que os representantes eleitos não ousariam votar a favor delas como lei.

Os "direitos" criados por juízes em favor de criminosos, o transporte escolar inter-racial, a ação afirmativa e o aborto são apenas algumas das políticas antecipadas do processo democrático por decisões judiciais arbitrárias. A questão, como o juiz Robert H. Bork disse, é se os "valores da classe intelectual" vão "continuar a ser transformados em lei pela Suprema Corte". A preocupação expressa pelos juízes O'Connor, Kennedy e Souter quanto à forma como sua decisão no recente caso de *Planned Parenthood v. Casey* seria vista pela "parte ponderada da nação" sugere que a apropriação da elite ainda é apoiada, mesmo entre os juízes identificados como "conservadores".

É inegável que a classe excludente é sincera. As pessoas nunca são mais sinceras do que quando se consideram superiores.

E nunca são mais implacáveis. J. A. Schumpeter disse que a primeira coisa que um homem fará por seus ideais é mentir.

Palavras dissimuladas, estatísticas distorcidas e rótulos enganosos são todos parte da guerra suja em torno dos valores culturais. As guerras culturais são tão desesperadoras porque não envolvem simplesmente méritos ou deméritos de políticas específicas. Elas envolvem toda a concepção dos ungidos a respeito de si mesmos — sobre se eles estão no inebriante papel de vanguarda ou no patético papel de pessoas pretensiosas e tolas, apaixonadas por si mesmas.

AMOR É UMA PALAVRA DE QUATRO LETRAS

Amor é uma palavra de quatro letras, mas você não a ouve com tanta frequência quanto ouve algumas outras palavras de quatro letras. Pode ser um sinal de nossos tempos que todos pareçam estar falando abertamente sobre sexo, mas a impressão é de que ficamos constrangidos ao falar sobre amor.

O sexo sozinho não reproduzirá sequer a raça humana porque os bebês não podem sobreviver à primeira semana de vida sem quantidades incríveis de cuidado. Esse cuidado provém do amor. Se os pais são tão miseráveis a ponto de não darem ao bebê a atenção necessária, então um amor geral por bebês deve levar outras pessoas a criar um sistema de apoio, para que a criança não morra por negligência.

As pessoas rasas que converteram nossas escolas em centros de propaganda para a contracultura se esforçam para eliminar o amor das relações humanas. Por exemplo, se você acreditar no que dizem os ungidos astutos, entre homens e mulheres só existe sexo.

Mas por que deveríamos acreditar neles? Por que já ocorreram lamentos tão atormentados — em cartas, literatura, poesia e música — por tantos séculos sobre o término de casos amorosos? Será porque não há outros membros do sexo oposto disponíveis? De jeito nenhum.

O sexo está quase sempre disponível, mesmo que só comercialmente. Porém, o amor é muito mais difícil de encontrar. Algumas pessoas nem sequer tentam após a partida de seu ente querido. Alguns até perdem a vontade de viver.

Em resumo, o que milhões de pessoas têm feito há séculos desmente os cínicos arrogantes que querem reduzir tudo a um nível animal.

Na verdade, diversos animais se comportam de uma maneira que sugere que o amor é importante para eles, não só entre sua própria espécie, mas também em relação aos seres humanos. As histórias de cães que resgataram ou defenderam seus donos, mesmo ao custo de suas próprias vidas, remontam a séculos.

Por que o amor está tão fora de moda entre a *intelligentsia* e aqueles que se esforçam para estar na moda?

O amor é um dos laços que permitem às pessoas agir e às sociedades prosperar — sem serem dirigidas de cima para baixo. O amor é uma das muitas maneiras pelas quais nos influenciamos mutuamente e elaboramos nossas vidas inter-relacionadas sem a ajuda dos ungidos. Assim como a moralidade, a lealdade, a honestidade, o respeito e outras coisas imateriais, o amor é um dos intangíveis sem os quais os tangíveis não funcionam.

Os intelectuais não se sentem à vontade com isso. Eles querem ser capazes de reduzir tudo a algo material, previsível e, acima de tudo, controlável. Muitos desejam estar no comando de nossas vidas, não querem que resolvamos as coisas entre nós mesmos, seja por meio de laços emocionais ou das interações do mercado.

Outra palavra que caiu em desuso é "dever". Não foi banida. Simplesmente foi enterrada sob toneladas de discussões sobre "direitos". As duas palavras costumavam estar ligadas, mas agora não mais.

No mundo real, no entanto, direitos e deveres estão tão intimamente ligados quanto sempre estiveram. Se *A* tem direito a algo, então *B* tem o dever de garantir que *A* o receba. Caso contrário, *A* não tem esse direito.

Quando se trata do direito à liberdade de expressão, então é dever dos juízes impedir que o governo cale a pessoa, ou deixar que ela mova uma ação se o governo fizer isso. O grande problema ocorre quando já não se trata de direitos de ser deixado em paz, mas de direitos a coisas que outras pessoas têm que produzir. Quando se trata do direito a uma "moradia decente", por exemplo, isso significa que outras pessoas têm o dever de produzir essa habitação e fornecê-la a você, independentemente de você estar disposto a pagar o que custa.

Só porque a ligação inerente entre direitos e deveres está rompida verbalmente é que os defensores de todo tipo de novos e amplos direitos conseguem contornar a questão quanto ao motivo pelo qual outra pessoa deve propiciar a indivíduos aquilo que eles não estão dispostos a propiciar a si mesmos. Muitas vezes, a alegação é feita ou insinuada de que as pessoas podem estar dispostas a propiciar a si mesmas, mas simplesmente não são capazes de fazê-lo. Porém, quando a situação aperta, muitos da *intelligentsia* admitem que não importa para eles o motivo pelo qual alguém não tem algo de que precisa. Ele tem o "direito" a isso. Também não importa como alguém contraiu aids; ele não tem o dever de evitar isso, mas os outros têm o dever de pagar por isso.

O que está envolvido não são apenas algumas palavras, mas toda uma visão da vida. Se alguém tem a visão do ungido que quer controlar a vida dos outros, então todas as coisas que nos permitem agir independentemente deles e dos programas governamentais são suspeitas.

Palavras como amor, dever, trabalho e poupança são marcos distintivos de pessoas com uma visão muito diferente, que traçam seu próprio caminho na vida sem fazerem parte de algum plano grandioso dos ungidos ou das burocracias governamentais que administram tais esquemas. Não por caso tais palavras não são nem de perto tão populares quanto amor, dever, trabalho e poupança.

"IGUALDADE" SEM SENTIDO

Se há uma palavra confusa que pode atrapalhar políticas sociais, o sistema jurídico e inúmeras instituições por toda a sociedade, essa palavra é "igualdade". Trata-se de uma dessas piedades vagas nas quais permitimos nos entregar, sem nenhum pensamento sério sobre o que significa ou quais podem ser as consequências reais de persegui-la.

Alguém que questiona ou se opõe à igualdade é quase certo que será considerado alguém que acredita na desigualdade — ou seja, em "inferioridade" e "superioridade". Porém, todos esses conceitos padecem do mesmo problema: para que igualdade, inferioridade ou superioridade tenham algum significado, o que está sendo comparado deve primeiro ser passível de comparação. Uma sinfonia não é igual a um automóvel. Simplesmente não são comparáveis.

Grande parte do esforço emocional de tornar as mulheres "iguais" aos homens padece do mesmo problema. Como as mulheres engravidam e os homens não, as muitas ramificações dessa diferença não podem ser ignoradas e nada pode torná-las comparáveis. Por mais unissex que seja a linguagem de alguém, as mulheres raramente são muito boas como homens e os homens não podem ser mulheres de jeito nenhum.

Podemos considerar a felicidade e o bem-estar das mulheres tão importantes quanto a felicidade e o bem-estar dos homens — e provavelmente a maioria das pessoas faz isso, apesar dos gritos estridentes em contrário —, mas essa é uma afirmação acerca de nosso sistema de valores, e não de alguma realidade empírica das mulheres e dos homens.

Como em relação a muitos outros grupos, a diferença fundamental entre tratamento igual e desempenho igual é confundida repetidas vezes. Em termos de desempenho, praticamente ninguém é igual a ninguém. O mesmo indivíduo nem sequer é igual a si mesmo em dias diferentes.

Muitos dos desconfortos morais, engenharias sociais e complicações legais de nosso tempo resultam do simples fato de que as estatísticas para diferentes grupos são diferentes em diferentes profissões, instituições ou níveis de renda. É comum assumir automaticamente que apenas abordagens diferentes antes do fato podem explicar resultados diferentes após o fato.

Esse dogma está tão profundamente enraizado que parece quase utópico tentar uma discussão racional a seu respeito. No entanto, foi completamente arbitrário esperar igualdade de desempenho logo no início — e uma teimosia exagerada querer punir alguém porque isso não aconteceu. Porém, há toda uma classe de pessoas que acredita que quando o mundo não se adapta a sua teoria, isso mostra que há algo errado com o mundo.

Vamos voltar ao fato de as mulheres engravidarem, uma realidade de grande importância para aqueles de nós tão provincianos a ponto de estar preocupados com a sobrevivência da espécie humana. As mulheres não só engravidam como também percebem antecipadamente que tendem a ter filhos, e aquelas que ainda não são "liberadas" organizam suas vidas com essa perspectiva em mente.

As profissões que requerem atividade contínua para manter habilidades em constante mudança tendem a atrair menos mulheres do que as profissões que elas podem deixar para ter filhos e retornar mais tarde. Elas podem se afastar por alguns anos para cuidar de seus filhos durante os anos pré-escolares e depois retornar para se tornarem boas bibliotecárias, professoras ou editoras. Todavia, se ficarem afastadas alguns anos da engenharia da computação, retornarão para descobrir que estão em um mundo muito diferente.

Alguns anos atrás, um economista investigou as taxas de obsolescência de uma ampla gama de profissões. Um físico perdia metade do valor de seu conhecimento original em cerca de cinco anos, ao passo que levaria mais de 30 anos para um historiador ficar tão defasado.

Embora o economista não tenha apontado isso — seja por omissão ou prudência —, as profissões com altas taxas de obsolescência costumavam ser "dominadas por homens", enquanto as profissões com forte presença feminina tendiam a apresentar taxas de obsolescência mais lentas.

Ainda que as distinções em escolhas e desempenhos sejam ignoradas ou descartadas em círculos politicamente corretos, essas diferenças sem dúvida afetam as diferenças em resultados, não apenas entre homens e mulheres, mas também entre grupos raciais, étnicos e outros.

Como é realmente utópico esperar ter uma discussão racional acerca de diferenças inter-raciais nos dias de hoje, podemos considerar duas ramificações da mesma raça: europeus do norte e europeu do sul.

Nos últimos séculos, os europeus do norte têm sido muito mais avançados industrial e tecnologicamente do que os europeus do sul — não só na Europa em si, mas também quando imigram para sociedades de origem europeia no hemisfério ocidental ou na Austrália. Porém, por cerca de mil anos antes disso, os europeus do sul eram muito mais avançados do que os do norte.

Em suma, os desempenhos variam não só de indivíduo para indivíduo, mas também de grupo para grupo e de uma época para outra. Raramente, os desempenhos são iguais em um dado momento.

Em termos de desempenho, o Japão era claramente inferior ao Ocidente em tecnologia industrial um século atrás. Ninguém estava mais dolorosamente consciente disso do que os próprios japoneses. Foi isso que os estimulou aos esforços que lhes permitiram superar o Ocidente em muitos campos hoje em dia.

Os japoneses entenderam que esse não era um problema que poderia ser resolvido com discursos pomposos ou pressupostos arbitrários.

PEQUENAS COISAS

De vez em quando, pequenas coisas fornecem pistas sobre grandes coisas.

Outro dia, eu estava praticando tênis em um parque local, com a ajuda de uma máquina que atira a bola para mim por cima da rede.

Um garotinho, cujo pai treinava na quadra ao lado da minha, ficou fascinado com a máquina.

Ele, com cerca de quatro ou cinco anos, começou a caminhar em direção à quadra onde eu jogava, no lado onde estava a máquina.

— Não, não — eu gritei. — Isso é perigoso.

O garotinho continuou caminhando em direção a minha quadra, de frente para a máquina, que ainda atirava bolinhas de tênis em várias direções, girando de um lado para o outro. O pai dele não disse nada.

— Isso é perigoso! — eu repeti, deixando minha raquete no chão e partindo apressadamente em direção ao outro lado da rede para desligar a máquina.

— Michael, por que você não volta para cá? — o pai perguntou.

— Eu vou ter que ir embora, porque isso é perigoso — eu disse para o pai.

— Não, nós vamos embora — o pai afirmou. — Venha, Michael.

— Não! — Michael respondeu, ainda encarando fascinado a máquina, que continuava girando e atirando bolinhas de tênis.

— Michael, venha! — seu pai implorou, mas ainda sem se mexer para ir até o filho.

Àquela altura, eu já tinha conseguido chegar até a máquina, que desliguei.

Só então Michael se desinteressou e foi embora com o pai.

Após essa pequena experiência com a ação (ou inação) de um pai da classe média moderna, voltei para casa e li no jornal sobre uma professora local que tinha conquistado um prêmio de docência. Foi porque os alunos dela aprenderam mais do que outros alunos? De forma alguma.

O principal motivo de sua notoriedade era que ela se concentrava em promover a "autoestima" de seus alunos. Ela não acreditava em muitas exigências acadêmicas, avaliações e deveres de casa. Tudo isso poderia prejudicar a autoestima dos fofinhos.

Tanto quanto sei, é possível que Michael tenha sido um dos alunos dela.

Com certeza, ele era muito menos propenso a ter sua autoestima prejudicada por seu pai do que ter alguns dentes quebrados por uma bolinha de tênis atirada por uma máquina. Se ele houvesse chegado mais perto e fosse atingido no olho, poderia ter perdido a visão.

No telejornal daquela noite, uma das notícias principais era sobre alunos da Universidade de Wisconsin que invadiram um campo de futebol americano, derrubando as barreiras e ferindo diversos colegas na confusão. Uma policial no local disse que era impossível conter fisicamente uma multidão daquele tamanho quando ela se descontrolava.

Claro que é impossível controlar todo o mundo. É por isso que as pessoas costumavam ensinar a seus filhos autocontrole e obediência às regras e autoridades. Atualmente, esse tipo de discurso só rende um sorriso condescendente, na melhor das hipóteses.

Nossa professora premiada tinha um cartaz na parede de sua sala de aula que dizia: "Questione a Autoridade." Hoje em dia, mal há autoridade suficiente para questionar.

Essa desistência frouxa da responsabilidade de incutir disciplina não é peculiar aos Estados Unidos. Os jovens torcedores britânicos de futebol ficaram famosos por atravessar o Canal da Mancha e arrumar confusão em jogos internacionais no continente.

Cerca de 1,5 mil anos atrás, os bárbaros da Europa continental invadiram a Grã-Bretanha e assumiram o controle do território. Atualmente, os torcedores britânicos de futebol estão se vingando.

Embora muitas civilizações tenham sucumbido aos ataques violentos dos invasores bárbaros, podemos ser os primeiros a sucumbir aos ataques dos bárbaros que crescem em nosso meio. Cada criança que nasce no mundo atual é tão incivilizada quanto o homem das cavernas. Se ninguém se dedicar a civilizá-la, é assim que ela crescerá.

Todo o discurso pomposo acerca das "causas raízes" do crime não enxerga o óbvio: as pessoas cometem crimes porque são pessoas — porque são inerentemente egoístas e não ligam para as consequências de seu comportamento, a menos que tenham sido educadas para se comportar de outra maneira ou a menos que temam o sistema de justiça criminal.

As mesmas pessoas que estão solapando a ideia de impor restrições internas ou externas às crianças também estão solapando a acusação e punição dos criminosos. Elas têm tido muito sucesso em ambas as frentes.

Todos nós vamos pagar o preço desse sucesso por muito tempo.

O surpreendente não é que adotamos algumas dessas teorias modernas que se tornaram badaladas na década de 1960. O espantoso é que não tenhamos reconsiderado após décadas observando as consequências.

MASCOTES DOS UNGIDOS

Recentemente, o *New York Times* publicou uma reportagem de primeira página cheia de simpatia por um assassino em série que agora está muito velho e que, em alguns dias, "não consegue lembrar" por que está na prisão. No entanto, suas vítimas não conseguem lembrar nada em nenhum dia.

Também há fotos dele e de outros prisioneiros. Um detento é descrito como portador de uma doença que "provoca deterioração mental". Outro, com as pernas amputadas, é mostrado tentando pegar uma bola de beisebol de joelhos. E ainda outro prisioneiro aparece em uma cadeira de rodas.

São relatados todos os tipos de histórias comoventes sobre detentos idosos que estão sucumbindo a diversas doenças e fragilidades da idade. No entanto, não há nenhuma história a respeito de suas vítimas, nem sobre as viúvas ou os órfãos das vítimas, ou sobre a dificuldade de suas vidas.

Embora o jornal publique isso como matéria "jornalística", na verdade se trata de um longo editorial de como é terrível manter esses prisioneiros na cadeia, anos depois de terem deixado de representar perigo para a sociedade. Essa apresentação unilateral inclui as opiniões da União Americana pelas Liberdades Civis [ACLU, na sigla em inglês] e de autoridades penitenciárias que gostariam de usar o espaço ocupado por esses prisioneiros idosos. Porém, não há uma única palavra de uma vítima ou de policiais que tiveram que enfrentar esses assassinos.

A parcialidade se converte em propaganda quando o jornal cita números da ACLU de que há mais de 30 mil presidiários com cinquenta anos ou mais nas prisões do país. Note que começamos com histórias acerca de pessoas tão velhas e debilitadas que supostamente não representam mais perigo para ninguém. Agora recebemos estatísticas que não são sobre tais pessoas, mas sim sobre pessoas com "cinquenta anos ou mais".

Não sei o que levaria o *New York Times* ou a ACLU a sugerir que as pessoas deixam de ser perigosas aos cinquenta anos. Eu sou mais velho do que isso e atirei com um rifle e uma espingarda poucos dias atrás. Nós, velhotes, ainda conseguimos puxar o gatilho.

Um dos assassinos retratados na matéria do *Times* tinha setenta e quatro anos quando começou a cumprir sua sentença de prisão perpétua. Que pena que ele não percebeu o quão inofensivo era depois dos cinquenta anos.

O jogo da propaganda de falar sobre uma coisa e citar estatísticas sobre outra tem sido usado em diversos outros contextos. Matérias sobre violência contra as mulheres costumam começar com tragédias individuais terríveis e, em seguida, passam para números acerca de "abuso", que incluem coisas como um marido saindo bufando da sala após uma discussão. As estatísticas sobre violência grave contra mulheres são menos de um décimo dos números divulgados pela mídia por ativistas feministas. Além disso, a violência grave contra homens é cerca de duas vezes maior.

Em técnica, assim como em parcialidade, a matéria do *New York Times* sobre criminosos é propaganda liberal clássica a favor de um de seus grupos de mascotes. Porém, isso não é algo peculiar ao *New York Times*. Podemos encontrar os mesmos tipos de reportagens no *Washington Post*, no *Los Angeles Times* ou em qualquer uma das principais redes de televisão.

Os criminosos são apenas um dos grupos adotados como mascotes pela mídia. Todas as espécies de parasitas e predadores têm sido exibidos como se fossem jaguatiricas ou outras criaturas exóticas que enfeitam o mundo dos ungidos. A pergunta mais profunda é a seguinte: por que os ungidos sentem necessidade de ter mascotes humanos? E por que escolhem o tipo de gente que escolhem?

Quem quer que seja condenado pela sociedade em geral — criminosos, vagabundos, imigrantes ilegais, portadores de aids etc. — tem direito a se tornar mascote dos ungidos, símbolo de sua sabedoria superior e virtude. Ao esbanjar preocupação por aqueles que condenamos, os ungidos se colocam moralmente acima do restante de nós.

Isso é importante? Para alguns, é primordial. Um quarto de século antes do Discurso de Gettysburg, Abraham Lincoln previu em um discurso em Springfield, Illinois, que o maior perigo para o futuro dos Estados Unidos viria não dos inimigos externos, mas do grupo de pessoas que "anseia e sente apego extremo por distinção".

Tais pessoas não conseguiam encontrar essa distinção "em apoiar e manter um edifício que foi erguido por outros", de acordo com Lincoln. Em outras palavras, há muito menos satisfação do ego em construir o país do que em destruí-lo. Por exemplo, uma estudante de direito de Stanford envolvida no movimento de "direitos dos presos" há pouco afirmou: "É justamente porque os prisioneiros são vistos como os párias de nossa sociedade que me sinto ainda mais motivada a me aproximar deles". Ela quer saber "o que há nesta sociedade que faz com que alguém não consiga se adaptar a ela".

Hoje em dia, as escolas e faculdades dos Estados Unidos estão formando cada vez mais pessoas assim, que são ensinadas a desprezar a sociedade norte-americana e a inflar o próprio ego culpando essa sociedade por pecados que são comuns entre os seres humanos em todo o mundo. O jornalismo é apenas uma das profissões que estão sendo prostituídas para essa autossatisfação.

OS AMERICANOS ANTIAMERICANOS

Todo mês de agosto, há cidadãos norte-americanos que viajam ao Japão para se humilharem e humilharem o seu país em Hiroshima e Nagasaki. Os japoneses não vão a Nanquim, onde massacraram mais chineses, das formas mais brutais e sádicas, do que aqueles que morreram em ambas as cidades japonesas somadas.

O que foi único em Hiroshima e Nagasaki foi a tecnologia por meio da qual as pessoas foram mortas, e não o número de mortos. Um número maior de alemães foi morto com tipos de bombas mais antigos em Dresden e mais japoneses foram mortos na invasão de Okinawa do que em Hiroshima e em Nagasaki.

As diferenças tecnológicas não são diferenças morais. Na Segunda Guerra Mundial, de todas as pessoas mortas, menos de 1% foi morto nessas duas cidades somadas. Se matar é errado, mesmo em tempos de guerra, então por que não condenar a morte dos 99%, em vez de destacar o 1%?

O poder assombroso das armas nucleares, que tem pairado sobre nossas cabeças desde que foram inventadas, é sem dúvida um motivo para lamentar que tais coisas ainda sejam possíveis. Winston Churchill falou dos segredos do átomo como um conhecimento que durante muito tempo foi "misericordiosamente negado ao homem".

Porém, era um conhecimento que nossos inimigos estavam buscando, que fez com que Albert Einstein — um pacifista — exortasse o presidente Roosevelt a não deixar que os nazistas fossem os primeiros a obtê-lo.

Além desses norte-americanos meramente desmiolados ou ingênuos que viajam a Hiroshima e Nagasaki todo mês de agosto, há membros da mídia e do meio acadêmico que raramente deixam passar uma oportunidade de se colocar moralmente acima dos outros em geral ou de ser antiamericanos em particular.

Além disso, os historiadores "revisionistas" têm difundido a afirmação de que o bombardeio dessas cidades japonesas foi desnecessário, que o Japão estava pronto para se render, que uma invasão não teria sido tão desastrosa.

Alguns dos antiamericanos mais virulentos dizem que essa terrível arma nunca teria sido usada contra pessoas brancas. De que cor eles acham que eram as pessoas em Dresden? A primeira bomba atômica experimental ainda não havia sido testada quando Dresden foi destruída, e seus habitantes, incinerados.

Ao contrário dos líderes norte-americanos que arcavam com a pesada responsabilidade de enviar tropas norte-americanas para o combate na época, esses revisionistas — uma palavra excessivamente polida para mentirosos — inventam cenários otimistas em que as baixas de uma invasão do Japão são estimadas como uma fração do que o general Douglas MacArthur ou outras autoridades militares importantes da época previam.

Na guerra do Pacífico, houve ilhas em que os defensores japoneses mortos em combate contavam-se aos milhares, enquanto aqueles capturados vivos mal ultrapassavam algumas dezenas — grande parte destes últimos estava tão gravemente ferida que não era sequer capaz de lutar ou cometer suicídio. Com esse tipo de resistência até a morte sendo comum entre os japoneses na defesa de seus territórios conquistados, como alguém poderia esperar que a defesa de sua própria pátria fosse algo além de uma carnificina para todos os envolvidos?

Os civis japoneses, incluindo as crianças, estavam sendo treinados e doutrinados para morrer defendendo o Japão dos invasores. Sem dúvida, o número de pessoas que teriam feito isso seria maior do que o número de mortos nas explosões atômicas que os pouparam, assim como os soldados norte-americanos e britânicos que teriam morrido nas praias e nos combates de casa em casa nas cidades.

O Japão estava destinado a perder a guerra, mesmo sem as bombas atômicas? Sim, mas a que preço? Teria sido possível negociar uma rendição japonesa sem uma invasão? Talvez, em termos mais aceitáveis para os japoneses. Mas sem uma rendição incondicional e uma ocupação do Japão, como esse país militarista poderia ter sido convertido em uma das nações mais pacíficas do mundo?

Sem a incrível façanha pela qual o general MacArthur mudou as tradições militares seculares dos japoneses, o Japão poderia estar pronto para voltar a lutar em uma década — e desta vez, com toda a probabilidade teria a bomba atômica. Tampouco há razão para acreditar que o Japão teria mostrado a menor hesitação em usá-la ou o menor remorso posteriormente.

Os norte-americanos tomados de culpa poderiam se beneficiar bastante com a leitura de *The Rape of Nanking* ou *Prisoner of the Rising Sun*. Isso poderia poupar-lhes a despesa da passagem aérea para Hiroshima ou Nagasaki.

"BOLA MORTA" *VERSUS* "BOLA VIVA"

Entre os aficionados do beisebol, há muito tempo é aceito que houve uma "era da bola morta", que terminou em 1920, quando uma bola mais viva foi introduzida, o que explica o expressivo aumento no número de *home runs** obtidos na década de 1920, em comparação com o número de *home runs* obtidos nas duas décadas anteriores. As contestações por parte dos dirigentes do beisebol de que a bola havia sido alterada foram rejeitadas de imediato, considerando as mudanças drásticas e aparentemente inexplicáveis no número de *home runs* obtidos na década de 1920 e posteriormente.

Os defensores dessa tese apresentam estatísticas respeitáveis a seu favor. Nas duas primeiras décadas do século XX, apenas três jogadores conseguiram mais de 20 *home runs* em uma temporada, e nenhum atingiu a marca de 30. Além disso, cada um desses três jogadores conseguiu 20 ou mais *home runs* em uma temporada apenas uma vez durante essas duas décadas. Em contraste, ao longo da década de 1920, meia dúzia de jogadores conseguiram 40 ou mais *home runs*, com Babe Ruth fazendo isso oito vezes. Que outra explicação alternativa poderia

---

* O *home run* é a jogada mais conhecida e aplaudida do beisebol. Nela, o rebatedor consegue rebater a bola nas arquibancadas ou para fora do estádio, o que lhe permite percorrer todas as bases e retornar ao *home plate* (base inicial) sem que a bola seja recuperada pelos defensores adversários. (N do T.)

"BOLA MORTA" *VERSUS* "BOLA VIVA"

justificar essa mudança radical? Como costuma acontecer, quando existe uma ideia preconcebida arraigada compartilhada por muitos, nenhuma outra explicação alternativa foi considerada, e muito menos testada empiricamente.

Entre as razões para a crença arraigada de que a bola havia sido alterada, incluía-se o fato de que o beisebol estava sob uma aura de desconfiança devido à manipulação da World Series [série final do campeonato da Major League Baseball], em 1919, pelo Chicago White Sox, time ao qual muitos começaram a chamar de "Black Sox". Ao mesmo tempo, Babe Ruth havia eletrizado o mundo do beisebol ao alcançar um recorde de 29 *home runs* pelo Boston Red Sox em 1919 e, assim, tornou-se imensamente popular entre os torcedores. Aqui, ao que tudo indica, apresentava-se a grande oportunidade para aqueles que controlavam a principal liga de beisebol desviarem a atenção do público do escândalo do Black Sox, criando mais Babe Ruths, ao mudar para uma bola mais viva. Uma teoria plausível, junto com alguns números indiscutíveis, muitas vezes parece resultar em um fato comprovado. Porém, esse tipo de aritmética precisa ser reexaminado.

Outros fatos levam a um quadro bem diferente, que não só é compatível com os mesmos números, mas ademais resiste melhor a um escrutínio estatístico. Eis uma teoria alternativa: antes do surgimento espetacular de Babe Ruth como rebatedor de *home run*, os estilos de rebatida eram muito diferentes do que se tornaram posteriormente. A maioria dos rebatedores não segurava o taco na extremidade inferior, como Babe Ruth fazia, e não tentava mandar a bola para fora do campo, pois isso costumava levar a um *strikeout*, ou seja, a eliminação do rebatedor, o que era um vexame a ser evitado. Rebater a bola para cima para mandá-la para fora do campo costumava resultar na eliminação do rebatedor por *fly out*, ou seja, o jogador da defesa apanhava a bola rebatida no ar antes de ela tocar o chão.

Teorizou-se que Ruth foi bem-sucedido com seu novo e estranho estilo de rebatida porque começou sua carreira como arremessador e ninguém se preocupou em "corrigir" sua rebatida, já que ninguém esperava muito de arremessadores como rebatedores. De qualquer forma, os jogadores cujas carreiras começaram após o sucesso espetacular de Ruth em conseguir *home runs* tenderam a adotar seu estilo de rebatida segurando o taco na extremidade inferior, o que gerava mais alavancagem e menos controle, ou seja, mais *home runs* e mais *strikeouts*.

O que esperaríamos ver se essa explicação alternativa referente à mudança no número de *home runs* fosse a correta? Esperaríamos ver os principais rebatedores do período anterior a Ruth continuarem a conseguir relativamente poucos *home runs* ao longo da década de 1920, enquanto os recém-chegados à cena ou jogadores mais jovens alcançando seu auge nessa década seriam aqueles que forneceriam as grandes quantidades de *home runs*. Isso é exatamente o que encontramos.

Não foram os *sluggers* existentes, ou seja, os rebatedores capazes de rebater a bola com grande força, que de repente começaram a conseguir mais *home runs*. Foram os novos *sluggers*, com o novo estilo de rebatida, que começaram a alcançar números sem precedentes de *home runs* na década de 1920. Além do mais, isso não aconteceu imediatamente, mas a quantidade de rebatedores com números consideráveis de *home runs* aumentou ao longo da década, à medida que mais jogadores tentavam seguir os passos de Ruth.

Nenhum dos principais astros rebatedores nos anos imediatamente anteriores a 1920 — Ty Cobb, Tris Speaker, Joe Jackson, Eddie Collins — conseguiu 20 *home runs* em nenhuma temporada durante a década de 1920. Alguns desses astros consagrados tiveram grandes temporadas na década de 1920, mas isso não incluiu números expressivos de *home runs*.

Ao longo da década de 1920, Eddie Collins obteve uma média de rebatidas acima de 0,330 em cinco temporadas, mas nunca alcançou a marca de dois dígitos em *home runs*. Ele conseguiu quatro *home runs* em 1919, supostamente o último ano da bola morta, e três *home runs* em 1920, supostamente o primeiro ano da bola viva, quando Babe Ruth alcançou a inédita marca de 54 *home runs*. Eddie Collins não foi uma exceção. Ninguém mais em qualquer liga conseguiu sequer 20 *home runs* em 1920, ainda que todos estivessem rebatendo a mesma bola que Babe Ruth vinha rebatendo. Sete dos oito times da American League não conseguiram tantos *home runs* em 1920 quanto Babe Ruth conseguiu. O mesmo aconteceu com sete dos oito times da National League.

No que diz respeito a *home runs*, a única coisa diferente em 1920 foi Babe Ruth. Porém, os rebatedores de estilo novo, que seguiriam seus passos, começaram a aparecer, inicialmente em pequena escala, em 1921, quando — pela primeira vez no século XX — mais de um jogador conseguiu 20 ou mais *home runs* na mesma temporada. Havia cinco outros além de Babe Ruth, mas nenhum deles conseguiu algo como 30 *home runs*. Nenhum deles estava entre os melhores rebatedores da época anterior a 1920, que continuam a exibir os mesmos padrões de rebatida que sempre tiveram.

Na década de 1920, Ty Cobb e Tris Speaker, juntos, obtiveram médias de rebatidas acima de 0,350 em sete temporadas, mas a marca de 17 *home runs* foi o maior número que Speaker conseguiu, enquanto Cobb nunca superou a marca de 12. Tampouco Shoeless Joe Jackson, que jogou durante um ano na suposta era da bola viva, antes de ser banido do beisebol por causa do escândalo do Black Sox. Ao longo daquela temporada, Joe Jackson atingiu uma média de 0,382 rebatidas, com 42 *doubles*,[*] e liderou a liga com 20 *triples*, mas só conseguiu 12 *home runs*.

Os principais rebatedores do passado continuaram a rebater como sempre fizeram, segurando o taco numa posição mais alta e

---

[*] No beisebol, *doubles* são rebatidas que permitem ao rebatedor alcançar a segunda base antes de a defesa poder fazer uma jogada para eliminá-lo, enquanto *triples* são rebatidas que permitem ao rebatedor alcançar a terceira base antes de a defesa poder fazer uma jogada para eliminá-lo. (N. do T.)

buscando o contato com a bola, em vez de tentar mandá-la para fora do estádio. Eles eram eliminados muito menos vezes que os jogadores que seguiram os passos de Babe Ruth. Nem Cobb, Collins, Speaker ou Johnson sofreram 50 *strikeouts* em uma temporada. Na verdade, Speaker nunca sofreu mais de 25 *strikeouts* em uma temporada durante toda a sua carreira de 22 anos, embora atualmente seja comum que os *sluggers* sejam eliminados mais de cem vezes em uma temporada.

Cobb, Speaker e Jackson foram os principais *sluggers* de sua época, ainda que não fossem especialistas em *home runs*. Durante suas carreiras, cada um deles conseguiu diversas vezes 40 ou mais *doubles* por temporada; mas eles não estavam buscando *home runs*. Speaker conseguiu 50 ou mais *doubles* em uma temporada cinco vezes e, aliás, ainda detém o recorde da liga principal para o maior número de *doubles* em uma carreira. Com seus numerosos *doubles* ou *triples* e suas altas médias de rebatidas, Cobb, Speaker e Jackson tiveram médias de *slugging* ao longo da carreira mais altas do que as dos *sluggers* de épocas posteriores, como Roberto Clemente e George Brett.

Se os principais *sluggers* existentes não aumentaram significativamente seus totais de *home runs* durante a década de 1920, como ocorreu o total muito maior de *home runs*? Aqueles que conseguiram 40 ou mais *home runs* durante a década de 1920 começaram suas carreiras nessa década (Lou Gehrig, Mel Ott, Chuck Klein) ou atingiram seu auge então (Babe Ruth, Rogers Hornsby, Cy Williams). Se a bola fosse a responsável pelo grande aumento em *home runs*, então tanto os antigos quanto os novos astros das rebatidas teriam obtido aumentos expressivos em *home runs*. Mas não foi isso o que aconteceu.

Na década de 1920, ainda havia alguns astros das rebatidas de estilo antigo entre os jogadores mais jovens: por exemplo, George Sisler e Harry Heilmann. Nessa década, suas marcas foram muito semelhantes aos dos astros mais velhos cujos passos estavam seguindo. Sisler obteve uma média de rebatidas acima de 0,400 duas vezes, mas nunca

"BOLA MORTA" *VERSUS* "BOLA VIVA"

conseguiu mais de 20 *home runs*, apesar de ter alcançado mais de 40 *doubles* nessas duas temporadas. Heilmann obteve uma média de rebatidas de 0,400 uma vez e de 0,390 duas vezes, e em oito temporadas, alcançou 40 ou mais *doubles*, mas 21 foi seu maior número de *home runs* em uma temporada. A década de 1920 foi a última em que mais de um rebatedor conseguiu uma média de rebatidas de 0,400, pois esse estilo de rebatida foi desaparecendo, sendo substituído por jogadores que buscavam o *home run*. Neste novo cenário, ninguém alcançou uma média de rebatidas de 0,400 na última metade do século XX.

Os números brutos podem sugerir uma mudança na bola, mas uma análise mais detalhada das estatísticas indica uma mudança no estilo dos rebatedores. É fato, como muitos assinalaram, que a bola mudou externamente ao longo dos anos, no sentido de que as bolas costumavam permanecer em jogo por mais tempo nos primeiros anos do século XX, e os jogadores podiam sujá-las mais dentro das regras e os arremessadores podiam aplicar substâncias não autorizadas nelas nos anos iniciais. Porém, nada disso mudou repentinamente em 1920, quando o recorde de *home runs* em uma temporada saltou de 29 para 54. Além disso, a bola mudou para todos os jogadores, mas os antigos e novos astros das rebatidas obtiveram resultados muito diferentes no que diz respeito a *home runs*.

Em 1920, o que aconteceu foi que Babe Ruth teve sua segunda temporada completa como rebatedor de campo externo e entrou em um ritmo que caracterizaria sua quantidade de *home runs* pelo resto da década. Posteriormente, o que aconteceu foi que todo o estilo de rebatida mudou nas gerações que seguiram os passos de Ruth.

ECONOMIA

PENSAMENTO NO ESTÁGIO INICIAL

Em Harvard, certo dia, em uma aula, quando eu era estudante de graduação em economia sob a orientação do professor Arthur Smithies, ele me perguntou qual política eu apoiava em uma questão específica da época. Como eu tinha convicções fortes sobre aquela questão, comecei a responder com entusiasmo, explicando as consequências benéficas que esperava da política que defendia.

— E então, o que vai acontecer? — ele perguntou.

A pergunta me pegou de surpresa. No entanto, enquanto eu refletia a respeito, ficou claro que a situação que descrevi levaria a outras consequências econômicas, as quais comecei então a levar em consideração e a explicar.

— E o que acontecerá depois disso? — o professor Smithies quis saber.

Ao analisar como as reações econômicas adicionais à política se desenvolveriam, comecei a me dar conta de que essas reações levariam a consequências muito menos desejáveis do que aquelas na primeira fase. Foi quando comecei a hesitar um pouco.

— E *então*, o que vai acontecer? — Smithies insistiu.

Naquele momento, eu começava a vislumbrar que as repercussões econômicas da política que eu defendia tendiam a ser bastante desastrosas, e, na verdade, muito piores do que a situação inicial que foi projetada para melhorar.

Por mais simples que esse pequeno exercício possa parecer, foi além da maioria das discussões econômicas sobre políticas em uma ampla gama de questões. A maioria dos pensamentos não vai além do estágio inicial. Recentemente, ex-assessores econômicos dos presidentes dos Estados Unidos — de ambos os partidos políticos — comentaram publicamente sobre o quão pouco se pensava antecipadamente acerca das consequências econômicas das decisões tomadas no mais alto nível.* Isso não quer dizer que não houve raciocínio antecipado sobre as consequências *políticas*. Cada um dos presidentes que eles assessoraram (Richard Nixon e Bill Clinton, respectivamente) foi tão bem-sucedido politicamente que foi reeleito com uma margem maior do que a votação que o colocou no cargo pela primeira vez.

O pensamento de curto prazo não se limita aos políticos, mas também costuma ser encontrado entre a população em geral. Não é peculiar aos Estados Unidos, nem às sociedades ocidentais. Em junho de 2007, quando o governo do Zimbábue decretou cortes drásticos nos preços para enfrentar uma inflação desenfreada, os cidadãos do país "saudaram os cortes de preços com uma orgia de compras eufórica e de curta duração", segundo o *New York Times*. Então, apenas um mês depois, o jornal relatou: "A economia do Zimbábue está paralisada." Isso foi detalhado: "Pão, açúcar e farinha de milho, alimentos básicos da dieta de todo zimbabuano, desapareceram [...] Carne é quase inexistente, mesmo para pessoas da classe média que têm dinheiro para comprá-la no mercado negro [...] Os enfermos hospitalizados estão morrendo por falta de suprimentos médicos básicos."[1]

O fato de os fornecedores geralmente não ofertarem tanto a preço mais baixo quanto ofertam a um preço mais alto não é um princípio

---

* Herbert Stein e Joseph Stiglitz.

PENSAMENTO NO ESTÁGIO INICIAL

econômico complicado, mas isso requer parar para pensar, e principalmente pensar para além do estágio inicial. Basicamente, os controles de preços são mentiras acerca de oferta e demanda. No caso do Zimbábue, os preços artificialmente baixos criaram a impressão de uma abundância a preço acessível que simplesmente não existia. Como em relação a outras mentiras, políticas ou não, pode ser necessário tempo para a verdade emergir, e pode ser tarde demais quando isso acontece. Além disso, os políticos têm todo o incentivo para negar a verdade quando se trata de uma verdade desagradável sobre algo que eles defendiam ou apoiavam.

OS MITOS SOBRE OS SINDICATOS

O maior mito sobre os sindicatos é que eles são a favor dos trabalhadores. Na verdade, os sindicatos são a favor dos sindicatos, assim como as corporações são a favor das corporações e os políticos são a favor dos políticos.

Nada demonstra mais o cinismo completo dos sindicatos e dos políticos que cumprem suas ordens do que a chamada "Lei de Livre Escolha do Trabalhador" que o governo Obama tentou aprovar no Congresso. A livre escolha dos trabalhadores quanto a aderir ou não a um sindicato é justamente o que a legislação destruiria.

Os trabalhadores já dispõem da livre escolha em eleições com voto secreto realizadas segundo as leis existentes. À medida que um número crescente de trabalhadores do setor privado votou para rejeitar uma representação sindical, a resposta dos sindicatos tem sido abolir as eleições com voto secreto.

De acordo com a "Lei de Livre Escolha do Trabalhador", os sindicatos não teriam de vencer eleições por voto secreto a fim de representar os trabalhadores. Em vez disso, os representantes sindicais poderiam simplesmente coletar assinaturas dos trabalhadores até conseguirem a maioria.

Por que temos votos secretos, seja em eleições para sindicatos ou para autoridades governamentais? Para evitar intimidações e permitir que as pessoas votem conforme sua vontade, sem medo de retaliações.

OS MITOS SOBRE OS SINDICATOS

Esse é um direito fundamental que os sindicatos querem tirar dos trabalhadores. As ações das turbas sindicais em Wisconsin, Ohio e outros lugares nos dão uma demonstração doméstica de quão pouco os sindicatos respeitam os direitos daqueles que discordam deles e o quanto eles dependem de assédio e ameaças para conseguir o que querem.

É preciso um descaramento descomunal para chamar de lei de livre escolha do trabalhador a prática de contornar as votações secretas. Para os sindicatos, os trabalhadores são apenas matéria-prima usada para criar poder sindical, assim como minério de ferro é a matéria-prima usada pela U.S. Steel e a bauxita é a matéria-prima usada pela Aluminum Company of America.

O fato mais essencial acerca dos sindicatos é que eles não criam riqueza. Eles integram um número cada vez maior de instituições que se especializam em drenar a riqueza criada por outros, sejam esses outras empresas ou pagadores de impostos.

Há limites quanto ao tempo que os sindicatos podem drenar dinheiro das empresas sem enfrentar sérias repercussões econômicas.

O mais conhecido líder sindical, o lendário John L. Lewis, presidente do United Mine Workers de 1920 a 1960, assegurou aumentos salariais e benefícios trabalhistas para os mineiros de carvão, muito além do que eles poderiam ter conseguido em um livre mercado baseado em oferta e demanda. Porém, não há almoço grátis.

Um economista da Universidade de Chicago chamou John L. Lewis de "o maior vendedor de petróleo do mundo".

Suas greves que interromperam o fornecimento de carvão, assim como os aumentos salariais resultantes que elevaram seu preço, fizeram muitas pessoas e empresas trocar o uso do carvão pelo uso do petróleo, o que resultou na redução do emprego dos mineiros de carvão. As taxas salariais mais altas também levaram as empresas de carvão a substituir muitos mineiros por máquinas.

O resultado final foi uma enorme queda no emprego no setor de mineração de carvão, que transformou muitas cidades mineradoras em cidades quase fantasmas na década de 1960. Não há almoço grátis.

Coisas semelhantes aconteceram na indústria siderúrgica sindicalizada e na indústria automobilística sindicalizada. Em determinado momento, a U.S. Steel era a maioria produtora de aço do mundo, e a General Motors, a maior fabricante de automóveis. Não mais. Seus sindicatos estavam em uma situação muito favorável em seu auge, mas também descobriram que não há almoço grátis, conforme seus membros perdiam empregos aos milhares.

Os trabalhadores também aprenderam que não há almoços grátis, razão pela qual, ao longo dos anos, votaram cada vez mais contra serem representados por sindicatos em eleições com voto secreto.

No entanto, um conjunto de trabalhadores permaneceu em grande medida imune a tais repercussões. São os servidores públicos representados pelos sindicatos do setor público.

Ao mesmo tempo que o petróleo pode substituir o carvão, que a U.S. Steel tenha caído de siderúrgica número um do mundo para número dez e a Toyota possa substituir a General Motors como principal fabricante mundial de automóveis, o governo é um monopólio. Ninguém tende a substituir as burocracias federais ou estaduais, por mais dinheiro que os sindicatos drenem dos pagadores de impostos.

Por isso os sindicatos governamentais continuam prosperando enquanto os sindicatos do setor privado declinam. Os pagadores de impostos propiciam seu almoço grátis.

"ACESSIBILIDADE"

Muitas das palavras da moda da política são simplesmente evasões da realidade. Um bom exemplo é a noção de tornar a moradia, a faculdade, o seguro de saúde e outras coisas "acessíveis".

Praticamente tudo pode se tornar mais acessível isoladamente, apenas transferindo recursos de outras partes da economia e tendo grande parte dos custos absorvidos pelo Tesouro dos Estados Unidos.

O governo federal poderia tornar um Rolls Royce acessível a todos os norte-americanos, mas, como resultado, não seríamos um país mais rico. Na verdade, seríamos um país muito mais pobre, por causa de todos os vastos recursos transferidos de outras atividades econômicas para subsidiar um luxo extravagante.

Claro que seria bom estar ao volante de um Rolls Royce, mas talvez estivéssemos ali em farrapos e esfomeados, depois de termos desperdiçado enormes quantidades de trabalho, capital e materiais dispendiosos que poderiam ter sido mais bem aproveitados em outro lugar. Isso não acontece em uma economia de mercado porque a maioria de nós dá uma olhada no preço de um Rolls Royce e decide que é hora de outro Toyota.

A própria ideia de tornar as coisas acessíveis não se dá conta do ponto-chave de uma economia de mercado. Uma economia existe para a realização de trocas, e uma economia de mercado torna claros os termos dessas trocas com preços representando os custos relativos de produzir diferentes coisas. Permitir que os políticos alterem arbitrariamente os preços, de modo que os preços não representem mais os custos reais, significa destruir todo o propósito.

A realidade não muda quando o governo muda os preços. Falar em "reduzir os custos dos serviços de saúde" não visa o ambiente jurídico dispendioso em que a medicina atua, nem outras fontes de custos médicos desnecessários. O objetivo é o controle de preços, que oculta os custos em vez de reduzi-los.

O custos ocultos continuam causando impacto, e esse impacto costuma ser maior do que quando esses custos são transmitidos livremente pelo mercado. Menor oferta, qualidade inferior e esperas mais longas têm sido as consequências dos controles de preços para todos os tipos de bens e serviços, em todas as formas de sociedades e por milhares de anos da história humana.

Por que será que alguém consideraria que os controles de preços na assistência médica seriam diferentes, exceto por serem mais mortais em suas consequências?

Uma das desculpas políticas para tornar as coisas acessíveis é que um determinado produto ou serviço é um "direito". Porém, isso é só explicar uma palavra capciosa com outra.

Ainda que tenha sido declarado que "o serviço de saúde é um direito, e não um privilégio", essa dicotomia simplista ignora o vasto território intermediário, onde, em sua maioria, as decisões são tomadas como alternativas.

Se o seguro de saúde é um direito, e não um privilégio — e nem mesmo objeto de alternativas incrementais —, então o mesmo devia ser ainda mais verdadeiro quanto aos alimentos. Aliás, a história mostra demasiados casos de governos tentando manter os alimentos acessíveis, geralmente com consequências desastrosas.

"ACESSIBILIDADE"

Seja na França ao longo da década de 1790, na União Soviética após a Revolução Bolchevique, ou em nações africanas recém-independentes durante as últimas décadas, os governos impuseram preços artificialmente baixos aos alimentos. Em todos os casos, isso provocou uma oferta artificialmente reduzida de alimentos e níveis artificialmente elevados de fome.

Por exemplo, as pessoas que reclamam sobre o custo "proibitivo" da moradia, ou de frequentar a faculdade, não conseguem entender que o objetivo principal dos custos é serem proibitivos.

Por que passamos por todo esse processo elaborado de usar notas de dólar e passar cheques uns para os outros, exceto para forçar todo o mundo a economizar os recursos inerentemente limitados do país?

E quanto às "necessidades básicas"? Não deveriam ser um "direito"?

Sem dúvida, a ideia parece atraente. Porém, o simples fato de podermos considerar seriamente tal ideia, como se fôssemos deus no primeiro dia da criação, em vez de mortais limitados pelo universo existente que encontramos, revela a absoluta irrealidade de não entender que só podemos fazer escolhas entre as alternativas realmente disponíveis.

Para a sociedade em geral, nada vem como um "direito" do qual somos merecedores. Mesmo a mera subsistência precisa ser produzida, e produzida a custo de trabalho árduo ao longo de grande parte da história humana.

A única maneira de alguém ter direito a algo que precisa ser produzido é forçar outra pessoa a produzi-lo para ele. Quanto mais coisas são consideradas direitos, menos os beneficiários precisam trabalhar e mais os outros precisam carregar seu fardo.

Isso não significa que mais bens estão disponíveis do que na produção do mercado normal, mas menos. Acreditar no contrário é cometer a falácia do Rolls Royce em um nível mais mundano.

Quando o governo torna algumas coisas mais acessíveis, outras se tornam menos acessíveis, e isso acaba com a liberdade das pessoas de fazerem suas escolhas como bem entenderem, sob a perspectiva das realidades econômicas, e não das visões políticas. As escolhas continuam inevitáveis, quer sejam feitas por meio do mercado, quer da política. A diferença é que os preços apresentam todas as escolhas simultaneamente, enquanto as diretrizes de "acessibilidade" políticas fixam arbitrariamente o que está em alta no momento. É por essa razão que as cidades têm financiado todos os tipos de desperdícios por anos, enquanto a estrutura de suas pontes enferrujam e o asfalto de suas avenidas esfarela.

SALVANDO VIDAS

Diversas leis, políticas ou dispositivos de custo elevado projetados para proteger o público de riscos mortais são defendidos com base na ideia de que "se salvar apenas uma vida humana" justifica qualquer custo. Por mais poderoso que seja o apelo moral e emocional de tal afirmação, ela não resiste à análise em um mundo em que os recursos escassos apresentam usos alternativos.

Um dos usos alternativos é salvar outras vidas humanas de outras maneiras. Poucas coisas salvaram tantas vidas quanto o simples aumento da riqueza. Um terremoto de grande magnitude pode matar uma dúzia de pessoas na Califórnia, pode matar centenas em alguns países menos prósperos e milhares em países do Terceiro Mundo. A maior riqueza permite que os edifícios, pontes e outras estruturas californianos sejam construídos para resistir a estresses muito maiores do que estruturas semelhantes em países mais pobres. Os feridos em um terremoto na Califórnia podem ser transportados muito mais rápido para hospitais muito mais bem equipados, com maior quantidade de pessoal médico altamente capacitado. Esta é apenas uma das inúmeras maneiras pelas quais a riqueza salva vidas.

Desastres naturais de todos os tipos ocorrem tanto em países ricos quanto em países pobres — por exemplo, os Estados Unidos são os líderes mundiais em número de tornados —, mas suas consequências são bastante diferentes. A Swiss Reinsurance Company, uma das maiores empresas de seguros e resseguros do mundo, relatou que, em 2003, os maiores custos financeiros associados a desastres naturais foram nos Estados Unidos, Canadá e França. Porém, no mesmo ano, os maiores custos em vidas humanas resultantes de desastres naturais ocorreram todos em países do Terceiro Mundo: Irã, Argélia, Índia, Bangladesh e Paquistão.[1] Considerando o alto custo da assistência médica e das medidas preventivas contra doenças, como estações de tratamento de água e sistemas de saneamento, os países do Terceiro Mundo também sofrem muito mais com doenças, incluindo doenças que foram quase erradicadas dos países ricos. O resultado final é uma expectativa de vida menor nos países mais pobres.

Houve diversos cálculos de quantas vidas seriam salvas se houvesse um aumento na renda nacional. Independentemente do número correto — X milhões de dólares para salvar uma vida —, qualquer coisa que impeça a renda nacional de aumentar essa quantia, na prática, custa uma vida. Se alguma lei, política ou dispositivo de segurança em particular custa 5X milhões de dólares, quer diretamente, quer pelo seu efeito inibidor no crescimento econômico, então já não se pode dizer que vale a pena "se salvar apenas uma vida humana", porque isso é feito ao custo de cinco outras vidas humanas. Não haverá como escapar das opções espinhosas enquanto os recursos forem escassos e tiverem usos alternativos.

Há mais em jogo do que salvar vidas de maneiras alternativas. Existe também a questão de quanta vida está sendo salva e a que custo. Alguns podem dizer que não há limite para o valor que deve ser conferido a uma vida humana. Porém, por mais nobres que essas palavras possam parecer, no mundo real ninguém defenderia gastar metade da produção anual de um país para manter uma pessoa viva por mais 30 segundos. Contudo, essa seria a implicação lógica de afirmar que a vida tem valor infinito. Quando olhamos além das palavras em relação ao

SALVANDO VIDAS

comportamento, as pessoas não se comportam como se considerassem até mesmo suas próprias vidas como tendo um valor infinito. Por exemplo, as pessoas aceitam empregos que colocam sua vida em risco, como pilotos de teste ou especialistas em explosivos, quando esses empregos pagam um salário alto o suficiente para que se sintam compensadas pelo risco. Elas até arriscam suas vidas apenas por diversão, como paraquedismo, canoagem em corredeiras ou alpinismo.

VISUALIZANDO O "FUNDO DE RESERVA"

Dizem que uma imagem vale mais que mil palavras. Porém, nesta era de especialistas em manipulação, uma imagem pode ser mais enganadora que mil palavras.

Em resposta aos economistas que têm dito que o "fundo de reserva" da Previdência Social é um mito, a revista *Kiplinger's* enviou um repórter a Parkersburg, na Virgínia Ocidental, para fotografar o fundo de reserva. Ele voltou com uma foto dos títulos de crédito no fundo de reserva, assim como um diagrama do cofre onde esses títulos são guardados e uma foto do computador que monitora os fundo de reserva da Previdência Social.

A edição de março da *Kiplinger's* até nos deu a latitude e longitude de Parkersburg, para o caso de querermos ir lá e dar uma olhada. Sim, Virgínia, existe um fundo de reserva.* Ou será que não?

Vamos considerar o impensável, ou seja, que não existe um fundo de reserva da Previdência Social. De onde viriam as aposentadorias

---

* Essa frase se refere a uma carta enviada ao jornal *New York Sun* em 1897, por uma menina chamada Virginia O'Hanlon, que questionava se o Papai Noel existia. A resposta do editor "Yes, Virginia, there is a Santa Claus" tornou-se um símbolo de crença e fé. No contexto do artigo de Sowell, a frase é usada de maneira irônica para levantar dúvidas sobre a existência real do fundo de reserva da Previdência Social. (N. do T.)

VISUALIZANDO O "FUNDO DE RESERVA"

dos *baby boomers*? Do dinheiro que chegará a Washington depois que eles se aposentarem.

No entanto, como temos uma prova fotográfica de que existe um fundo de reserva, de onde virão as aposentadorias dos *baby boomers*? Do dinheiro que chegará a Washington depois que eles se aposentarem. Parece que a distinção entre ter um fundo de reserva e não ter é uma dessas distinções sem importância de que os advogados falam.

Como uma transação puramente formal em papel, existe um fundo de reserva. O dinheiro entra dos milhões de contracheques nos quais houve retenção segundo a Lei de Contribuições da Previdência Social [FICA, na sigla em inglês], especificada nos holerites. Então, o sistema de Previdência Social utiliza o dinheiro para comprar títulos de renda fixa do Departamento de Tesouro. Quando é necessário dinheiro para pagar os aposentados, alguns desses títulos são vendidos para obter o valor necessário para pagar suas aposentadorias da Previdência Social.

Ainda considerando a forma, em vez do conteúdo, este sistema tem também a vantagem política de que os títulos mantidos pelo sistema da Previdência Social não são contabilizados como parte da dívida nacional, porque é uma agência governamental devendo dinheiro para outra. O que isso significa é que, quando o governo gasta mais dinheiro do que recebe em impostos, ele utiliza o dinheiro da FICA para cobrir a diferença e dá ao fundo de reserva da Previdência Social uma promissória que não é contabilizada como promissória no cálculo do déficit anual ou da dívida nacional acumulada.

Quem dera todos nós pudéssemos fazer nossas dívidas desaparecerem tão facilmente! Mas nós não somos o governo, inventando nossas próprias regras contábeis.

Passando da forma para o conteúdo, o que o governo faz é gastar o dinheiro da Previdência Social para despesas correntes, não só para as aposentadorias dos aposentados, mas também para tudo, desde excursões de congressistas até mísseis nucleares. O que resta no fundo de reserva para os futuros aposentados, incluindo a grande e muito temida geração de *baby boomers*, cujas aposentadorias devem custar trilhões de dólares no século XXI?

O que resta é a promessa de pagá-los. Isso é exatamente o que restaria se não houvesse um fundo de reserva da Previdência Social. Os títulos do Tesouro são nada mais do que direitos em relação a receitas futuras da tributação geral. Naturalmente, a Previdência Social também pode recorrer ao fluxo contínuo da FICA dos trabalhadores, mas todos sabem que essa fonte será completamente insuficiente para pagar o que será devido aos *baby boomers*.

As quantias impressionantes necessárias para cobrir a diferença — maiores do que os custos de financiar uma guerra de grandes proporções — terá de vir de algum lugar. Ou haverá aumentos consideráveis nas alíquotas de imposto dos que ainda estão trabalhando, ou algum tipo de calote em relação às promessas feitas aos aposentados. Sem dúvida, haverá negociadores criativos que vão propor uma mistura judiciosa de impostos mais altos e inadimplências parciais, seja mediante inflação para redução do valor real das aposentadorias, uma idade de aposentadoria mais avançada ou impostos mais altos sobre a renda da Previdência Social, a fim de tirar com uma das mãos parte do que foi dado aos aposentados com a outra.

Não importa como seja feito, sempre será possível fotografar os cheques que os beneficiários da Previdência Social recebem, com isso "provando" que não houve calote. A questão é a seguinte: quanto bem-estar e tranquilidade isso trará a uma geração que sabe que foi enganada sobre o que lhe foi prometido e pago, mesmo que não consiga compreender os artifícios contábeis pelos quais isso foi feito?

Não, Virginia, realmente não existe um fundo de reserva da Previdência Social. Os políticos já o gastaram, por trás de suas cortinas de fumaça.

A ECONOMIA DO CRIME

Provavelmente poucas pessoas, se é que existe alguma, passam toda a vida sem violar alguma lei. Porém, enquanto muitos crimes podem ser cometidos em um momento de paixão ou em um momento em que as tentações superam tanto a moralidade quanto a lógica, aquele cujo sustento inteiro depende da prática contínua de crimes é um fenômeno muito diferente. Ao longo dos anos, diversos estudos mostraram que uma porcentagem muito pequena da população comete uma porcentagem muito grande de todos os crimes. Além do mais, isso tem sido observado em país após país, como notado por James Q. Wilson, um dos principais estudiosos da criminologia:

> Em estudos tanto nos Estados Unidos quanto no exterior, determinou--se que cerca de 6% dos meninos de uma determinada idade cometerão metade ou mais de todos os crimes graves cometidos por todos os meninos dessa idade. Levando em consideração erros de medição, é notável a constância dessa fórmula: 6% causam 50%. Isso é aproximadamente verdadeiro em lugares tão diferentes quanto Filadélfia, Londres, Racine e Condado de Orange, na Califórnia.[1]

Padrões muito semelhantes foram encontrados para criminosos adultos.[2]

Outro padrão internacional é o da concentração de crimes violentos entre jovens do sexo masculino. Embora a taxa absoluta de homicídios seja muito mais alta em Chicago do que na Inglaterra e no País de Gales, o padrão etário é praticamente idêntico. Ou seja, a taxa de homicídios atinge o máximo em todos os três lugares em jovens do sexo masculino em seus vinte e poucos anos, e então começa a declinar acentuadamente ao longo do restante de suas vidas.[3]

Os criminosos não são uma amostra aleatória da população em geral. Normalmente, eles são mais jovens em média do que a população em geral, desproporcionalmente do sexo masculino e, pelo menos entre aqueles capturados e condenados, apresentam quocientes de inteligência abaixo da média.[4] Tampouco podemos presumir que os criminosos como um todo tenham quocientes de inteligência muito mais altos do que aqueles que são capturados, já que grande parte dos crimes graves cometidos é de responsabilidade daqueles que passam pelo sistema de justiça criminal, e não há suficientes crimes graves adicionais não registrados para indicar um grande número de criminosos adicionais. No entanto, o criminoso profissional não pode ser simplesmente descartado como irracional, porque há muitas evidências de muitos países de que ele é, na verdade, bastante racional.

É bem fácil dizer que "o crime não compensa", mas a verdadeira questão é a seguinte: não compensa para quem, e em comparação com o quê? É duvidoso que Bill Gates pudesse ter conseguido tanto sucesso financeiro se tivesse se tornado um assaltante ou até mesmo um matador de aluguel para o crime organizado, mas os que se dedicam a essas atividades criminosas dificilmente tiveram as mesmas alternativas disponíveis que Bill Gates teve devido a seus talentos e circunstâncias específicos.

Considerando a escassa formação educacional e o baixo QI de muitos que se tornaram criminosos profissionais, o crime pode muito bem ser sua opção mais vantajosa financeiramente. Em vista dos horizontes

A ECONOMIA DO CRIME

temporais curtos de muitos daqueles que fazem do crime sua ocupação — sobretudo os jovens e as pessoas de classes sociais mais baixas —, atividades como a venda de drogas ilícitas podem parecer lucrativas na fase inicial, quer levem ou não à prisão na fase seguinte; ou talvez eles nem vivam para ver a fase seguinte. O crime é uma dessas ocupações, como esportes e entretenimento, em que relativamente poucos no topo conseguem rendas muito altas, ao passo que a maioria dos que ingressam na atividade recebe rendas muito baixas. Por exemplo, muitos jovens comuns que vendem drogas na rua vivem em casa com suas mães, frequentemente em conjuntos habitacionais de interesse social — sem dúvida, não é um indicativo de riqueza —, enquanto os estilos de vida luxuosos dos chefões do tráfico atraem muitos jovens para essa atividade, na esperança de ascender a esse nível.

Novamente, a racionalidade das escolhas feitas depende das alternativas disponíveis. Alguém com um histórico escolar ruim, e talvez um antecedente criminal, tende a ter opções bastante limitadas no mercado de trabalho legítimo. Mesmo alguém com um bom histórico e sem antecedentes pode ser impedido de ganhar algum dinheiro indispensável por causa das leis de trabalho infantil ou das leis de salário mínimo que estabelecem uma tabela salarial mais alta do que um adolescente inexperiente valeria. Contudo, o crime é uma atividade que está sempre aberta a todos.

A racionalidade do criminoso profissional é demonstrada de diversas maneiras, incluindo variações na quantidade e nos tipos de crimes cometidos conforme variam os custos de cometer esses crimes específicos. Esses custos incluem não só as punições legais, mas também os perigos enfrentados pelos criminosos diante de suas vítimas em potencial. Por exemplo, os índices de arrombamento tendem a ser afetados pela proporção de proprietários de casas que possuem armas em suas residências. O índice de arrombamento não é só muito mais alto na Grã-Bretanha do que nos Estados Unidos — quase o dobro

— como os arrombadores britânicos também são muito menos propensos do que os arrombadores norte-americanos a "vigiar" o local antes de entrar, a fim de garantir que não haja ninguém em casa.[5] Mesmo que haja alguém em casa na Grã-Bretanha, há muito menos perigo de que o morador tenha uma arma de fogo, levando em conta as leis britânicas de controle de armas muito mais rigorosas. Além disso, os condenados por arrombamento são tratados com mais clemência na Grã-Bretanha, raramente indo para a cadeia.[6]

Os arrombadores britânicos e norte-americanos estão ambos se comportando racionalmente, considerando as respectivas circunstâncias em que atuam e, portanto, os diferentes perigos que enfrentam. Enquanto apenas 13% dos arrombamentos nos Estados Unidos acontecem quando a casa está ocupada, mais de 40% dos arrombamentos na Grã-Bretanha, nos Países Baixos e no Canadá ocorrem quando a casa está ocupada.[7] Estes três últimos países apresentam índices muito menores de posse de arma do que os Estados Unidos, devido às leis de controle de armas mais rigorosas. Após Kennesaw, cidade na área metropolitana de Atlanta, aprovar uma lei exigindo que os chefes de família mantivessem uma arma de fogo em suas casas, os arrombamentos residenciais ali caíram 89%.[8]

Outro custo importante associado a uma carreira no mundo do crime é o perigo de ficar sujeito a punições legais, geralmente prisão. Aqui, a atividade criminosa em geral tende a variar ao longo do tempo inversamente ao risco de prisão, incluindo o risco de captura, acusação e sentença. Nos Estados Unidos, diversas reformas legais da década de 1960 tiveram o efeito final de reduzir as chances de que qualquer um que cometesse um determinado crime realmente passasse tempo atrás das grades como resultado. Os índices de criminalidade dispararam. Por exemplo, em 1974, a taxa de homicídios foi duas vezes maior do que em 1961,[9] e entre 1960 e 1976, a probabilidade média de um cidadão se tornar vítima de algum crime violento triplicou.[10]

A ECONOMIA DO CRIME

Dados de outros países apresentam tendências semelhantes. Em um gráfico que mostra o índice de criminalidade na Austrália entre 1964 e 1999 e a taxa de encarceramento por mil crimes cometidos no mesmo período, as duas linhas são praticamente imagens espelhadas uma da outra, com o índice de criminalidade aumentando à medida que a taxa de encarceramento diminuía, e vice-versa.[11] Os gráficos da Inglaterra e País de Gales, Nova Zelândia e Estados Unidos são muito semelhantes. Nos Estados Unidos, o índice de criminalidade atingiu o máximo na década de 1980 e começou a cair à medida que a taxa de encarceramento aumentou. Na Inglaterra e País de Gales, a taxa de encarceramento atingiu o mínimo no início da década de 1990, momento em que o índice de criminalidade atingiu o máximo, e então começou a declinar substancialmente à medida que a taxa de encarceramento aumentou. Na Nova Zelândia, o ponto máximo da criminalidade foi alcançado no início da década de 1990, enquanto o ponto mínimo do encarceramento foi alcançado por volta de 1985 e então começou a subir novamente, com o índice de criminalidade caindo com um atraso de alguns anos.

Outro exemplo de racionalidade dos criminosos é a resposta deles à incomum instituição norte-americana do fiador privado, um sistema utilizado apenas por outro país, as Filipinas, que já foi uma colônia norte-americana. Nos Estados Unidos, um réu indiciado pode pagar a um fiador para que ele deposite uma fiança em seu nome, garantindo seu comparecimento ao tribunal na data do julgamento, para que possa aguardá-lo em liberdade. Normalmente, o custo é de cerca de 10% do valor total da fiança depositada, sendo que todo esse valor é devolvido ao fiador quando o cliente comparece ao tribunal conforme programado.

No entanto, quando o cliente não comparece, o fiador perde a fiança, a menos que ele consiga encontrar o cliente e entregá-lo ao tribunal dentro de um curto prazo determinado. Os fiadores — às vezes chamados de "caçadores de recompensas" — são autorizados a capturar aqueles que não compareçam ao tribunal. A racionalidade do criminoso se evidencia pelo fato de que a taxa de comparecimento ao tribunal é maior quando um fiador é utilizado do que quando os réus indiciados são postos em liberdade provisória enquanto aguardam o julgamento de outras maneiras.[12] Como um fiador possui um interesse pessoal em um indivíduo específico, ele é mais propenso do que a polícia a se concentrar na captura desse indivíduo em particular e menos propenso a ser inibido em seus métodos para fazê-lo. Cientes disso, os criminosos agem racionalmente e comparecem ao julgamento.

A mesma racionalidade entre os criminosos se evidencia de outras maneiras e em outros países. Por exemplo, na Grã-Bretanha de antes da Segunda Guerra Mundial, quando tanto os criminosos quanto a polícia raramente portavam armas de fogo, até mesmo um cúmplice de um homicídio com arma de fogo estava sujeito à pena de morte por enforcamento. Portanto, os criminosos que planejavam um assalto juntos se revistavam mutuamente para garantir que ninguém estava portando uma arma de fogo que poderia resultar no enforcamento de todos se houvesse um assassinato e eles fossem pegos.[13] Isso era algo muito racional de se fazer nas circunstâncias.

Embora a quantidade e a natureza dos crimes tenham variado com a probabilidade de punição, isso não quer dizer que os índices de criminalidade não sejam afetados pelas diferenças culturais ou outras entre os países. Sem dúvida, existem diferenças culturais importantes que se refletem nos níveis *absolutos* de criminalidade entre os países, ainda que a semelhança nas *tendências* já observadas seja bastante impressionante. Como exemplo de diferenças substanciais entre países em níveis absolutos de criminalidade, apesar das semelhanças nas tendências, as armas eram livremente disponíveis tanto em Londres como na cidade de Nova York no século XIX, mas a taxa de homicídios na cidade de Nova York era muito maior do que em Londres.[14]

A ECONOMIA DO CRIME

No início do século xx, leis rigorosas de controle de armas foram aprovadas no estado de Nova York, alguns anos antes que tais leis fossem impostas na Inglaterra. Mesmo assim, a cidade de Nova York continuou a ter uma taxa de homicídios muito maior do que em Londres, como tem sido ao longo de dois séculos. Evidentemente, não foram essas leis, ou a ausência delas, que fizeram a diferença. Mais tarde, na Grã-Bretanha, as leis de controle de armas se tornaram muito mais rigorosas do que nos Estados Unidos, sobretudo após a Segunda Guerra Mundial. Contudo, como a taxa de homicídios na cidade de Nova York continuou a ser muito maior do que em Londres, e a dos Estados Unidos muito maior do que a da Grã-Bretanha, essa diferença foi atribuída a distinções nas leis de controle de armas, ainda que grandes diferenças em taxas de homicídio existissem muito antes de qualquer um dos países ter leis de controle de armas, e persistissem mesmo quando os Estados Unidos aprovaram leis de controle de armas antes da Grã-Bretanha.

Embora indubitavelmente existam diversos fatores complexos por trás dos índices absolutos de criminalidade em qualquer país, as tendências indicam enfaticamente que as *mudanças* nos índices de criminalidade refletem reações racionais dos criminosos às mudanças nos custos que enfrentam, tanto na punição imposta pelo sistema de manutenção da ordem pública quanto nos riscos de serem prejudicados por suas vítimas-alvo. Os efeitos assimétricos das leis de controle de armas sobre os criminosos e os cidadãos cumpridores da lei têm se refletido no fato de que, à medida que as leis de controle de armas se tornaram mais rigorosas na Grã-Bretanha no final do século xx, as taxas de homicídio e assalto à mão armada aumentaram,[15] o que está em consonância com o fato de que tais atividades criminosas se tornaram mais seguras quando havia mais garantia de que as vítimas em potencial estavam desarmadas.

Nas atividades econômicas ilegais, assim como nas atividades econômicas legais, o comportamento difere quando há livre concorrência em um determinado setor em comparação a um controle monopolista nesse setor. Em atividades tanto legais quanto ilegais, tende a existir mais produção com competição do que com monopólio. Em outras palavras, os incentivos e as restrições tendem a resultar em mais crimes sendo cometidos quando os criminosos são operadores independentes individuais do que quando são parte de um sindicato do crime organizado. Por exemplo, um ladrão pé de chinelo pode achar conveniente matar o dono de um pequeno comércio por causa de uma pequena quantia de dinheiro no caixa da loja, apenas para evitar que o proprietário o identifique, ainda que isso não faça sentido para o crime organizado.

A indignação pública com tal homicídio poderia resultar em maior atividade de manutenção da ordem pública na área, o que reduziria a lucratividade dos negócios do sindicato do crime com drogas ilícitas, prostituição e outras atividades ilegais, ao fazer com que os clientes locais hesitassem mais em se envolver em tais negócios devido a uma presença excepcionalmente grande da polícia em seus bairros. Isso poderia facilmente custar ao sindicato do crime muito mais dinheiro do que havia no caixa do lojista.*

Em grande medida, tais repercussões podem ser ignoradas por criminosos individuais que atuam de modo independente, já que o assassino do lojista pode perder pouco com a maior presença policial, em comparação com o que os criminosos em geral estão perdendo naquela região. No entanto, quando os criminosos de uma determinada região têm maior probabilidade de pertencer a um sindicato do crime, suas atividades são contidas pelos líderes do crime organizado, que devem levar em conta repercussões mais amplas.

---

* Assim como um negócio legal convencional, o sindicato do crime não produzirá além do ponto em que o ganho incremental de receita seja superado pelo custo incremental. Neste caso, os custos incrementais incluem a perda de receita quando há uma maior atividade de manutenção da ordem pública em resposta ao assassinato de um civil inocente, em comparação com a menor preocupação pública quando os gângsteres se matam entre si.

Em outras palavras, a empresa monopolista possui razões para produzir menos do que as empresas competitivas produziriam no mesmo setor, assim como ocorre com a atividade econômica legal. Nesse caso, isso significa produzir menos crime. Quando existe um controle firme do crime organizado em determinado bairro, até criminosos independentes que atuam nesse bairro precisam levar em conta se algumas das coisas que fariam poderiam irritar os líderes do crime organizado e acarretar retaliação.* Em alguns casos, os criminosos independentes podem ter que dividir seus ganhos com o sindicato para obter permissão para atuar, reduzindo com isso as recompensas do crime e os estímulos para ser um criminoso de carreira independente.

Um dos exemplos mais significativos dos efeitos inibidores de um sindicato do crime ocorreu na cidade de Nova York na década de 1930, quando o combativo promotor federal Thomas E. Dewey passou a reprimir radicalmente o crime organizado, causando prejuízos financeiros consideráveis ao crime organizado e enviando muitos de seus membros para a prisão. Dutch Schultz, um dos chefes do crime organizado, achava que Dewey deveria ser morto, mas outros líderes do sindicato do crime decidiram que isso provocaria muita indignação pública, e portanto aumentaria a atividade policial, desencorajando os clientes de buscar suas atividades de prostituição, jogos de azar e outros empreendimentos ilegais, reduzindo ainda mais as receitas desses negócios. Quando Dutch Schultz comunicou que pretendia matar Dewey de qualquer maneira, o sindicato então decidiu assassinar Schultz. Eles sabiam muito bem que o assassinato de um gângster

---

* Muitos anos atrás, eu morei em um bairro de Nova York onde os líderes do crime organizado viviam. Aquele bairro era tão seguro que, quando acontecia de minha mulher acordar de madrugada enquanto eu dormia, ela não hesitava em percorrer diversos quarteirões até uma banca de jornal que ficava aberta a noite toda para comprar o jornal da manhã. O fato de uma banca de jornais ficar aberta no meio da noite sugere que muitas outras pessoas naquele bairro também se sentiam seguras indo lá naquele horário.

provocaria uma reação pública muito menor do que o assassinato de um popular agente da lei.

Décadas depois, nos anos de 1980, foi relatado o desejo de alguns líderes do crime organizado de assassinar Rudolph Giuliani quando ele era um promotor federal que mandou muitos mafiosos para a prisão. Porém, se houve tal desejo, ninguém repetiu o erro de Dutch Schultz. Como noticiou o *New York Times*: "Por um lado, assassinar um promotor iria contra décadas de tradição. Em geral, os líderes da Máfia norte-americana tratam suas organizações como negócios, preocupados principalmente em ganhar dinheiro. Nessa perspectiva, matar agentes da lei só atrairia atenção indesejada."[16]

O mesmo raciocínio que nos levaria a preferir produtores competitivos, quando o que está sendo produzido é o que as pessoas querem, nos levaria a preferir produtores monopolistas — o crime organizado — quando o que está sendo produzido é uma atividade que a maioria das pessoas não quer. Em um mundo ideal, preferiríamos que nenhum crime fosse cometido, mas, como o ideal raramente é alcançado, uma meta mais realista é a quantidade ótima de crime. Tanto a manutenção da ordem pública quanto o crime organizado tendem a reduzir a quantidade total de crime. Mesmo que fosse possível reduzir todos os crimes a zero disponibilizando muito mais recursos aos órgãos de manutenção da ordem pública, isso não seria necessariamente economicamente ótimo. Embora a maioria dos cidadãos provavelmente recebesse bem mais gastos governamentais no controle do crime se isso na prática reduzisse à quantidade de crimes dolosos, ninguém provavelmente estaria disposto a gastar metade da renda do país — ou seja, reduzir o padrão de vida pela metade — para evitar furtos ocasionais.

A ECONOMIA DA DISCRIMINAÇÃO

Os vieses e os preconceitos são atitudes. A questão prática é como e até que ponto essas atitudes se convertem em atos de discriminação. Porém, antes de abordar essa questão, devemos primeiro deixar claro o que queremos dizer com a palavra "discriminação".

As políticas de tratamento de membros de grupos específicos de maneira menos favorável do que a membros de outros grupos são geralmente chamadas de "discriminação" quando praticadas pelo grupo com poder político dominante e de "discriminação reversa" ou "ação afirmativa" quando praticadas *contra* membros do grupo com poder político dominante. A discriminação também pode ser praticada por empregadores privados, donos de imóveis ou instituições. No entanto, para que as palavras tenham significados fixos — sem os quais as discussões são inúteis — o termo não pode ser estendido a todas as situações em que alguns grupos acabam tendo resultados menos favoráveis do que outros.

Enquanto os vieses e os preconceitos são condições na mente das pessoas, a discriminação é um ato evidente que ocorre fora de suas mentes, no mundo real. Também não há necessariamente uma correlação direta entre os dois, como frequentemente assumido por aqueles que tornam a luta contra o "racismo" ou "sexismo" sua prioridade máxima, ou por aqueles que afirmam que os adversários da ação afirmativa estão supondo que o preconceito e o viés foram erradicados.

Não é apenas teoricamente possível ter mais discriminação onde há menos viés ou preconceito, e menos discriminação onde há mais viés e preconceito. Aliás, isso ocorreu em mais de um país. O grau pelo qual as atitudes subjetivas são convertidas em atos evidentes de discriminação depende essencialmente dos *custos* envolvidos nesse processo. Quando esses custos são muito altos, mesmo pessoas muito preconceituosas ou com viés podem se envolver em pouca ou nenhuma discriminação. Na década de 1960, o primeiro jogador de futebol americano negro admitido pelo Washington Redskins foi contratado por um homem considerado, entre os jornalistas esportivos que o conheciam, como visceralmente racista. No entanto, ele quebrou uma longa tradição dos times de futebol americano em Washington, que eram formados só por jogadores brancos, ao contratar um exímio recebedor que era negro, em um momento em que o jogo ofensivo dos Redskins era muito ineficaz.

Não há contradição inerente em um racista quebrar a barreira racial para contratar negros. Tampouco há contradição inerente quando alguém que não é racista apoia a discriminação racial. Em cada caso, os custos respectivos que enfrentam ao tomar suas decisões devem ser levados em conta, juntamente com suas predisposições, em qualquer análise causal. No Sul dos Estados Unidos, durante os últimos anos da era Jim Crow, ou seja, durante a vigência das leis de segregação racial, havia histórias de sulistas como o senador J. William Fulbright, do Arkansas, que votavam contra suas consciências para manter a discriminação racial, porque agir de outra forma prejudicaria suas carreiras políticas. Os custos podem ser mais importantes do que as predisposições pessoais tanto para racistas como para não racistas. Em outras palavras, os custos para os tomadores de decisão podem levar a ações mais adversas ou menos adversas do que as próprias crenças e os sentimentos do indivíduo. Em suma, os custos de converter atitudes subjetivas, tais como viés ou preconceito, em atos

A ECONOMIA DA DISCRIMINAÇÃO

evidentes de discriminação não podem ser ignorados ao tentarmos explicar por que a discriminação costuma ser muito maior em certas situações do que em outras. Situações diferentes têm custos diferentes.

VARIAÇÕES NOS CUSTOS

Se os custos da discriminação são baixos ou inexistentes para aqueles que tomam decisões de contratação e promoção, então a discriminação pode se tornar extensiva, não só em termos de decisões de não contratar ou promover membros de grupos específicos como também em termos de estender essa discriminação a uma gama mais ampla de grupos por uma gama mais ampla de empregadores. No passado, dizia-se que havia ferrovias norte-americanas em que os católicos só podiam ascender até certo nível, e outras em que isso era verdade para os protestantes. No início do século XX, houve uma época em que nenhuma faculdade ou universidade da Ivy League [oito instituições universitárias privadas de elite norte-americana] tinha um único judeu entre seus professores titulares, apesar da grande quantidade de intelectuais e acadêmicos judeus disponíveis.[1] Isso era comum tanto em universidades norte-americanas quanto europeias antes da Segunda Guerra Mundial. Tampouco um negro era aceito no Corpo de Fuzileiros Navais, nem mesmo na patente mais baixa, quando a Segunda Guerra Mundial começou. Também em outros lugares do mundo houve discriminação igualmente severa, às vezes até mais ampla em seu escopo.

Embora muitas discussões acerca de discriminação ignorem o *custo* da discriminação para aqueles que a praticam, com base no princípio econômico mais elementar de que há mais demanda a um preço mais baixo do que a um preço mais alto, deveríamos esperar ver a gravidade da discriminação variar com o custo para o discriminador. Na

No emprego

Na Polônia, entre as duas guerras mundiais, uma maioria absoluta de todos os médicos com consultório particular era da minoria judaica, que constituía apenas 10% da população.[2] No entanto, o governo polonês não contratava médicos judeus, ainda que, evidentemente, muitos outros poloneses se tornassem pacientes de médicos judeus no setor privado. Caso contrário, muitos médicos judeus não poderiam ter garantido seu sustento. Qual era a diferença entre o setor público e o setor privado nesse aspecto?

Em ambos os setores, havia tanto custos financeiros quanto custos médicos na recusa ao uso de médicos judeus. Prover um hospital público só com médicos não judeus, em um país onde muitos médicos eram judeus, significava ter que pagar mais para atrair uma parcela desproporcional de médicos não judeus ou aceitar médicos menos qualificados do que alguns disponíveis na comunidade judaica. Em qualquer caso, custos financeiros ou custos médicos estavam envolvidos, se não ambos. No entanto, no âmbito daqueles que tomavam decisões no governo polonês, não havia nenhum custo a ser pago por eles. Os custos financeiros eram pagos pelos pagadores de impostos, e os custos humanos eram pagos pelos pacientes nos hospitais públicos, sujeitos a um tratamento médico de qualidade inferior ao disponível na sociedade na época. Nenhum desses custos foi um dissuasor para a discriminação por parte dos funcionários públicos.

No entanto, no setor privado, ambos os tipos de custos eram pagos pelos enfermos. A preocupação com a própria saúde, sobretudo em situações de emergência ou ao encarar uma doença potencialmente debilitante ou fatal, poderia facilmente superar qualquer atitude

A ECONOMIA DA DISCRIMINAÇÃO

antijudaica que alguém pudesse ter. Considerando as respectivas motivações no setor público e no setor privado, os diferentes níveis de discriminação contra os judeus são exatamente o que se poderia esperar, com base nos princípios econômicos mais elementares.

A Polônia propicia exemplos de outro fenômeno: mais discriminação onde havia menos hostilidade e menos discriminação onde havia mais hostilidade. Os sentimentos antijudaicos tendiam a ser mais fortes no leste da Polônia do que no oeste. Contudo, os artesãos judeus eram mais prevalentes no leste da Polônia, assim como os artesãos negros outrora tiveram melhores oportunidades de emprego no Sul dos Estados Unidos, onde o racismo era mais desenfreado. Em ambos os casos, a força de trabalho organizada afetou o custo da discriminação.

As guildas eram mais fortes no oeste da Polônia do que no leste da Polônia, e os sindicatos dos trabalhadores norte-americanos eram mais fortes no Norte do que no Sul nas épocas em discussão. À medida que a força de trabalho organizada consegue elevar os níveis salariais acima do que seriam sob oferta e demanda em um mercado livre, eles fornecem incentivos para os empregadores contratarem menos trabalhadores, porque a mão de obra agora é mais custosa, tanto em termos absolutos quanto em relação ao custo de capital que pode ser utilizado em vez da mão de obra. Ao mesmo tempo, as taxas salariais acima do nível que prevaleceria sob oferta e demanda atraem mais trabalhadores que se candidatam a empregos que oferecem remuneração mais alta. O efeito final é que a força de trabalho organizada tende a criar um excedente crônico de candidatos a emprego. Levando em conta esse excedente, o custo para o empregador de rejeitar candidatos qualificados do grupo "errado" é menor do que seria se o empregador tivesse que se preocupar em encontrar substitutos igualmente qualificados em número suficiente para aqueles que foram arbitrariamente rejeitados.

Mesmo na ausência de discriminação por parte das guildas ou dos sindicatos em si — e houve bastante disso —, ainda seria mais barato para os empregadores discriminar por conta própria do que seria o caso em um mercado livre. Tendo em conta essa situação, não é tão surpreendente que os artesãos judeus encontrassem mais facilidade para exercer suas habilidades na parte da Polônia que era mais hostil aos judeus, e que os artesãos negros norte-americanos encontrassem mais facilidade para exercer suas habilidades no Sul segregacionista do que no Norte mais sindicalizado. As diferenças nos custos da discriminação sobrepujaram as diferenças nas predisposições negativas.

O mesmo padrão pode ser observado nas estatísticas de emprego ao longo do tempo. Tanto no Sul dos Estados Unidos durante a era Jim Crow como na África do Sul sob o domínio branco, os negros representavam uma porcentagem muito maior dos ferroviários no início do século XX do que representavam em meados do século. Em ambos os países, os mercados de trabalho eram irrestritamente competitivos na época anterior e mais controlados na época posterior — e nos dois países seria difícil afirmar que havia menos racismo na época anterior.

Não só os sindicatos trabalhistas como também a regulamentação governamental podem reduzir o custo da discriminação. Quando uma empresa de serviços públicos monopolista tem seus preços fixados por uma agência reguladora governamental com base em seus custos, ela tem pouco ou nenhum incentivo para manter esses custos em um nível necessário para sua sobrevivência em um mercado competitivo. Os custos da discriminação, assim como outros custos, podem simplesmente ser repassados aos clientes de um monopólio regulado. Quando o setor de telefonia norte-americano era um monopólio regulado, os negros raramente eram contratados até mesmo para empregos tão rotineiros como telefonistas antes de as leis dos direitos civis serem promulgadas pelo governo federal na década de 1960 e por alguns governos estaduais anteriormente. Por exemplo, em 1930 havia apenas 331 mulheres negras em todo o país trabalhando como telefonistas, entre mais de 230 mil mulheres nessa função.[3] Até 1950, as mulheres negras representavam apenas 1% de todas as mulheres trabalhando em companhias telefônicas.

Como cada companhia telefônica local era um monopólio em seu próprio território, ela podia repassar os custos mais altos para todos os usuários de telefones. Se não tivesse discriminado, seus custos teriam sido menores e, teoricamente, seus lucros de monopólio poderiam ter sido maiores, mas, como suas margens de lucro eram, na prática, limitadas pela regulamentação governamental, a companhia telefônica nunca teria visto esse dinheiro adicional. Em vez disso, seus dirigentes podiam satisfazer suas preferências raciais sem nenhuma perda líquida de lucros. Enquanto isso, os negros começavam a se destacar na Broadway já na década de 1920, em um setor com concorrência acirrada, onde grandes lucros e prejuízos devastadores eram comuns.

O custo da recusa de contratar artistas negros que poderiam lotar um teatro era demasiado alto para que esse setor seguisse as mesmas práticas do setor de telefonia. A correspondência direta entre racismo e discriminação, que muitas vezes é presumida, não pode explicar tais diferenças entre setores da mesma economia ao mesmo tempo. E menos ainda pode explicar a persistência dessas diferenças entre setores ao longo do tempo, quando há uma renovação completa dos tomadores de decisão em toda a economia. Mesmo após um grupo específico de tomadores de decisão e suas predisposições individuais terem saído de cena, a persistência do mesmo conjunto de motivações tende a reproduzir os mesmos resultados finais com um novo grupo de tomadores de decisões nos mesmos setores respectivos, independentemente das predisposições individuais desses novos tomadores de decisão.

Considerando a influência dos custos da discriminação na quantidade de discriminação real, também é possível entender outro fenômeno aparentemente desconcertante: as reversões especialmente fortes das políticas raciais em setores da economia menos sujeitos às pressões do mercado competitivo. Entre esses setores, incluem-se o próprio governo, os serviços públicos regulados pelo governo e as organizações sem fins lucrativos, como instituições acadêmicas, hospitais e fundações. Nos Estados Unidos de antes da Segunda Guerra Mundial, as faculdades e universidades que nunca tinham contratado negros para seus corpos docentes foram pioneiras quando a ação afirmativa das décadas de 1960 e 1970 significou a contratação e promoção preferenciais de professores negros e as admissões preferenciais de estudantes negros. Também houve uma reversão significativa muito parecida nas políticas de contratação no setor de telefonia, entre outros, no mesmo período. Entre 1966 e 1968, mais de 10 mil funcionários negros foram contratados, com os negros representando um terço de todos os novos funcionários.[4] Em 2007, a AT&T foi classificada em primeiro lugar no país na promoção da "diversidade" ou das "oportunidades de negócios multiculturais" entre seus fornecedores.[5]

As repentinas mudanças radicais de políticas especialmente discriminatórias contra um grupo específico para políticas preferenciais a favor do mesmo grupo são difíceis de explicar apenas por predisposições, já que grande parte dos mesmos tomadores de decisão estavam no controle durante o período de transição. É muito mais fácil entender essas mudanças em termos de incentivos e restrições das circunstâncias em que atuavam. Mais especificamente, nem a discriminação nem a "discriminação reversa" custaram tanto para eles quanto qualquer uma das políticas custaria para os tomadores de decisões nos setores da economia em que a sobrevivência institucional depende de manter os custos dentro de limites estreitos, para satisfazer a competição em um mercado livre. Quando o clima político e social mudou, o governo, os serviços públicos regulados pelo governo e as organizações

A ECONOMIA DA DISCRIMINAÇÃO

sem fins lucrativos conseguiram mudar mais rapidamente com o menor custo para si mesmos.

No beisebol

Dado que a liga principal de beisebol atuava como um cartel isento das leis antitruste, ela também tinha custos baixos da discriminação e era capaz de excluir jogadores negros — desde que todos os times fizessem isso. Porém, em 1947, essa situação mudou, quando o Brooklyn Dodgers contratou Jackie Robinson como o primeiro jogador negro das grandes ligas de beisebol.

Como havia competição *dentro* do cartel entre seus diversos times, uma vez que a barreira racial foi quebrada por apenas um time que contratou apenas um jogador negro, o custo dos outros times de barrar outros jogadores negros aumentou consideravelmente. O resultado final foi que, num intervalo de relativamente poucos anos, um grande número de jogadores negros afluiu às ligas principais. Por um período de sete anos consecutivos, nenhum jogador branco ganhou o prêmio de melhor jogador da liga nacional. Se os outros times *não* tivessem seguido o exemplo do Dodgers na contratação de jogadores negros, todos esses astros premiados teriam se tornado Dodgers, o que teria dado ao Brooklyn um virtual monopólio dos campeonatos da Liga Nacional e talvez dos campeonatos mundiais.

Evidentemente esse custo era muito alto para os times concorrentes pagarem pela continuidade da exclusão racial na principal liga de beisebol. Suas posturas raciais podem não ter mudado, mas o custo de converter essas posturas em exclusões discriminatórias mudara drasticamente.

MERCADOS COMPETITIVOS E NÃO COMPETITIVOS

Talvez o poder do livre mercado tenha sido mais bem demonstrado na África do Sul governada por brancos durante o regime do *apartheid*. Aqui não há necessidade de questionarmos as predisposições raciais ou o fato de que a grande maioria dos empregadores na indústria, agricultura e governo eram brancos. No entanto, mesmo em um país que se tornou o símbolo mundial da opressão racial, os empregadores brancos em setores competitivos violavam a política oficial do governo em grande escala ao contratar mais trabalhadores negros e em cargos mais altos do que o permitido por lei. Não há evidências convincentes de que esses empregadores brancos em particular tivessem predisposições raciais diferentes das pessoas brancas que administravam o governo do *apartheid*. O que eles tinham eram custos da discriminação muito diferentes.

Por exemplo, enquanto agências governamentais e ferrovias reguladas pelo governo podiam manter políticas de *apartheid* quase sem custo para si mesmas, a situação econômica era completamente diferente para as pessoas que gastavam seu próprio dinheiro. A construção de moradias era um exemplo típico: "Construir uma casa em Johanesburgo significava esperar meses por uma equipe de construção de brancos, dispendiosa e legal, ou encontrar uma equipe de negros, talvez com um branco nominalmente responsável, para o caso de um funcionário público aparecer fazendo perguntas. A maioria dos clientes optava pelo serviço mais rápido e mais barato."[6]

Essas práticas se tornaram tão difundidas na África do Sul que o governo do *apartheid* controlado pelos brancos as reprimiu na década de 1970, multando centenas de empresas de construção de moradias.[7] Além disso, este não foi de forma alguma o único setor que contratou mais negros do que o permitido por lei. Na indústria de vestuário, segundo as leis do *apartheid*, nenhum negro podia trabalhar em certas

A ECONOMIA DA DISCRIMINAÇÃO

categorias de empregos. Contudo, a partir de 1970, os negros eram a maioria absoluta dos trabalhadores nessas categorias de emprego.[8] Além disso, havia áreas residenciais na África do Sul reservadas por lei apenas para brancos, e mesmo assim, não só muitos não brancos viviam nessas áreas (incluindo o economista negro norte-americano Walter Williams) como também em pelo menos uma dessas áreas havia uma maioria absoluta de não brancos. A competição no mercado livre simplesmente tornava a discriminação cara demais para muitos, ainda que violar as leis do *apartheid* também custasse dinheiro.*

A expansão de áreas residenciais de negros em áreas residenciais de brancos tem sido ainda mais comum nos Estados Unidos. No entanto, essa expansão mais ou menos contínua dos guetos negros tem contrastado com a história dos guetos originais, aqueles dos judeus na Europa em séculos passados. Nos tempos antigos, os guetos judaicos europeus tendiam a se tornar mais superpovoados com o crescimento da população judaica, embora houvesse momentos e lugares específicos em que os judeus podiam expandir um gueto existente ou criar um novo gueto para acomodar suas populações em crescimento. Novamente, a diferença foi nos custos econômicos da discriminação.

Os guetos negros se expandiram por meio do mercado devido aos custos de excluir inquilinos e compradores de imóveis negros. Isso não quer dizer que não houve resistência por parte dos brancos. Em muitos casos houve resistência organizada, encarniçada e até violenta. No entanto, a questão principal é a seguinte: qual foi o resultado final? O resultado final habitual foi que os guetos negros se expandiram em

---

* Um dos motivos para o enfraquecimento do *apartheid*, mesmo antes do fim do domínio da minoria branca na África do Sul, foi que muitos dos africâneres brancos, os principais apoiadores do *apartheid*, ascenderam ao longo dos anos ao grupo dos proprietários de negócios e agora tinham que arcar com os custos da discriminação, que anteriormente eram pagos pelos empresários britânicos e judeus. Diante desses custos, muitos africâneres começaram a perder o entusiasmo pelo *apartheid*, e alguns até se manifestaram contra ele, apesar do autoritarismo e repressão do governo sul-africano.

cidades por todo o país. Além disso, quando essa expansão é barrada por leis ou políticas governamentais, por cláusulas restritivas, ou por violência ou ameaça de violência, isso reforça o ponto de que os custos da discriminação eram tão altos que a expansão dos guetos negros não pode ser interrompida no mercado. De modo geral, os guetos negros continuaram a se expandir com o crescimento da população negra.

Na Europa, os limites dos guetos judaicos não eram determinados pelo mercado, mas estabelecidos pelas imposições daqueles com poder político. Apenas quando esses líderes políticos achavam conveniente, esses limites eram expandidos. Por isso os guetos judaicos tendiam simplesmente a ficar mais apinhados com o decorrer do tempo e o crescimento populacional. Normalmente, não havia custo para os líderes políticos discriminarem os judeus. Em circunstâncias específicas — por exemplo, quando havia uma guerra em curso, e os governantes precisavam da ajuda dos financistas judeus —, diversas proibições podiam ser abrandadas e novos guetos podiam ser criados para aliviar a superlotação. Por exemplo, durante a Guerra dos 30 Anos (1618-1648), novas comunidades judaicas puderam ser estabelecidas e novas profissões e mercados se abriram para os judeus, e também se permitiu que uma sinagoga fosse construída em Viena pela primeira vez em mais de 200 anos e na Dinamarca pela primeira vez na história.[9]

Em resumo, os custos da discriminação não são apenas uma realidade da vida, mas também são uma força poderosa nas tomadas de decisão reais, mesmo em países com fortes predisposições raciais, étnicas ou religiosas. A força depende dos incentivos e das restrições econômicas em setores específicos. O que significa que não só a presumida correlação direta entre racismo e discriminação é falsa como também que aqueles que desejam reduzir a discriminação precisam prestar atenção às condições econômicas que tornam mais cara ou menos cara a discriminação por parte dos tomadores de decisão. Com muita

A ECONOMIA DA DISCRIMINAÇÃO

frequência, no entanto, aqueles que se opõem à discriminação também se opõem aos mercados competitivos livres, tornando a discriminação mais custosa. Eles não pensam para além do estágio inicial.

Mesmo um mercado específico — como o mercado imobiliário ou o mercado de trabalho, por exemplo — pode ter mais ou menos discriminação, conforme seus preços sejam determinados pela oferta ou demanda ou sejam impostos por entidades externas, como governo, sindicatos ou um cartel. Por exemplo, quando um dono de imóvel se recusa a alugar um apartamento para pessoas de um grupo "inadequado", isso pode significar deixar o apartamento vazio por mais tempo. Claramente, isso representa uma perda da renda do aluguel — se este for um mercado livre. No entanto, se houver controle de preços dos aluguéis, com um excesso de candidatos, então tal discriminação pode não custar nada ao dono do imóvel.

Princípios semelhantes se aplicam aos mercados de trabalho. Um empregador que se recusa a contratar indivíduos qualificados de grupos "inadequados" corre o risco de deixar suas vagas de emprego não preenchidas por mais tempo em um mercado livre. Isso significa que ele deve deixar algum trabalho inacabado e alguns pedidos pendentes, ou então pagar horas extras aos funcionários existentes para cumprir os prazos, perdendo dinheiro. No entanto, em um mercado em que os salários são artificialmente fixados acima do nível que existiria por meio da oferta e demanda, o excedente resultante de candidatos pode significar que a discriminação não custa nada ao empregador. Se esses salários artificialmente mais altos são fixados por um sindicato ou por uma lei de salário mínimo, isso não altera o princípio.

Em todos esses casos, os fatores cruciais no custo da discriminação foram a presunção ou ausência de competição, e se aqueles que tomam as decisões estão gastando seu próprio dinheiro ou o dinheiro de outrem. Quando o próprio dinheiro está em jogo, os grupos hostis entre si podem não só deixar de discriminar, mas também podem até procurar uns aos outros. Um estudo emblemático sobre os imigrantes poloneses e os imigrantes judeus da Polônia no início do século XX revelou:

> [...] os poloneses e judeus em Chicago [...] possuem um sentimento profundo de desrespeito e desprezo mútuos, gerado pela sua proximidade e pelo atrito histórico na área; mas eles fazem negócios entre si na avenida Milwaukee e na rua Maxwell. Um estudo de diversos casos mostra que não só muitos judeus abrem seus negócios na avenida Milwaukee e na rua Division porque sabem que os poloneses são a população predominante nesses bairros, mas também os poloneses afluem de toda a cidade para fazer negócios na rua Maxwell porque sabem que ali encontram as barracas de rua familiares pertencentes aos judeus.[10]

"DISTRIBUIÇÃO DE RENDA"

As variações na renda podem ser vistas empiricamente, por um lado, ou em termos de julgamentos morais, por outro. Grande parte da *intelligentsia* contemporânea faz as duas coisas. Contudo, para avaliar a validade das conclusões a que chegam, é aconselhável avaliar separadamente as questões empíricas e as questões morais, em vez de tentar ir e voltar entre as duas, com qualquer expectativa de coerência racional.

EVIDÊNCIA EMPÍRICA

Levando em conta a grande quantidade de dados estatísticos sobre renda disponíveis no Departamento do Censo e na Receita Federal dos Estados Unidos, e também nos diversos institutos de pesquisa e projetos, podemos imaginar que os fatos básicos acerca das variações na renda sejam bastante conhecidos por pessoas bem-informadas, mesmo que elas possam ter opiniões divergentes quanto à conveniência dessas variações específicas. Na realidade, porém, os fatos mais fundamentais estão em disputa, e as variações naquilo que se alega serem fatos parecem ser pelo menos tão grandes quanto as variações nas rendas. Tanto a magnitude das variações de renda quanto as tendências dessas variações ao longo do tempo são percebidas em termos

THOMAS SOWELL • ESSENCIAL

radicalmente diferentes por aqueles com diferentes visões quanto à realidade atual, mesmo sem levar em conta o que diferentes pessoas podem considerar desejável para o futuro.

Talvez a origem mais fértil de mal-entendidos sobre renda tenha sido a prática generalizada de confundir categorias estatísticas com seres humanos vivos. Muitas declarações foram apresentadas na mídia e na academia, afirmando que os ricos não só estão obtendo rendas maiores como também uma parcela crescente de todas as rendas, alargando a diferença de renda entre as pessoas no topo da escala e aquelas na base da escala. Quase sempre, essas afirmações se baseiam na confusão entre o que tem acontecido ao longo do tempo em categorias estatísticas e o que tem acontecido ao longo do tempo com seres humanos de verdade.

Por exemplo, um editorial do *New York Times* declarou que "o fosso entre ricos e pobres se ampliou nos Estados Unidos".[1] Em 2007, conclusões parecidas apareceram em um artigo da revista *Newsweek* que se referiu a essa época como "um tempo em que o fosso está se ampliando entre os ricos e os pobres, e os super-ricos e os simplesmente ricos",[2] um tema comum em outros veículos de mídia conhecidos, como o *Washington Post* e diversos programas de televisão. "Os ricos têm obtido ganhos de renda muito maiores do que os pobres", de acordo com o colunista Eugene Robinson, do *Washington Post*.[3] Um jornalista do *Los Angeles Times* também declarou: "O fosso entre ricos e pobres está se ampliando".[4] Segundo o professor Andrew Hacker, em seu livro *Money*: "Embora todos os segmentos da população desfrutassem de um aumento na renda, o quintil superior apresentou um desempenho 24 vezes melhor do que o quintil inferior. E medido por suas parcelas do agregado, não só o quintil inferior, mas os três acima dele acabaram perdendo terreno."[5] E. J. Dionne, do *Washington Post*, descreveu "os ricos" como "pessoas que obtiveram quase todos os ganhos de renda nos últimos anos", e acrescentou que eles são "subtributados".[6]

146

"DISTRIBUIÇÃO DE RENDA"

Ainda que tais discussões tenham sido formuladas em termos de *pessoas*, a evidência empírica real citada foi acerca do que tem acontecido ao longo do tempo com *categorias estatísticas* — e isso acaba sendo exatamente o oposto do que tem acontecido ao longo do tempo com seres humanos, a maioria dos quais *se move* de uma categoria de renda para outra com o passar do tempo. Em termos de categorias estatísticas, realmente é verdade que tanto o montante de renda quanto a proporção de toda renda obtida por aqueles na faixa dos 20% mais ricos aumentaram no decorrer do tempo, ampliando o fosso entre o quintil superior e o quintil inferior.[7] Porém, os dados do Departamento do Tesouro dos Estados Unidos, que seguem indivíduos específicos ao longo do tempo a partir de suas declarações de imposto de renda para a Receita Federal, revelam que, em termos de *pessoas*, a renda desses pagadores de impostos específicos que estavam na faixa dos 20% de menor renda em 1996 aumentou 91% até 2005, enquanto a renda daqueles pagadores de impostos específicos que estavam na faixa dos 20% de maior renda em 1996 aumentou apenas 10% até 2005, e a renda daqueles na faixa dos 5% de maior renda e na faixa do 1% de maior renda na verdade diminuiu.[8]

Embora possa parecer que esses conjuntos radicalmente diferentes de estatísticas não podem ser verdadeiros ao mesmo tempo, o que os torna mutuamente compatíveis é que os seres humanos *se movem* de uma categoria estatística para outra ao longo do tempo. Quando os pagadores de impostos que estavam inicialmente na faixa de renda mais baixa viram suas rendas quase dobrar em uma década, isso fez com que muitos deles ascendessem e saíssem do quintil inferior — e quando aqueles na faixa de 1% de maior renda viram suas rendas reduzidas em cerca de um quarto, isso pode muito bem ter feito com que muitos deles, se não a maioria, saíssem da faixa de 1% de maior renda. Os dados da Receita Federal norte-americana podem seguir indivíduos específicos ao longo do tempo a partir de suas declarações de imposto de renda, que possuem os números da Previdência Social como identificação, enquanto os dados do Departamento do Censo e da maioria das outras fontes seguem o que acontece com categorias estatísticas ao longo do tempo, ainda que não se trate dos mesmos indivíduos nas mesmas categorias ao longo dos anos.

Muitos dos mesmos tipos de dados utilizados para alegar uma ampliação no fosso de renda entre "os ricos" e "os pobres" — termos geralmente atribuídos a pessoas com rendas diferentes, em vez de riquezas diferentes, como os termos "rico" e "pobre" podem sugerir — levaram muitos na mídia também a alegar um fosso de renda crescente entre os "super-ricos" e os "simplesmente ricos". Sob a manchete "Os mais ricos estão deixando até mesmo os ricos para trás", um artigo de capa do *New York Times* rotulou o "0,1% mais rico em termos de renda — o milésimo superior" como os "hiper-ricos", e declarou que eles "até deixaram para trás pessoas que ganham centenas de milhares de dólares por ano".[9] Mais uma vez, a confusão está entre o que está acontecendo com categorias estatísticas ao longo do tempo e o que está acontecendo com indivíduos vivos ao longo do tempo, conforme eles se movem de uma categoria estatística para outra.

Apesar do aumento na renda do 0,1% mais rico dos pagadores de impostos como uma categoria estatística, tanto em termos absolutos quanto relativos em relação às rendas de outras categorias, como seres humanos esses indivíduos que estavam inicialmente naquela categoria viram suas rendas na verdade *caírem* em colossais 50% entre 1996 e 2005.[10] Não surpreende quando pessoas cujas rendas são reduzidas pela metade deixam de fazer parte do 0,1% mais rico. O que acontece com a renda da categoria ao longo do tempo não é o mesmo que o que acontece com as pessoas que estavam nessa categoria em um determinado momento. Porém, muitos na *intelligentsia* estão prontos para aproveitar qualquer número que pareça se adequar a sua visão.[11]

"DISTRIBUIÇÃO DE RENDA"

É quase a mesma história com os dados sobre as 400 pessoas de maior renda do país. Assim como outros dados, os dados sobre aqueles que estavam entre as 400 pessoas de maior renda de 1992 a 2000 *não* eram os mesmos dados sobre as mesmas 400 pessoas ao longo do tempo coberto. Durante esse período, existiram milhares de pessoas que ficaram entre as 400 de maior renda do país; ou seja, a rotatividade foi alta. Menos de um quarto de todos os indivíduos nessa categoria durante esse período ficou nessa categoria por mais de um ano, e menos de 13% ficaram nessa categoria por mais de dois anos.[12]

Por trás de muitos desses números e da retórica alarmista concomitante está um fato muito trivial: a maioria das pessoas começa suas carreiras profissionais no nível hierárquico mais baixo, ganhando salários de entrada. Aos poucos, conforme adquirem mais habilidades e experiência, a produtividade crescente delas leva a um aumento salarial, o que as coloca em faixas de renda cada vez mais altas. Essas não são histórias raras de Horatio Alger.* Esses são padrões comuns entre milhões de pessoas nos Estados Unidos e em alguns outros países. Mais de três quartos dos trabalhadores norte-americanos cujos rendimentos estavam na faixa dos 20% de menor renda em 1975 também estavam na faixa dos 40% de maior renda em algum momento até 1991. Apenas 5% daqueles que estavam inicialmente no quintil inferior ainda permaneciam aí em 1991, enquanto 29% daqueles que estavam inicialmente no quintil inferior subiram para o quintil superior.[13] No entanto, a virtuosidade verbal transformou uma coorte transitória em uma determinada categoria estatística dentro de uma classe duradoura chamada "os pobres".

Assim como a maioria dos norte-americanos de categorias estatísticas identificadas como "os pobres" não constitui uma classe

---

* Horatio Alger Jr. foi um escritor do século XIX que se tornou um ícone da literatura norte-americana ao retratar o "sonho americano" de ascensão social através do trabalho duro, da determinação e da virtude moral. (N. do T.)

duradoura, estudos realizados na Grã-Bretanha, no Canadá, na Nova Zelândia e na Grécia mostram padrões semelhantes de transitoriedade entre essas nas faixas de baixa renda em determinado momento.[14] Pouco mais da metade de todos os norte-americanos que ganham salário mínimo ou perto disso tem entre dezesseis e vinte e quatro anos[15] — e naturalmente esses indivíduos não *permanecem* nessa faixa etária indefinidamente, ainda que, sem dúvida, essa faixa possa continuar existindo indefinidamente, fornecendo a muitos intelectuais dados que se encaixam em suas ideias preconcebidas.

Somente ao focar nas faixas de renda, em vez de nas pessoas reais que se movem entre essas faixas, a *intelligentsia* conseguiu criar verbalmente um "problema" para o qual é necessária uma "solução". Ela criou uma visão poderosa de "classes" com "disparidades" e "iniquidades" de renda, causadas por "barreiras" criadas pela "sociedade". Porém, a rotineira ascensão de milhões de pessoas do quintil mais baixo ao longo do tempo ridiculariza as "barreiras" assumidas por muitos, se não a maioria, da *intelligentsia*.

Em vez de usar suas habilidades intelectuais para esclarecer a distinção entre categorias estatísticas e seres humanos, a *intelligentsia* tem empregado sua virtuosidade verbal para equiparar a relação numérica variável entre categorias estatísticas ao longo do tempo com a relação variável entre seres humanos ("os ricos" e "os pobres") ao longo do tempo, ainda que os dados que seguem os indivíduos que auferem renda ao longo do tempo relatem uma história diametralmente oposta à dos dados que seguem as categorias estatísticas nas quais as pessoas estão entrando e saindo com o tempo.

A confusão entre categorias estatísticas e seres humanos se agrava quando há uma confusão entre renda e riqueza. As pessoas chamadas de "ricas" ou "super-ricas" foram agraciadas com esses rótulos pela mídia com base na renda, e não na riqueza, embora ser rico signifique ter mais riqueza. Segundo o Departamento do Tesouro

"DISTRIBUIÇÃO DE RENDA"

norte-americano: "Entre aqueles com rendas mais altas em 1996 — o um centésimo do 1% mais rico — apenas 25% permaneceram nesse grupo em 2005".[16] Se essas eram realmente as pessoas super-ricas, é difícil explicar por que três quartos delas não estão mais nessa categoria uma década depois.

Uma confusão análoga, mas um pouco diferente, entre categorias estatísticas e seres humanos deu origem a muitas afirmações na mídia e na academia de que o rendimento dos norte-americanos estagnou ou cresceu apenas muito lentamente ao longo dos anos. Por exemplo, durante todo o período de 1967 a 2005, o rendimento médio real domiciliar — ou seja, a renda em dinheiro ajustada pela inflação — aumentou em 31%.[17] Para períodos selecionados dentro desse longo período, os rendimentos reais domiciliares subiram ainda menos, e esses períodos selecionados foram frequentemente citados pela *intelligentsia* para alegar que os padrões de renda e de vida "estagnaram".[18] Enquanto isso, a renda real *per capita* aumentou em 122% ao longo desse mesmo período, de 1967 a 2005.[19] Se um aumento de mais de duas vezes na renda real por pessoa é chamado de "estagnação", isso é um dos muitos feitos da virtuosidade verbal.

A razão para a grande discrepância entre as tendências de taxa de crescimento no rendimento domiciliar e as tendências de taxa de crescimento na renda individual é muito simples: a quantidade de pessoas por domicílio tem diminuído ao longo dos anos. Já em 1966, o Departamento do Censo dos Estados Unidos revelou que a quantidade de domicílios estava aumentando mais rapidamente do que a quantidade de pessoas, concluindo que: "A razão principal para a taxa mais rápida de formação de domicílios é a crescente tendência, sobretudo entre indivíduos não aparentados, de manterem suas próprias casas ou apartamentos, em vez de viverem com parentes ou se mudarem para domicílios existentes como ocupantes de quartos, pensionistas etc."[20] O aumento da renda individual tornou isso possível. Até 1970, 21% dos domicílios norte-americanos acomodavam cinco ou mais pessoas. No entanto, em 2007, isso acontecia em apenas 10% dos domicílios.[21]

Apesar de fatos óbvios e triviais como esses, as estatísticas de rendimento domiciliar ou familiar continuam sendo amplamente citadas na mídia e na academia, e as estatísticas de renda *per capita* são amplamente ignoradas, apesar do fato de que os domicílios variam em tamanho, enquanto a renda *per capita* sempre se refere à renda de uma pessoa. No entanto, as estatísticas que a *intelligentsia* continua citando estão muito mais em consonância com sua visão dos Estados Unidos do que as estatísticas que ela continua ignorando.

Assim como as estatísticas domiciliares subestimam o aumento do padrão de vida norte-americano ao longo do tempo, elas *superestimam* o grau de desigualdade de renda, já que os domicílios de renda mais baixa tendem a ter menos pessoas do que os domicílios de renda mais alta. Enquanto existem 39 milhões de pessoas em domicílios cujos rendimentos estão na faixa dos 20% de menor renda, existem 64 milhões de pessoas em domicílios cujos rendimentos estão na faixa dos 20% da maior renda.[22] Também não há nada de misterioso nisso, levando em conta a quantidade de mães de baixa renda que vivem com filhos sem pai, e inquilinos de baixa renda que moram em quartos de hotéis ou pensões, por exemplo.

Mesmo que cada *pessoa* em todo o país recebesse exatamente a mesma renda, ainda haveria uma "disparidade" significativa entre os rendimentos médios recebidos pelos *domicílios* que acomodam 64 milhões de pessoas em comparação com os rendimentos médios recebidos pelos domicílios que acomodam 39 milhões de pessoas. Essa disparidade seria ainda maior se apenas os rendimentos dos adultos que trabalham fossem computados, mesmo que todos esses adultos que trabalham tivessem rendas idênticas. Há mais adultos chefes de família trabalhando em período integral e o ano todo nos 5% dos domicílios de renda mais alta do que nos *20%* dos domicílios de renda mais baixa.[23]

"DISTRIBUIÇÃO DE RENDA"

Diversas estatísticas sobre renda são enganosas em outro sentido, quando deixam de incluir a renda recebida em benefícios não monetários — como vale-alimentação e habitação social —, que costuma exceder o valor da renda em dinheiro recebida pelas pessoas nas faixas de renda mais baixas. Em 2001, por exemplo, as transferências em dinheiro ou em benefícios não monetários representaram mais de três quartos dos recursos econômicos totais à disposição das pessoas na faixa dos 20% de menor renda.[24] Em outras palavras, o padrão de vida das pessoas no quintil inferior é cerca de três vezes maior do que indicariam as estatísticas de renda. Como veremos, seus bens pessoais estão muito mais em consonância com esse fato do que com a visão da *intelligentsia*.

CONSIDERAÇÕES MORAIS

A diferença entre categorias estatísticas e pessoas reais afeta as questões morais, assim como as questões empíricas. Por mais preocupados que possamos estar com o destino econômico dos seres humanos, isso é muito diferente de ficar alarmado ou indignado com o destino das categorias estatísticas. Por exemplo, *The Other America*, *best-seller* de Michael Harrington, dramatizou as estatísticas sobre renda, lamentando "a angústia" dos pobres nos Estados Unidos, dezenas de milhões "mutilados no corpo e no espírito", constituindo "a vergonha da outra América", pessoas "presas em um círculo vicioso" e sofrendo uma "deformação da vontade e do espírito que é consequência de ser pobre".[25] Porém, adornar dados estatísticos com angústia moral não contribui para estabelecer uma conexão entre uma coorte transitória em categorias estatísticas e uma classe duradoura evocada por meio de virtuosismo verbal.

Houve um tempo em que tal retórica talvez fizesse algum sentido nos Estados Unidos, e há outros países em que ainda pode fazer sentido hoje em dia. Contudo, grande parte dos norte-americanos que agora vivem abaixo da linha oficial de pobreza possui bens outrora considerados parte do padrão de vida da classe média, apenas há uma geração ou um pouco mais. Em 2001, três quartos dos norte-americanos com rendimentos abaixo do nível da pobreza tinham ar-condicionado (o que apenas um terço dos norte-americanos tinham em 1971), 97% tinham televisão em cores (o que menos da metade dos norte-americanos tinham em 1971), 73% possuíam forno de micro-ondas (o que menos de 1% dos norte-americanos possuíam em 1971) e 98% dos "pobres" possuíam um aparelho de videocassete ou um aparelho de DVD (o que ninguém possuía em 1971). Além disso, 72% dos "pobres" tinham um automóvel.[26] Nada disso fez muita diferença para mudar a retórica da *intelligentsia*, por mais que reflita mudanças no padrão de vida dos norte-americanos nas faixas de menor renda.

O livro de Andrew Hacker é típico da mentalidade de muitos intelectuais. O autor se referiu aos trilhões de dólares que se tornam "a renda pessoal dos norte-americanos" a cada ano, e disse: "Apenas como este dinheiro é repartido será o tema deste livro".[27] Contudo, esse dinheiro não é *repartido*. Ele se torna renda por meio de um processo completamente diferente.

A própria expressão "distribuição de renda" é tendenciosa. Ela principia a história econômica no meio, com um montante de renda ou riqueza existindo *de algum modo*, restando apenas a questão sobre como essa renda ou riqueza deve ser distribuída ou "repartida" como afirma o professor Hacker. No mundo real, a situação é bem diferente. Numa economia de mercado, a maioria das pessoas recebe renda como resultado do que produz, fornecendo a outras pessoas alguns bens ou serviços que essas pessoas desejam, mesmo que esse serviço seja apenas mão de obra. Cada beneficiário desses bens e serviços paga de acordo com o valor que esse beneficiário específico atribui ao que é recebido, escolhendo entre fornecedores alternativos para encontrar

"DISTRIBUIÇÃO DE RENDA"

a melhor combinação de preço e qualidade, ambos julgados pelo indivíduo que está pagando.

Esse processo trivial e utilitário é bem diferente da visão de "distribuição de renda" projetada por aqueles entre a *intelligentsia* que se devotam a essa visão com angústia moral. Se realmente houvesse um montante de renda ou riqueza preexistente, produzido de algum modo — como maná que cai do céu, por assim dizer —, então, naturalmente, haveria uma questão moral quanto à parte que cada membro da sociedade deveria receber. Porém, a riqueza é *produzida*. Ela não existe *por acaso*. Quando milhões de indivíduos são pagos conforme o quanto o que produzem é avaliado subjetivamente por milhões de outros indivíduos, não fica claro em que base terceiros podem afirmar que alguns bens ou serviços são supervalorizados ou subvalorizados, que a culinária deveria ser mais valorizada ou a carpintaria menos, por exemplo, muito menos que não trabalhar não é suficientemente recompensado em comparação com trabalhar.

Também não há nada de misterioso no fato de que pelo menos mil vezes mais pessoas pagariam para ouvir Pavarotti cantar do que pagariam para ouvir uma pessoa comum cantar.

Quando as pessoas são pagas pelo que produzem, a produção de uma pessoa pode facilmente valer mil vezes mais do que a produção de outra pessoa para aqueles que são os beneficiários dessa produção, até porque milhares de pessoas estão interessadas em receber alguns produtos ou serviços do que estão em receber outros produtos e serviços, ou mesmo o mesmo produto ou serviço de outra pessoa. Por exemplo, quando Tiger Woods deixou o circuito de torneios de golfe durante vários meses por causa de uma lesão, a audiência televisiva para a rodada final dos principais torneios caiu em porcentagens variadas, oscilando até 61%.[28] Isso pode se traduzir em milhões de dólares em receita publicitária, com base na quantidade de telespectadores.

O fato de que a produtividade de uma pessoa pode ser mil vezes mais valiosa do que a de outra não significa que o *mérito* de uma pessoa seja mil vezes maior do que o de outra. Produtividade e mérito são coisas muito diferentes, ainda que sejam muitas vezes confundidas entre si. A produtividade de um indivíduo é influenciada por inúmeros fatores além dos esforços desse indivíduo — nascer com uma voz incrível é um exemplo óbvio disso. Ser criado em um lar específico com um conjunto determinado de valores e padrões de comportamento, viver em um ambiente geográfico ou social específico, simplesmente nascer com um cérebro normal, em vez de um cérebro prejudicado durante o processo de parto, pode provocar grandes diferenças no que uma pessoa é capaz de produzir.

Além disso, terceiros não estão em condições de questionar o valor percebido da produtividade de alguém para outra pessoa, sendo difícil até mesmo conceber como o mérito de alguém pode ser julgado com precisão por outro ser humano que "nunca esteve em seu lugar". Alguém criado em condições familiares desastrosas ou condições sociais terríveis pode ser digno de louvor por ter se tornado um cidadão comum e decente, com habilidades profissionais médias como sapateiro, ao passo que alguém criado desde que nasceu com todas as vantagens que o dinheiro e a posição social podem conferir pode não ser mais digno de louvor por se tornar um eminente neurocirurgião. Porém, isso é completamente diferente de dizer que consertar sapatos é tão valioso para os outros quanto ser capaz de tratar enfermidades cerebrais.

Dizer que o mérito pode ser o mesmo não é igual a dizer que a produtividade é a mesma. Tampouco podemos ignorar de forma lógica ou moral a discrepância na urgência relativa daqueles que querem seus sapatos consertados em contraste com aqueles que precisam de uma neurocirurgia. Em outras palavras, não se trata simplesmente de ponderar o interesse de um beneficiário de renda em contraste com o interesse de outro beneficiário de renda, enquanto ignoramos o enorme

"DISTRIBUIÇÃO DE RENDA"

número de outras pessoas cujo bem-estar depende do que esses indivíduos produzem.

Se alguém prefere uma economia em que a renda é desvinculada da produtividade, então o argumento a favor desse tipo de economia precisa ser apresentado de forma clara. Porém, isso é totalmente diferente de fazer uma mudança tão grande e fundamental com base em virtuosismo verbal ao descrever a questão como sendo simplesmente aquela de um conjunto de estatísticas de "distribuição de renda" no presente em contraste com um conjunto alternativo de "distribuição de renda" no futuro.

Quanto à questão moral, se qualquer grupo específico de seres humanos pode ser responsabilizado por disparidades na produtividade de outras pessoas — e, em consequência, pelos ganhos —, depende de quanto controle qualquer grupo específico de seres humanos manteve, ou possivelmente pode manter, sobre os inúmeros fatores que levaram às diferenças existentes na produtividade. Como *nenhum* ser humano possui controle sobre o passado, e muitas diferenças culturais profundamente enraizadas são um legado do passado, as limitações sobre o que pode ser feito no presente são limitações sobre o que pode ser considerado como falhas morais pela sociedade. Menos ainda podem as diferenças estatísticas entre grupos ser automaticamente atribuídas a "barreiras" criadas pela sociedade. As barreiras existem no mundo real, assim como existe o câncer. Porém, reconhecer isso não significa que todas as mortes — ou mesmo a maioria das mortes — possam ser atribuídas automaticamente ao câncer, nem que a maioria das diferenças econômicas possa ser automaticamente atribuída a "barreiras", por mais em voga que este último *non sequitur*[*] possa existir em alguns círculos.

---

[*] *Non sequitur* é uma expressão do latim que designa a falácia lógica na qual a conclusão não decorre das premissas. Em um *non sequitur*, a conclusão pode ser verdadeira ou falsa, mas o argumento é falacioso porque há falta de conexão entre a premissa inicial e a conclusão.

Dentro das limitações das circunstâncias, há coisas que podem ser feitas para tornar as oportunidades mais acessíveis, ou para ajudar aqueles cujas desvantagens são tão grandes que não se espera que utilizem as oportunidade já disponíveis. Na verdade, muito já foi feito e ainda está sendo feito em países como os Estados Unidos, que é o líder mundial em filantropia, não só em termos de dinheiro como também em termos de indivíduos doando seu tempo para empreendimentos filantrópicos. Contudo, apenas ao supor que tudo o que não foi feito poderia ter sido feito, desconsiderando custos e riscos, os indivíduos ou sociedades podem ser culpados pelo fato de o mundo real não corresponder a alguma visão de uma sociedade ideal. Nem a discrepância entre o real e a visão do ideal pode ser automaticamente atribuída à realidade existente, como se os visionários não pudessem estar equivocados.

LEIS DE SALÁRIO MÍNIMO

As leis de salário mínimo tornam ilegal pagar menos do que o preço especificado pelo governo para a mão de obra. Pelos princípios mais simples e básicos da economia, um preço elevado artificialmente tende a causar mais oferta e menos demanda do que quando os preços são deixados a serem determinados pela oferta e demanda em um mercado livre. O resultado é um excedente, seja o preço elevado artificialmente o de produtos agrícolas ou da mão de obra.

Tornar ilegal pagar menos do que um determinado valor não faz com que a produtividade de um trabalhador valha esse montante — e, se não valer, é improvável que esse trabalhador seja empregado. Contudo, as leis de salário mínimo são quase sempre discutidas politicamente em termos dos benefícios que conferem aos trabalhadores que recebem esses salários. Infelizmente, o verdadeiro salário mínimo é sempre zero, independentemente das leis, e esse é o salário que muitos trabalhadores recebem depois da criação ou do aumento de um salário mínimo determinado pelo governo, porque eles perdem seus empregos ou não conseguem encontrar emprego ao entrar no mercado de trabalho. A lógica é simples, e uma análise das evidências empíricas de diversos países ao redor do mundo tende a respaldá-la, como veremos.

DESEMPREGO

Como o governo não contrata mão de obra excedente da forma que compra excedente de produção agrícola, um excedente de mão de obra assume a forma de desemprego, que tende a ser maior sob as leis de salário mínimo do que em um mercado livre.

Os trabalhadores desempregados não são excedentes no sentido de serem inúteis ou no sentido de não existir trabalho a ser feito. Grande parte desses trabalhadores é perfeitamente capaz de produzir bens e serviços, mesmo que não no mesmo grau que os trabalhadores mais qualificados ou experientes. Os desempregados se tornam ociosos devido às taxas salariais artificialmente estabelecidas acima do nível de sua produtividade. Naturalmente, aqueles que ficam ociosos na juventude se atrasam na aquisição de habilidades profissionais e experiência que poderiam torná-los mais produtivos — e, portanto, com salários mais altos — mais tarde. Ou seja, eles não só perdem o salário baixo que poderiam ter ganhado em um emprego inicial como perdem o salário mais alto que poderiam ter começado a receber após ganhar experiência em empregos iniciais. Os trabalhadores mais jovens são desproporcionalmente representados entre as pessoas com baixos salários. Apenas cerca de 2% dos trabalhadores norte-americanos com mais de vinte e quatro anos ganham salário mínimo.[1]

Embora a maioria das sociedades industriais modernas tenha leis de salário mínimo, nem todas têm. Suíça e Hong Kong têm sido exceções, e ambas apresentaram taxas de desemprego muito baixas. Em 2003, a revista *The Economist* informou: "O desemprego na Suíça se aproximou de um recorde de cinco anos de 3,9% em fevereiro."[2] Em 1991, quando Hong Kong ainda era uma colônia britânica, sua taxa de desemprego estava abaixo de 2%.[3] Apesar de Hong Kong ainda não ter uma lei de salário mínimo no final do século XX, em 1997 novas alterações em sua legislação trabalhista sob o governo chinês impuseram muitos novos

LEIS DE SALÁRIO MÍNIMO

benefícios para os trabalhadores, a serem pagos por seus empregadores.[4] Esse aumento imposto nos custos trabalhistas resultou, previsivelmente, em uma taxa de desemprego mais alta, que alcançou 7,3% em 2002[5] — uma taxa não alta pelos padrões europeus, mas consideravelmente maior do que havia sido durante anos. Em 2003, a taxa de desemprego em Hong Kong atingiu um novo recorde: 8,3%.[6]

Custos mais altos para uma dada quantidade e qualidade de mão de obra tendem a gerar menos empregos, assim como preços mais altos para outras coisas tendem a gerar menos vendas. Além disso, custos mais altos sob a forma de benefícios obrigatórios possuem o mesmo efeito econômico que custos mais altos sob a forma de leis de salário mínimo. A taxa explícita de salário mínimo subestima os custos trabalhistas impostos pelos governos europeus, que também exigem diversas contribuições do empregador para planos de aposentadoria e benefícios de assistência médica, entre outras coisas. Na Europa, as taxas de desemprego dispararam quando esses benefícios determinados pelo governo, a serem pagos pelos empregadores, aumentaram drasticamente durante as décadas de 1980 e 1990.[7] Na Alemanha, esses benefícios representavam metade do custo médio da mão de obra por hora. Em comparação, esses benefícios representavam menos de um quarto do custo médio da mão de obra por hora no Japão e nos Estados Unidos. Nos países da União Europeia, em geral, a remuneração média por hora dos funcionários do setor industrial é mais alta do que nos Estados Unidos ou no Japão.[8] Assim como o desemprego.

Comparações entre o Canadá e os Estados Unidos revelam padrões semelhantes. Em um período de cinco anos, as províncias canadenses possuíam taxas de salário mínimo que representavam uma maior porcentagem do produto interno *per capita* do que nos estados norte-americanos, e as taxas de desemprego eram analogamente maiores no Canadá, assim como a duração média do desemprego, enquanto a taxa de criação de empregos canadense ficava atrás da dos Estados Unidos.

Nesse período de cinco anos, três províncias canadenses tiveram taxas de desemprego superiores a 10%, com um máximo de 16,9% em Terra Nova, mas nenhum dos 50 estados norte-americanos apresentou taxas médias de desemprego de dois dígitos nesse mesmo período de cinco anos.[9]

Um reconhecimento tardio da ligação entre leis de salário mínimo e desemprego por parte das autoridades governamentais levou alguns países a deixar que seus níveis reais de salário mínimo fossem erodidos pela inflação, evitando os riscos políticos de tentar revogar essas leis explicitamente,* quando muitos eleitores consideram essas leis benéficas aos trabalhadores. De fato, essas leis são benéficas para os trabalhadores que continuam empregados — aqueles que estão dentro olhando para fora —, mas à custa dos desempregados que estão fora olhando para dentro.

Os sindicatos também se beneficiam das leis de salário mínimo, e estão entre os maiores defensores dessas leis, ainda que seus próprios membros geralmente ganhem muito mais do que a taxa do salário mínimo. Há uma razão para isso. Assim como a maioria dos bens e serviços pode ser produzida com muita mão de obra e pouco capital, ou vice-versa, da mesma forma a maioria das coisas pode ser produzida usando proporções diferentes de mão de obra pouco qualificada e mão de obra altamente qualificada, dependendo de seus custos relativos. Assim, trabalhadores sindicalizados experientes estão competindo por empregos contra trabalhadores mais jovens, inexperientes e menos qualificados, cuja remuneração tende a ser o salário mínimo ou próximo a ele. Quanto mais alto o salário mínimo, mais os trabalhadores não qualificados e inexperientes tendem a ser substituídos por trabalhadores

---

* Nos Estados Unidos, o salário mínimo continuou o mesmo durante todo o período dos dois mandatos do governo Reagan na década de 1980. Isso significou que ele diminuiu em termos reais, ajustado pela inflação. Ver Bradley R. Schiller, *The Economics of Poverty and Discrimination*, décima edição, pp. 108-9.

LEIS DE SALÁRIO MÍNIMO

sindicalizados mais experientes e mais qualificados. Assim como as empresas almejam que o governo imponha tarifas sobre bens importados que competem com seus produtos, os sindicatos utilizam as leis de salário mínimo como tarifas para elevar o preço da mão de obra não sindicalizada que compete com seus membros por empregos.

Entre os 2 milhões de norte-americanos que ganhavam não mais do que um salário mínimo no início do século XXI, pouco mais da metade tinha entre dezesseis e vinte e quatro anos, e 62% deles trabalhavam meio período.[10] No entanto, as campanhas políticas para aumentar o salário mínimo costumam falar em proporcionar "um salário digno" que seja suficiente para sustentar uma família de quatro pessoas — famílias que a maioria dos trabalhadores que recebem salário mínimo não tem, e seria pouco recomendado ter antes de alcançarem o ponto em que possam alimentar e vestir seus filhos. A renda média familiar de um trabalhador que recebe salário mínimo é maior do que 44 mil dólares por ano, muito mais do que pode ser ganho por alguém que trabalha com salário mínimo. Porém, 42% dos trabalhadores que recebem salário mínimo moram com os pais ou algum outro parente. Apenas 15% dos trabalhadores que recebem salário mínimo estão sustentando a si mesmos e um dependente,[11] o tipo de pessoa imaginado por aqueles que defendem um "salário digno".

Não obstante, diversas cidades norte-americanas aprovaram leis de "salário digno", que são basicamente leis locais de salário mínimo especificando uma taxa salarial mais alta do que a lei nacional de salário mínimo. Seus efeitos têm sido semelhantes aos das leis nacionais de salário mínimo nos Estados Unidos e em outros países — ou seja, os mais pobres têm sido aqueles que costumam perder seus empregos com mais frequência.[12]

O enorme investimento financeiro, político, emocional e ideológico de diversos grupos em questões relacionadas às leis de salário mínimo significa que uma análise imparcial nem sempre é a norma.

Além disso, as complexidades estatísticas de separar os efeitos das taxas de salário mínimo sobre o emprego de todas as outras variáveis em constante mudança que também afetam o emprego significam que diferenças honestas de opiniões são possíveis. No entanto, no final das contas, a maioria dos estudos empíricos indica que as leis de salário mínimo reduzem a oferta de emprego em geral, sobretudo o emprego de trabalhadores mais jovens, menos qualificados e de minorias.[13]

Uma maioria de economistas profissionais consultados na Grã-Bretanha, na Alemanha, no Canadá, na Suíça e nos Estados Unidos concordou que as leis de salário mínimo aumentam o desemprego entre os trabalhadores pouco qualificados. Na França e na Áustria, os economistas não concordaram. Contudo, a maioria entre os economistas canadenses foi de 85%, e entre os economistas norte-americanos foi de 90%.[14] Em 2006, dezenas de estudos acerca dos efeitos dos salários mínimos nos Estados Unidos e dezenas de outros estudos acerca dos efeitos dos salários mínimos em diversos países na Europa, na América Latina, no Caribe, na Indonésia, no Canadá, na Austrália e na Nova Zelândia foram revisados por dois economistas do National Bureau of Economic Research. Eles concluíram que, apesar das diversas abordagens e dos métodos utilizados nesses estudos, essa literatura em geral "consolida em grande medida a visão convencional de que os salários mínimos reduzem a oferta de emprego entre os trabalhadores pouco qualificados".[15]

Os responsáveis oficiais pela administração das leis de salário mínimo, como o Departamento de Trabalho dos Estados Unidos e diversas agências locais, preferem dizer que essas leis não geram desemprego. Assim como os sindicatos trabalhistas, que possuem interesse direto nessas leis como proteção para os empregos de seus próprios membros. Na África do Sul, por exemplo, a *Economist* relatou: "A principal organização sindical, o Congresso Sul-Africano de Sindicatos (Cosatu, na sigla em inglês), afirma que o desemprego não tem nada a ver com as leis

LEIS DE SALÁRIO MÍNIMO

trabalhistas. O problema, segundo o Cosatu, é que as empresas não estão se esforçando o suficiente para gerar empregos."[16]

Na Grã-Bretanha, a Low Pay Commission, que estabelece o salário mínimo, também resistiu à ideia de que os salários que fixou eram responsáveis por uma taxa de desemprego de 17,3% entre trabalhadores com menos de vinte e cinco anos, na época em que a taxa de desemprego geral era de 7,6%.[17]

Mesmo que a maioria dos estudos mostre que o desemprego tende a aumentar quando salários mínimos são impostos ou aumentados, os poucos estudos que parecem indicar o contrário foram aclamados em alguns círculos como tendo "refutado" esse "mito".[18] No entanto, um problema comum com algumas pesquisas sobre os efeitos das leis de salário mínimo no emprego é que os levantamentos com empregadores antes e depois de um aumento do salário mínimo avaliam apenas as empresas específicas que sobreviveram em ambos os períodos. Considerando a alta taxa de falências de empresas em vários setores, os resultados em relação às empresas sobreviventes podem ser completamente diferentes dos resultados para o setor como um todo.* Ao usar esses métodos de pesquisa, é possível entrevistar pessoas que jogaram roleta-russa e "provar" a partir de suas experiências que é uma

---

* Imagine que um setor seja composto de dez empresas, cada uma empregando mil trabalhadores antes de um aumento do salário mínimo, totalizando 10 mil funcionários. Se três dessas empresas falirem entre o primeiro e o segundo levantamentos, e apenas uma nova empresa ingressar no setor, então apenas as sete empresas que existiam tanto "antes" quanto "depois" podem ser consultadas e ter seus resultados relatados. Com menos empresas, o emprego por empresa pode aumentar, mesmo que o emprego no setor como um todo diminua. Por exemplo, se as sete empresas sobreviventes e a nova empresa empregam 1,1 mil funcionários cada uma, isso significa que o setor no conjunto terá 8,8 mil funcionários — menos do que antes do aumento do salário mínimo —, e mesmo assim um estudo das sete empresas sobreviventes mostrará um *aumento* de 10% no emprego das empresas consultadas, em vez de uma diminuição de 12% para o setor como um todo. Como os salários mínimos podem provocar desemprego ao (1) reduzir o emprego em todas as empresas, (2) levar as empresas marginais à falência, ou (3) desestimular o ingresso de empresas substitutas, as informações baseadas apenas no levantamento com as empresas sobreviventes pode gerar conclusões tão incorretas quanto entrevistar pessoas que jogaram roleta-russa.

atividade inofensiva, já que aqueles para quem não foi inofensiva dificilmente estarão por perto para serem entrevistados. Assim, o "mito" de que a roleta-russa é um jogo perigoso teria sido "refutado".

Mesmo uma organização ativista que tem fomentado leis de "salário digno", a Associação de Organizações Comunitárias para a Reforma Agora [Acorn, na sigla em inglês] procurou obter uma isenção das leis de salário mínimo para seus próprios funcionários. Seu argumento: "Quanto mais a Acorn precisar pagar a cada trabalhador de campo — seja por causa do salário mínimo ou das exigências de horas extras —, menos trabalhadores de campo será capaz de contratar."[19]

Seria reconfortante acreditar que o governo pode simplesmente decretar salários mais altos para os trabalhadores de baixa remuneração sem ter que se preocupar com repercussões desagradáveis, mas a preponderância de evidências indica que o trabalho não está isento do princípio econômico básico de que preços artificialmente altos provocam excedentes. No caso de excesso de seres humanos, isso pode ser uma tragédia notável quando eles já têm antecedentes de baixa renda, sem qualificação ou de minorias, e precisam urgentemente entrar no mercado de trabalho, se algum dia quiserem ascender profissionalmente adquirindo experiência e habilidades.

É concebível que os benefícios de renda para os trabalhadores de baixa remuneração que mantêm seus empregos possam compensar as perdas dos que ficam desempregados, gerando um benefício líquido para indivíduos e famílias de baixa renda em geral — pelo menos a curto prazo, ignorando as consequências a longo prazo da incapacidade de muitas pessoas pouco qualificadas de adquirir experiência e habilidades profissionais, o que pode representar uma perda econômica maior a longo prazo do que a perda de salário em um emprego inicial. Porém, dizer que poderia ser concebível haver benefícios para pessoas de baixa renda não significa que isso realmente vai acontecer. Um estudo dos efeitos dos salários mínimos no Brasil investigou essa possibilidade:

LEIS DE SALÁRIO MÍNIMO

O objetivo deste estudo é examinar se o salário mínimo no Brasil tem efeitos positivos na distribuição da renda familiar, sobretudo aumentando os ganhos das famílias de baixa renda. Embora tais efeitos distributivos sejam a justificativa mais comum para os salários mínimos, a teoria econômica não prevê que eles ocorrerão. É previsto, isso sim, que os salários mínimos reduzem a oferta de emprego, e as pesquisas tanto no Brasil como nos Estados Unidos tendem a confirmar essa previsão. Mas tudo isso implica que os salários mínimos prejudicarão alguns trabalhadores e beneficiarão outros. Os efeitos distributivos dependem das magnitudes dos ganhos e das perdas, e em que lugar eles ocorrem na distribuição de renda — uma questão puramente empírica. Nos Estados Unidos, as pesquisas não encontram ganhos para famílias de baixa renda decorrentes dos aumentos no salário mínimo, e, na verdade, aumentam a pobreza. [...] Em geral, portanto, não consideramos que as evidências respaldem a visão de que os salários mínimos no Brasil têm efeitos distributivos positivos do ponto de vista das famílias de baixa renda.[20]

O desemprego varia não apenas em sua quantidade em um dado momento como também no período de tempo que os trabalhadores permanecem desempregados. Assim como a taxa de desemprego, a *duração* do desemprego varia consideravelmente de país para país. Os países que elevam os custos trabalhistas com salários mínimos altos ou benefícios generosos para os funcionários impostos por lei aos empregadores, ou ambos, tendem a ter desemprego de longa duração, além de taxas mais altas de desemprego. Na Alemanha, por exemplo, não há lei de salário mínimo, mas as exigências impostas pelo governo aos empregadores, as leis de segurança do emprego e os sindicatos trabalhistas fortes elevam artificialmente os custos trabalhistas. Na Alemanha, o desemprego dura 12 meses ou mais para mais da metade dos desempregados, enquanto nos Estados Unidos apenas cerca de 10% dos desempregados permanecem sem emprego por tanto tempo.[21]

IMPACTO DIFERENCIAL

Como as pessoas se diferenciam de muitas maneiras, aquelas que estão desempregadas não tendem a ser uma amostra aleatória da força de trabalho. Em diversos países ao redor do mundo, aqueles cujas perspectivas de emprego são mais reduzidas por causa das leis de salário mínimo são os mais jovens, menos experientes ou menos qualificados. Esse padrão tem sido encontrado, por exemplo, na Nova Zelândia, na França, no Canadá, nos Países Baixos e nos Estados Unidos.[22] Não é algo surpreendente que as pessoas cuja produtividade fica muito aquém do salário mínimo sejam as mais propensas a não conseguir encontrar um emprego.

No início do século XXI, na França, a taxa nacional de desemprego era de 10%, mas entre os trabalhadores com menos de vinte e cinco anos, a taxa de desemprego era superior a 20%.[23] Na Bélgica, a taxa de desemprego para trabalhadores com menos de vinte e cinco anos era de 22%, e na Itália, de 27%.[24] Em 2009, durante a recessão global, a taxa de desemprego para trabalhadores com menos de vinte e cinco anos era de 21% nos países da União Europeia em conjunto, com mais de 25% na Itália e na Irlanda, e mais de 40% na Espanha.[25] Na Austrália, a *menor* taxa de desemprego para trabalhadores com menos de vinte e cinco anos, entre 1978 e 2002, nunca ficou abaixo de 10%, enquanto a *maior* taxa de desemprego para a população em geral mal chegou a 10% uma vez durante o mesmo período.[26] A Austrália possui um salário mínimo excepcionalmente alto, em termos relativos, já que seu nível de salário mínimo é quase 60% da taxa salarial mediana do

LEIS DE SALÁRIO MÍNIMO

país,[27] ao passo que o salário mínimo nos Estados Unidos é pouco mais de um terço da taxa salarial mediana do país.

Na Europa, alguns países estabelecem taxas de salário mínimo mais baixas para adolescentes do que para adultos, e a Nova Zelândia simplesmente excluiu os adolescentes da cobertura de sua lei de salário mínimo até 1994. Isso foi um reconhecimento tácito do fato de que os trabalhadores menos demandados eram mais propensos a ser afetados pelo desemprego gerado pelas leis de salário mínimo.

Outro grupo afetado de forma desproporcional pelas leis de salário mínimo são membros de grupos raciais ou étnicos minoritários. Aliás, as leis de salário mínimo foram outrora defendidas explicitamente devido à probabilidade de que tais leis reduzissem ou eliminassem a concorrência de minorias específicas, fossem japoneses no Canadá na década de 1920 ou os negros nos Estados Unidos e na África do Sul na mesma época.[28] Essas manifestações de discriminação racial evidente eram legais e socialmente aceitas nos três países naquela época.

Novamente, é necessário notar como o preço é um fator até na discriminação racial. Ou seja, o excesso de mão de obra resultante das leis de salário mínimo torna mais barato discriminar trabalhadores de minorias do que seria em um mercado livre, onde não existe um excesso crônico de oferta de mão de obra. Em um mercado livre, rejeitar trabalhadores qualificados de minorias significa ter que contratar mais trabalhadores adicionais para ocupar os empregos que lhes foram negados, e isso geralmente significa ter que aumentar o salário para atrair trabalhadores adicionais ou reduzir as qualificações do trabalho ao nível salarial existente, e ambas as alternativas têm o mesmo efeito econômico: custos trabalhistas mais altos para realizar uma quantidade específica de trabalho.

Nos Estados Unidos, a história dos trabalhadores negros demonstra o ponto. Desde o final do século XIX até meados do século XX, a taxa de participação da força de trabalho dos negros norte-americanos era ligeiramente mais alta do que a dos brancos norte-americanos. Em outras palavras, os negros eram tão empregáveis com os salários que recebiam quanto os brancos eram com seus salários muito diferentes. A lei do salário mínimo mudou isso. Antes da instituição das leis federais de salário mínimo na década de 1930, a taxa de desemprego dos negros era um pouco *menor* do que a dos brancos em 1930.[29] No entanto, em seguida, veio a Lei Davis-Bacon de 1931, a Lei Nacional de Recuperação Industrial de 1933, e a Lei de Padrões Justos de Trabalho de 1938 — todas as quais impuseram salários mínimos determinados pelo governo, fosse em um setor específico ou de maneira mais ampla.

A Lei Nacional de Relações de Trabalho de 1935, que promoveu a sindicalização, também tendeu a excluir os trabalhadores negros do mercado de trabalho, além de regras sindicais que afastavam os negros das oportunidades de emprego ao impedi-los de se sindicalizarem. A Lei Nacional de Recuperação Industrial elevou as taxas salariais no setor têxtil sulista em 70% em apenas cinco meses, e se estimou que isso tenha resultado na perda de meio milhão de empregos para negros em todo o país. Embora essa lei tenha sido posteriormente declarada inconstitucional pela Suprema Corte, a Lei de Padrões Justos de Trabalho de 1938 foi mantida pelo tribunal superior e se tornou a principal força na criação de um salário mínimo nacional. Na década de 1940, a inflação anulou em grande medida o efeito da Lei de Padrões Justos de Trabalho, até que ela fosse alterada em 1950 para elevar os salários mínimos a um nível que teria algum efeito real sobre os salários atuais. Em 1954, as taxas de desemprego dos negros eram o dobro das dos brancos, e se mantiveram nesse nível ou mais alto desde então. Os mais fortemente afetados pelo desemprego resultante foram os adolescentes negros do sexo masculino.

Ainda que 1949 — o ano anterior ao início de uma série de aumentos do salário mínimo — tenha sido um ano de recessão, o desemprego entre os adolescentes negros do sexo masculino foi menor do que seria em qualquer momento durante os anos de *boom* na década de 1960. A grande diferença entre as taxas de desemprego de adolescentes negros e brancos remonta à elevação do salário mínimo e à ampliação de sua cobertura na década de 1950.[30] As explicações habituais para o elevado desemprego entre os adolescentes negros — inexperiência, menor escolaridade, carência de habilidades, racismo — não conseguem explicar o aumento do desemprego deles, já que todas essas coisas eram piores no período anterior, quando o desemprego entre os adolescentes negros era muito menor.

Considerando o ano mais normal de 1948 como base de comparação, o desemprego entre os adolescentes negros do sexo masculino era então menos da metade do que seria em qualquer momento durante a década de 1960 e menos de um terço do que seria na década de 1970. O desemprego entre os negros do sexo masculino de dezesseis e dezessete anos não era maior do que entre os brancos do sexo masculino da mesma idade em 1948.[31] Foi só após o início de uma série de aumentos do salário mínimo que o desemprego entre os adolescentes negros do sexo masculino não só disparou como também se tornou mais do que o dobro das taxas entre os adolescentes brancos do sexo masculino. No início do século XXI, a taxa de desemprego entre os adolescentes negros superou 30%. Depois que a economia norte-americana desacelerou como consequência das crises imobiliária e financeira, o desemprego entre os adolescentes negros chegou a 40%.[32]

O PAPEL DA ECONOMIA

Entre as questões frequentemente suscitadas sobre a história da análise econômica, incluem-se: (1) a economia é científica ou se trata apenas de um conjunto de opiniões ou vieses ideológicos?, e (2) as ideias econômicas refletem as circunstâncias e os acontecimentos circundantes e mudam com essas circunstâncias e acontecimentos?

ANÁLISE CIENTÍFICA

Não resta dúvida de que os economistas, como indivíduos, têm suas próprias preferências e vieses, assim como todos os indivíduos, incluindo matemáticos e físicos. Porém, a razão pela qual a matemática e a física não são consideradas meras opiniões subjetivas e noções tendenciosas é que existem *procedimentos* aceitos para testar e provar crenças nessas disciplinas. É exatamente porque cada um dos cientistas tende a ter vieses que os cientistas em geral procuram criar e concordar com métodos e procedimentos científicos que sejam imparciais, de modo que vieses individuais possam ser desencorajados ou expostos.

Na economia, as preferências dos economistas keynesianos pela ingerência governamental e dos economistas da Universidade de Chicago pela confiança nos mercados em vez da dependência do governo

O PAPEL DA ECONOMIA

podem muito bem ter influenciado suas reações iniciais à análise e aos dados da curva de Phillips, por exemplo. Porém, o fato de eles compartilharem um conjunto comum de procedimentos analíticos e empíricos em seu trabalho profissional permitiu que chegassem a conclusões comuns conforme mais dados foram sendo acumulados ao longo do tempo, o que foi minando a curva de Phillips.

Na ciência, as controvérsias têm sido intensas, mas o que torna científico um campo específico não é a unanimidade automática sobre determinadas questões, e sim um conjunto consensualmente aceito de procedimentos para resolver diferenças acerca de questões quando não existem dados suficientes disponíveis. A teoria da relatividade de Einstein não foi inicialmente aceita pela maioria dos físicos, e Einstein também não queria que fosse aceita sem alguns testes empíricos. Quando o comportamento da luz durante um eclipse do sol permitiu pôr à prova sua teoria, os resultados inesperados convenceram outros cientistas de que Einstein tinha razão. Thomas Kuhn, um dos principais historiadores da ciência, sustentou que o que distingue a ciência de outros campos é que teorias mutuamente contraditórias não podem coexistir indefinidamente na ciência, mas que uma ou outra deve prevalecer, e as outras desaparecem quando dados suficientes e apropriados ficam disponíveis.[1]

Assim, a teoria do flogístico da combustão abriu caminho para a teoria do oxigênio da combustão, e a teoria ptolomaica da astronomia abriu caminho para a teoria copernicana. Porém, a história das ideologias é bem diferente da história da ciência. Ideologias mutuamente contraditórias podem coexistir por séculos, sem nenhuma resolução de suas diferenças à vista ou talvez até mesmo concebível.*

O que os cientistas compartilham não é apenas concordância sobre diversas conclusões, mas, mais fundamentalmente, concordância

---

* Este tema é investigado em meu livro *A Conflict of Visions*.

sobre maneiras de testar e verificar conclusões, começando com uma definição cuidadosa e rigorosa dos termos utilizados. Na economia, por exemplo, a importância crucial das definições tem sido demonstrada pelos equívocos resultantes quando discussões populares sobre políticas econômicas utilizam uma palavra vaga como "salários" para se referir a coisas tão diferentes como taxas salariais por unidade de tempo, rendimentos agregados dos trabalhadores e custos trabalhistas por unidade de produção.* Um país próspero com taxas salariais por unidade de tempo maiores pode ter custos trabalhistas por unidade de produção menores do que um país do Terceiro Mundo onde os trabalhadores ganham muito menos.

As apresentações matemáticas de argumentos, seja na ciência, seja na economia, além de tornar esses argumentos mais compactos e suas complexidades mais fáceis de seguir do que uma apresentação verbal mais longa, também podem tornar suas implicações mais claras e seus defeitos mais difíceis de esconder. Por exemplo, em 1931, ao elaborar um artigo acadêmico memorável sobre economia, que posteriormente seria reeditado por décadas, o professor Jacob Viner, da Universidade de Chicago, orientou um desenhista sobre como queria que fossem traçadas certas curvas de custo complexas. O desenhista respondeu que um dos conjuntos de curvas com as quais o professor Viner queria ilustrar a análise em seu artigo era impossível de ser desenhada com todas as características especificadas por Viner. Como o

---

* Durante a Grande Depressão da década de 1930, nos Estados Unidos, governos sucessivos de ambos os partidos políticos procuraram manter taxas salariais elevadas por unidade de tempo como forma de manter o "poder de compra" da mão de obra, o que depende dos rendimentos agregados dos trabalhadores. Porém, entre os economistas, tanto keynesianos quanto não keynesianos, entendia-se que o número de trabalhadores empregados era afetado pela taxa salarial por unidade de tempo, de modo que as taxas salariais mais altas poderiam significar menos pessoas empregadas, e aqueles que não estavam auferindo renda reduziam o poder de compra. Um equívoco comum em discussões populares sobre comércio internacional é que os países com altos "salários" — ou seja, taxas salariais por unidade de tempo — não conseguem competir com países que têm baixos "salários", baseado na suposição de que os países com altos salários apresentam custos de produção maiores.

O PAPEL DA ECONOMIA

professor Viner depois reconheceu, ele havia solicitado algo que era "tecnicamente impossível e economicamente inadequado", porque alguns dos pressupostos em sua análise eram incompatíveis com alguns de seus outros pressupostos.[2] Essa falha se tornou evidente em uma apresentação matemática do argumento, enquanto pressupostos mutuamente incompatíveis podem coexistir indefinidamente numa apresentação verbal imprecisa.

A análise sistemática de termos cuidadosamente definidos e a avaliação sistemática de teorias em relação a evidências empíricas são parte integrante de um estudo científico de qualquer assunto. Sem dúvida, a economia avançou nessa direção ao longo dos séculos desde seus primórdios.

No entanto, a economia é científica apenas no sentido de ter alguns dos procedimentos da ciência. Mas a incapacidade de realizar experimentos controlados impede que suas teorias tenham a precisão e a reprodutibilidade frequentemente associadas à ciência. Por outro lado, há outros campos com uma base científica reconhecida que também não permitem experimentos controlados, como a astronomia e a meteorologia. Além disso, existem diferentes graus de precisão entre esses campos. Por exemplo, na astronomia, o momento em que ocorrerão os eclipses pode ser previsto com precisão de segundos, até mesmo séculos antes, enquanto os meteorologistas têm elevada taxa de erro ao estimar a previsão do tempo para a semana seguinte.

Embora ninguém questione os princípios científicos da física sobre os quais se baseia a previsão meteorológica, a incerteza quanto ao modo como as numerosas combinações de fatores se manifestarão num lugar específico num determinado dia torna a *previsão* um evento particular nesse dia muito mais arriscada do que *prever* como esses fatores vão interagir *se* ocorrerem juntos.

Ao que tudo indica, se um meteorologista soubesse com antecedência exatamente quando uma massa de ar quente e úmida vinda do

Golfo do México encontraria uma massa de ar frio e seco vinda do Canadá, esse meteorologista conseguiria prever chuva ou neve em St. Louis com certeza, já que isso não seria nada além da aplicação dos princípios da física a essas circunstâncias específicas. Não são esses princípios que são incertos, mas sim todas as variáveis cujo comportamento determinará quais desses princípios se aplicarão em um determinado lugar em um momento específico. O que se sabe cientificamente é que o choque entre ar frio e seco com ar quente e úmido não origina dias ensolarados e calmos. O que não se sabe é se essas massas de ar em particular chegarão a St. Louis ao mesmo tempo, passarão sobre a cidade em sucessão ou a evitarão por completo. É aí que são calculadas as probabilidades estatísticas quanto à continuidade de seus deslocamentos com as velocidades atuais e sem mudanças de direção.

Em princípio, a economia assemelha-se à meteorologia. Não há exemplo na história registrada em que o governo tenha aumentado a oferta de dinheiro dez vezes em um ano sem que os preços subissem. Nem se espera que isso aconteça algum dia. Os efeitos do controle de preços na criação de desabastecimentos, mercados negros, declínio na qualidade dos produtos e redução de serviços auxiliares também foram notavelmente semelhantes, tanto no Império Romano na época de Diocleciano como em Paris durante a Revolução Francesa, ou no mercado imobiliário de Nova York com controle de aluguéis hoje em dia. Tampouco houve diferença fundamental, fosse o preço controlado o de moradia, de alimentos ou de assistência médica.

As controvérsias entre economistas viram notícia, mas isso não significa que não existam princípios estabelecidos nesse campo, tanto quanto as controvérsias entre cientistas não significam que não existam princípios estabelecidos na química ou na física. Em ambos os casos, essas controvérsias raramente envolvem prever o que *aconteceria* sob determinadas circunstâncias, mas sim prever o que *acontecerá* de fato em

O PAPEL DA ECONOMIA

circunstâncias que não podem ser completamente previstas. Em resumo, essas circunstâncias geralmente não envolvem discordância sobre princípios fundamentais do campo, mas sobre como todas as tendências e condições se combinarão para determinar quais desses princípios serão aplicáveis ou predominarão em um conjunto particular de circunstâncias.

Entre as diversas objeções feitas contra a economia estão as alegações de que ela é "simplista", ou que assume uma racionalidade interesseira e materialista, ou que os pressupostos por trás de suas análises e previsões não são um retrato fiel do mundo real.

No termo "simplista" está implícito que uma determinada explicação não é apenas simples, mas simples *demais*. Isso suscita a questão: simples demais para o quê? Se os fatos se desenrolam sistematicamente da maneira prevista pela explicação, então ela, sem dúvida, não foi simples demais para seu propósito — sobretudo se os fatos *não* se desenrolam da maneira que uma explicação mais complicada ou aparentemente mais plausível prevê. Em suma, se uma determinada explicação é ou não simples demais é uma questão empírica que não pode ser decidida previamente por quão plausível, complexa ou sutil uma explicação parece ser à primeira vista, mas só pode ser determinada após o exame de evidências concretas quanto à precisão de suas previsões.[*]

Uma tentativa relacionada de determinar a validade de uma teoria por sua aparência de plausibilidade, em vez de seu desempenho quando colocada à prova, envolve a crítica de que a análise econômica retrata as pessoas como pensando ou agindo de uma maneira como

---

[*] Causou consternação entre os enólogos quando o economista Orley Ashenfelter afirmou que podia prever os preços de vinhos específicos usando dados sobre o clima durante a estação em que suas uvas foram cultivadas, sem provar o vinho ou dar atenção às opiniões dos especialistas que o tinham provado. Porém, seus métodos acabaram prevendo os preços com mais precisão do que as opiniões dos especialistas que tinham provado o vinho.

THOMAS SOWELL • ESSENCIAL

a maioria das pessoas não pensa ou age. Porém, em última análise, a economia trata de *resultados* sistêmicos, e não de *intenções* pessoais.

Economistas em extremos opostos do espectro ideológico entenderam isso. Karl Marx afirmou que os capitalistas baixam seus preços quando avanços tecnológicos reduzem seus custos de produção, e não porque *desejam*, mas porque a competição de mercado os obriga.[3] Adam Smith também disse que os benefícios de uma economia de mercado competitiva não são "nenhuma parte" das intenções dos capitalistas.[4] Como afirmou Engels, colaborador de Marx, "o que cada indivíduo quer é dificultado por todas as outras pessoas, e o que emerge é algo que ninguém quis".[5] É "o que emerge" que a economia procura prever, e seu sucesso ou fracasso é medido por isso, e não pela aparência de plausibilidade de sua análise inicial.

O viés pessoal é outra questão fundamental que tem sido suscitada há muito tempo sobre a economia e sua pretensão de status científico. J. A. Schumpeter, cuja monumental obra *History of Economic Analysis* [*História da análise econômica*], publicada em 1954, permanece inigualável por sua combinação de amplitude e profundidade, abordou a questão muito discutida sobre o viés pessoal na análise econômica. Ele encontrou viés ideológico comum entre economistas, desde Adam Smith até Karl Marx, mas o que ele também concluiu foi o quão pouco esses vieses afetaram o trabalho analítico desses economistas, que pode ser separado de seus comentários ou defesas ideológicas.

Em um artigo em uma publicação acadêmica, Schumpeter destacou Adam Smith em particular: "No caso de Adam Smith, o interessante não é realmente a ausência do viés ideológico, mas sua inofensividade."[6] Para Schumpeter, a imagem invariavelmente negativa dos homens de negócios por parte de Smith era um viés ideológico derivado de seu histórico familiar, que "*não* pertencia à classe empresarial", e de sua imersão intelectual no trabalho de intelectuais "condicionados de maneira similar". Porém, "toda essa ideologia, por

178

mais firmemente mantida que fosse, realmente não prejudicou muito sua conquista científica" ao produzir um "ensinamento factual e analítico sólido".[7]

De forma semelhante em relação a Karl Marx, cuja visão ideológica dos processos sociais foi formada antes de ele começar a estudar economia, mas "conforme seu trabalho analítico amadureceu, ele não só elaborou diversos elementos de análise científica que eram neutros em relação a essa visão como também alguns que não concordavam com ela", ainda que Marx continuasse a empregar "fraseologia vituperiosa que não afeta os elementos científicos em um argumento".[8] Ironicamente, a visão de Marx sobre os homens de negócios não era tão totalmente negativa quanto a de Adam Smith.*

Segundo Schumpeter, "o desempenho científico *em si* não nos exige nos despojarmos de nossos juízos de valor ou renunciarmos à responsabilidade de um defensor de algum interesse em particular". De maneira mais direta, ele disse: "A defesa não implica mentir",[9] ainda que de vez em quando as ideologias se cristalizem em "crenças" que são "impermeáveis ao argumento".[10] Porém, entre os marcos distintivos de um campo científico incluem-se as "regras de procedimento" que podem "eliminar por completo os erros ideologicamente condicionados" de uma análise.[11] Além disso, ter "algo a formular, defender, atacar" propicia um incentivo para o trabalho factual e analítico, mesmo que às vezes a ideologia interfira. Portanto, "ainda que avancemos lentamente por causa de nossas ideologias, talvez não avancemos sem elas".[12]

---

* Em *Capital* [*O capital*], Marx afirmou: "Não retrato o capitalista e o senhorio de maneira positiva. Mas aqui os indivíduos são tratados apenas à medida que são personificações de categorias econômicas [...] Meu ponto de vista [...] pode menos do que qualquer outro responsabilizar o indivíduo por relações das quais ele permanece socialmente uma criatura, por mais que subjetivamente se eleve acima delas." Ao contrário de muitos outros na esquerda, Marx não via os capitalistas como controladores da economia, mas exatamente o oposto: "A livre concorrência revela as leis inerentes da produção capitalista, sob a forma de leis coercitivas externas, que têm poder sobre cada capitalista individual." Karl Marx, *Capital*, vol. I, pp. 15, 297.

EVENTOS E IDEIAS

A economia influencia os eventos e os eventos influenciam a economia? A resposta sucinta para ambas as perguntas é "sim", mas a única questão significativa é: até que ponto e de que maneiras específicas? A resposta de John Maynard Keynes à primeira pergunta foi a seguinte:

> [...] as ideias de economistas e filósofos políticos, tanto quando estão certas como quando estão erradas, são mais poderosas do que geralmente se entende. De fato, o mundo é governado por quase nada além disso. Homens práticos, que se consideram completamente isentos de influências intelectuais, costumam ser escravos de algum economista defunto. Lunáticos no poder, que ouvem vozes no ar, estão destilando sua loucura com base em algum escriba acadêmico de alguns anos atrás. Tenho certeza de que o poder dos interesses estabelecidos é demasiadamente exagerado em comparação com o avanço gradual das ideias.[13]

Em outras palavras, segundo Keynes, não é por influência direta sobre aqueles que detêm o poder em um momento específico que os economistas influenciam o curso dos eventos. É sim pela criação de certas crenças e atitudes gerais que fornecem o contexto no qual formadores de opinião pensam e políticos agem. Nesse sentido, os mercantilistas ainda exercem uma influência sobre as crenças e atitudes no mundo atual, séculos depois de terem sido refutados decisivamente dentro da profissão de economista por Adam Smith.

A questão de saber se a economia é moldada por eventos é mais polêmica. Durante algum tempo, acreditava-se amplamente que as ideias eram moldadas por circunstâncias e eventos circundantes, e que as ideias econômicas não eram exceção. Sem dúvida, algo no mundo real fez as pessoas começarem a pensar sobre ideias econômicas, como foi verdade, certamente, em outros campos, incluindo ciência e

O PAPEL DA ECONOMIA

matemática. Considerou-se que a trigonometria tenha recebido um impulso pela necessidade de medir novamente terras no Egito após inundações recorrentes do Nilo terem destruído as divisas entre propriedades de diferentes pessoas na Antiguidade.

Esse é um tipo de influência. Uma influência mais imediata e direta foi considerada por aqueles que acreditaram que a Grande Depressão da década de 1930 deu origem à economia keynesiana. Mas mesmo que a Grande Depressão tenha inspirado o pensamento de Keynes e a ampla aceitação desse pensamento entre os economistas em todo o mundo, em que medida isso é característico na evolução histórica da economia, e como as ideias em outros campos evoluíram historicamente?

Havia mais coisas caindo, ou era a queda delas que estava criando mais problemas sociais, quando Newton desenvolveu sua teoria da gravidade? Certamente, não havia mais liberdade de comércio quando do Adam Smith escreveu *The Wealth of Nations* [*A riqueza das nações*], que defendia mercados mais livres exatamente por causa de sua insatisfação com os efeitos dos diversos tipos de intervenção governamental que eram predominantes na época.* A grande mudança na economia do século XIX de uma teoria dos preços determinada pelos custos de produção para uma teoria dos preços determinada pela demanda dos consumidores não foi uma resposta a mudanças nos custos de produção nem na demanda dos consumidores. Foi simplesmente o surgimento imprevisível de uma nova visão intelectual como uma maneira de resolver ambiguidades e inconsistências na teoria econômica existente. Quanto às depressões, existiram depressões antes da década de 1930 sem gerar um Keynes.

George Stigler, Prêmio Nobel de Economia, mostrou que eventos monumentais no mundo real podem não ter consequências intelectuais: "Uma guerra pode devastar um continente ou destruir uma

---

* Ninguém escreve um livro de 900 páginas para dizer o quão feliz está com o estado das coisas.

geração sem suscitar novas questões teóricas", ele afirmou.[14] A trágica realidade é que as guerras espalham ruína e devastação em todos os continentes muitas vezes ao longo dos séculos, de modo que não é necessário haver uma nova questão para confrontar intelectualmente, mesmo no meio de uma catástrofe impressionante.

Independentemente de suas origens ou de sua capacidade de influenciar ou ser influenciada por eventos externos, a economia é, em última análise, o estudo de uma parte duradoura da condição humana. Seu valor depende de sua contribuição para nosso entendimento de um conjunto específico de condições que envolvem a alocação de recursos escassos que possuem usos alternativos. Infelizmente, pouco do conhecimento e compreensão dentro da profissão de economista chegou ao cidadão comum e ao eleitor, o que deixou os políticos livres para fazer coisas que nunca seriam toleradas se a maioria das pessoas entendesse de economia tão bem quanto Alfred Marshall um século atrás ou David Ricardo há dois séculos.

QUESTÕES POLÍTICAS

IVAN E BORIS — E NÓS

Há uma antiga fábula russa, com diferentes versões em outros países, sobre Ivan e Boris, dois camponeses pobres. A única diferença entre eles era que Boris tinha uma cabra, e Ivan, não. Certo dia, Ivan encontrou uma lâmpada de aparência estranha, e, ao esfregá-la, um gênio apareceu e disse a Ivan que poderia conceder-lhe apenas um desejo — mas poderia ser qualquer coisa no mundo. "Eu quero que a cabra de Boris morra", Ivan pediu.

Em outros países, variações dessa história sugerem que isso nos diz algo sobre os seres humanos, e não apenas sobre os russos.

Pode nos dizer algo penoso acerca de muitos norte-americanos de hoje em dia, quando tantas pessoas estão preocupadas com os salários dos CEOS corporativos. Não é que os salários dos CEOS corporativos as afetem tanto. Se todos os executivos de empresas de petróleo norte-americanas concordassem em trabalhar de graça, isso não seria suficiente para baixar o preço de um galão de gasolina em dez centavos de dólar. Se todos os executivos da General Motors concordassem em trabalhar de graça, isso não baixaria o preço de um Cadillac ou de um Chevrolet em 1%.

Muitas pessoas são como Ivan, que queria que a cabra de Boris morresse.

Não é nem mesmo que o CEO típico de uma empresa ganhe tanto quanto vários atletas profissionais e apresentadores de televisão. O salário médio de um CEO de uma empresa grande o suficiente para ser incluída no índice da agência Standard & Poor's é menos de um terço do que ganha Alex Rodrigues, jogador de beisebol, cerca de um décimo do que ganha Tiger Woods, jogador de golfe, e menos de um trigésimo do que ganha Oprah Winfrey, apresentadora de televisão.

Mas quando alguém já acusou atletas ou apresentadores de "ganância"?

Não é o público em geral que escolhe os CEOs corporativos para tanta atenção. Os políticos e a mídia têm dirigido suas atenções para líderes empresariais, e o público tem sido levado a reboque, como ovelhas.

A lógica é simples: demonizar aqueles cujo lugar ou poder se pretende usurpar.

Os políticos que querem o poder para microgerenciar os negócios e a economia sabem que demonizar aqueles que atualmente administram as empresas é o primeiro passo na batalha para assumir seus papéis.

Não há como os políticos assumirem os papéis de Alex Rodriguez, Tiger Woods ou Oprah Winfrey. Assim, eles podem ganhar quanto dinheiro quiserem e isso não importa politicamente.

Aqueles que querem mais poder sabem há séculos que dar às pessoas alguém para odiar e temer é fundamental.

No século XVIII, na França, fomentar o ódio à aristocracia foi fundamental para Robespierre obter mais poder ditatorial do que a aristocracia já tinha tido, e usar esse poder para gerar o maior banho de sangue do que qualquer coisa durante o antigo regime.

No século XX, na Rússia, tanto os czares como os capitalistas foram escolhidos como alvos do ódio público pelos comunistas em seu caminho para o poder. Esse poder gerou mais devastação na vida de mais pessoas do que os czares e os capitalistas jamais haviam causado juntos.

Como em outros países e em outros tempos, hoje não se trata apenas de uma questão de qual elite triunfa em uma disputa de poder nos Estados Unidos. Trata-se das pessoas em geral que têm mais a perder.

Nos Estados Unidos, acabamos de ver uma das maiores demonstrações gratuitas do que acontece numa economia quando os políticos dizem às empresas quais decisões tomar.

Durante anos, usando os poderes da Lei de Reinvestimento Comunitário e outros poderes regulatórios, juntamente com ameaças de ação judicial se as taxas de aprovação de empréstimos variassem com base no perfil populacional, os políticos pressionaram os bancos e outras instituições de crédito a emprestar para pessoas a que normalmente não emprestariam.

No entanto, quando tudo isso vai pelos ares e a economia desacelera, qual é a resposta? Ter mais decisões econômicas tomadas pelos políticos, porque eles optam por dizer que a "desregulamentação" é a causa dos problemas norte-americanos.

Independentemente de quanta regulamentação sufocante possa ter sido responsável por um desastre econômico, os políticos aprenderam que podem escapar impunes se chamarem isso de "desregulamentação".

Aconteça o que acontecer, para os políticos se trata de "eu ganho de qualquer jeito". Se continuarmos ouvindo os políticos e seus aliados na mídia, todos nós vamos continuar perdendo em grande estilo. Manter nossa atenção concentrada nos salários dos CEOS — a cabra de Boris — faz parte desse jogo. Todos nós seremos enganados se cairmos nessa armadilha.

RONALD REAGAN
(1911—2004)

Há muitas maneiras de julgar um presidente ou qualquer pessoa. Uma maneira à moda antiga é pelos resultados. Nos últimos anos, uma maneira mais popular tem sido por quão bem alguém se encaixa nas ideias preconcebidas da *intelligentsia* ou da mídia.

Pelo primeiro critério, Ronald Reagan foi o presidente mais bem-sucedido dos Estados Unidos no século XX. Pelo segundo critério, ele foi um fracasso completo.

Repetidas vezes, o presidente Reagan contrariou o que os sabichões nos corredores do poder e na televisão diziam. E constantemente, ele conseguia o que queria.

Começou antes mesmo de Ronald Reagan ser eleito. Em 1980, quando o Partido Republicano indicou o governador Reagan como seu candidato à Presidência, segundo Meg Greenfield, editora do *Washington Post* já falecida, "meus conhecidos na Casa Branca de Carter ficaram exultantes". Eles consideravam Reagan "não suficientemente inteligente" pelo padrão dos liberais.

O fato de Ronald Reagan ter derrotado o presidente Jimmy Carter por uma margem esmagadora não provocou nenhuma reavaliação de sua inteligência. Os liberais consideraram que havia sido sorte, azar ou sabe-se lá o quê.

RONALD REAGAN (1911—2004)

Agora, a posição da mídia era que esse caubói da Califórnia aprenderia uma lição quando chegasse a Washington e tivesse que jogar em nível elevado contra os caras espertos do Congresso.

O novo presidente conseguiu aprovar no Congresso grandes mudanças que foram chamadas de "a revolução Reagan". E fez isso sem seu partido nunca ter controlado ambas as casas do Congresso. Porém, esses resultados não provocaram uma reavaliação de Ronald Reagan.

Um de seus primeiros atos como presidente foi acabar com o controle de preços do petróleo. De maneira condescendente, o *New York Times* rejeitou a confiança de Reagan no mercado livre e repetiu previsões predominantes de "declínio na produção doméstica de petróleo" e aumento vertiginoso nos preços da gasolina.

O preço da gasolina caiu mais de 60 centavos de dólar por galão. Mais sorte, ao que tudo indica.

Na opinião dos entendidos, onde o novo presidente receberia mesmo seu castigo seria em relações exteriores, algo em que o ex-governador não tinha experiência. Não só as ideias do presidente Reagan sobre política externa eram consideradas ingênuas e perigosamente temerárias como ele também teria que enfrentar os astutos governantes soviéticos, que eram bastante escolados nesse assunto.

Quando Ronald Reagan se referiu à União Soviética como o "império do mal", houve manifestações de desaprovação na mídia. Quando ele propôs reagir a uma escalada nuclear soviética na Europa Oriental com uma escalada nuclear norte-americana na Europa Ocidental houve preocupações de que ele estava levando os Estados Unidos a uma guerra.

O resultado? As políticas do presidente Reagan não só não levaram os Estados Unidos à guerra como também colocaram um ponto final na Guerra Fria que durava décadas.

Enquanto isso, o líder soviético Mikhail Gorbachev, que era a noção da mídia de um homem brilhante e sofisticado, testemunhou o colapso de todo o império comunista sob seu comando depois que suas políticas foram postas em prática. A Europa Oriental se libertou, e Gorbachev acordou certa manhã e descobriu que a União Soviética da qual ele estava à frente não existia mais, e que, nesse momento, ele era uma pessoa sem importância no novo Estado russo.

Mas isso foi simplesmente má sorte, ao que tudo indica.

Durante décadas, fora considerado o ápice da sabedoria política aceitar como certo que o bloco soviético era algo permanente — e sua expansão era tão inevitável que seria imprudente tentar detê-la.

Aliás, o bloco soviético tinha se expandido ao longo de sete governos norte-americanos consecutivos, tanto de republicanos como de democratas. O primeiro território que os comunistas perderam foi Granada, depois que Ronald Reagan enviou tropas norte-americanas.

Contudo, mais uma vez, os resultados não foram considerados importantes pela *intelligentsia* e pela mídia.

Reagan foi considerado completamente alheio à realidade quando disse sobre o comunismo: "Ele é outro capítulo triste e bizarro na história da humanidade, cujas últimas páginas estão sendo escritas neste momento." Porém, quantas pessoas "espertas" previram o fim da União Soviética?

Ronald Reagan deixou os Estados Unidos — e o mundo — um lugar muito melhor do que ele encontrou. E ele sorriu enquanto fazia isso. Isso é grandeza, se você julgar pelos resultados.

O ESQUEMA DA "COMPAIXÃO"

Nossos corações automaticamente se solidarizam com a população da Flórida, que está sendo atingida duramente por uma série de furacões em rápida sequência. Porém, nós temos cérebros além de corações, e já passou muito da hora de começarmos a usá-los.

Todos os anos nesta altura do ano, os furacões passam pela Flórida. E todos os anos, os políticos têm a oportunidade de exibir sua compaixão ao distribuir o dinheiro dos pagadores de impostos para as áreas que foram atingidas.

O que aconteceria se eles não fizessem isso?

Antes de mais nada, nem tantas pessoas construiriam casas no caminho de um desastre que se repete praticamente todos os anos como um relógio. Aquelas que decidissem fazê-lo que contratassem um seguro para cobrir os custos dos riscos que aceitaram correr.

Esse seguro não seria barato, o que daria mais um motivo para as pessoas escolherem locais longe da área de risco. O resultado final seria menos vidas perdidas e menos danos materiais. Não seria mais compassivo buscar esse resultado, mesmo que isso privasse os políticos de tempo na televisão?

No livro espirituoso e perspicaz de John Stossel, repórter da rede ABC, intitulado *Give Me a Break*, ele discute como construiu uma casa de praia com apenas "30 metros de areia" separando-a do mar. Isso proporcionou a Stossel uma vista privilegiada, e uma grande chance de desastre.

Seu pai o alertou sobre o perigo, mas um arquiteto mencionou que o governo pagaria a conta se algo acontecesse com a casa dele. Alguns anos depois, ondas impulsionadas por uma tempestade inundaram o primeiro andar da casa de Stossel. O governo pagou os reparos.

Posteriormente, as ondas voltaram, e nessa segunda vez levaram toda a casa. O governo pagou novamente. Para sorte dos pagadores de impostos, Stossel então decidiu que já era demais.

Na política, gastar o dinheiro dos pagadores de impostos em desastres destina-se a demonstrar compaixão. Porém, tirar de Pedro para dar a Paulo não é compaixão. É política.

O fato crucial é que a sociedade não tem nem um centavo a mais a destinar aos recursos disponíveis para ajudar vítimas de desastres naturais enviando esse dinheiro por meio de agências governamentais. Tudo o que faz é alterar os incentivos de tal forma a subsidiar comportamentos de risco.

O mesmo dinheiro pode muito bem vir por meio de seguradoras. Mesmo que a maioria das seguradoras não esteja disposta a fazer seguro para pessoas que vivem em áreas especialmente vulneráveis, ou em casas que são inadequadas para resistir a ventos de furacão, sempre há seguradoras especializadas em altos riscos, e que cobram preços correspondentemente mais altos.

Por exemplo, a Lloyds of London já está entrando no mercado de seguros para residências que custam meio milhão de dólares ou mais e estão localizadas ao longo de águas costeiras, seja na Flórida, nos Hamptons ou em outros lugares. Se as pessoas ricas querem pôr suas mansões em risco, não há motivo para que elas não paguem os custos, em vez de forçar os pagadores de impostos a arcar com esses custos.

E quanto aos "pobres"? Como em muitos outros casos, os pobres são os escudos humanos por trás dos quais os defensores do governo

O ESQUEMA DA "COMPAIXÃO"

hipertrofiado avançam. Se você está mesmo preocupado com os próprios pobres, sempre pode subsidiá-los e evitar subsidiar outros mediante critérios de renda.

Os critérios de renda são tabu para a esquerda política porque isso põe fim ao jogo dela de se esconder atrás dos pobres. A compaixão é um sentimento louvável, mas também pode ser um esquema político. Assim como vários programas governamentais de que as pessoas passam a depender, eliminar os programas estaduais e federais de auxílio em situações de desastre não seria fácil. Em um ano eleitoral, é impossível.

Felizmente, existem intervalos anuais entre as eleições, nos quais pelo menos teoricamente é possível argumentar de maneira sensata. Independentemente de os riscos serem furacões, terremotos, inundações ou incêndios florestais, aqueles que se colocaram em situações de risco na expectativa de que o governo os socorra podem ser gradualmente desencorajados dessa expectativa por meio da eliminação gradual de auxílio em situações de desastre.

A alternativa é continuar forçando os pagadores de impostos a serem otários para sempre, enquanto os políticos se deleitam na brilhante jogada da compaixão ao distribuir o dinheiro dos pagadores de impostos para cá e para lá, ao mesmo tempo que a mídia aplaude a coragem daqueles que reconstroem na trajetória de desastres conhecidos.

A POLÍTICA DA CRIANÇA MIMADA

O editorial de uma edição recente da revista *National Geographic's Traveler* revelou que caiaqueiros no Maine encontraram empreendimentos residenciais próximos aos parques nacionais, e exortaram seus leitores a usarem sua "influência" para impedir tais coisas.

"Vocês são os interessados em nossos parques nacionais", o editorial dizia.

Sério? Que interesse os praticantes de caiaque e outros de mentalidade semelhante têm que também não é um interesse das pessoas que constroem casas de férias cuja presença irrita o pessoal dos caiaques? Os proprietários de casas são tão cidadãos e pagadores de impostos quanto os caiaqueiros, e eles também têm direito a tratamento igualitário de acordo com a 14ª Emenda da Constituição.

A essência da intolerância é negar aos outros os mesmos direitos reivindicados por você. Os intolerantes verdes são um exemplo clássico.

A ideia de que o governo deve fazer seus desejos prevalecerem sobre os desejos de outros cidadãos se espalhou dos intolerantes verdes para outros grupos que reivindicam privilégios em nome de direitos.

Na Califórnia, um grupo de jogadores de golfe que usam cadeiras de rodas está processando uma rede de hotéis por não fornecer a seus membros carrinhos especiais que lhes permitam se deslocar pelo campo de golfe do hotel com mais conforto e jogar melhor.

A POLÍTICA DA CRIANÇA MIMADA

De acordo com a matéria do jornal, os tipos de carrinhos que os golfistas em cadeiras de rodas querem "possuem assentos giratórios, para que o jogador possa se movimentar e golpear a bola no *tee*, no *fairway* e no *green* sem sair do veículo". Se os golfistas querem esse tipo de carrinho, nada os impede de comprar um, exceto que eles preferem que outras pessoas sejam obrigadas a pagar por isso.

Um dos jogadores de golfe que está processando o hotel se encontra confinado a uma cadeira de rodas como resultado de um acidente de mergulho, e outro como resultado de um ferimento por disparo de arma de fogo. Ao que tudo indica, o hotel não teve nada a ver com nenhum desses eventos.

Houve uma época em que as pessoas diriam que o hotel não é responsável pelo fato de esses golfistas estarem presos a cadeiras de rodas, e, portanto, não tem obrigação de gastar dinheiro adicional em carrinhos especiais para ajudar no desempenho deles no campo de golfe. Porém, isso foi antes da Lei dos Americanos Portadores de Deficiências, de acordo com a qual o hotel está sendo processado.

Se o governo quisesse fazer algo em favor das pessoas com deficiência ou necessidades especiais, poderia ter gasto seu próprio dinheiro arrecadado de impostos para tal. Em vez disso, aprovou a Lei dos Americanos Portadores de Deficiências, que criou o direito de processar instituições privadas, a fim de obrigá-las a gastar seu dinheiro para resolver os problemas de indivíduos com necessidades especiais ou desejos especiais, sejam eles sérios ou frívolos.

Foi uma lei de pleno emprego para advogados, que criou outro grupo de vítimas legalmente reconhecido, habilitados a reivindicar privilégios especiais, à custa de outras pessoas, em nome da igualdade de direitos.

Nem tal legislação poderia fazer a alegação habitual de que estava vindo em defesa dos pobres e oprimidos. Campos de golfe não são o ambiente natural dos pobres e oprimidos.

Um dos autores do processo judicial contra o hotel foi sócio-gerente de um grande escritório de advocacia. "Eu só quero a mesma oportunidade que todo o mundo, para jogar 18 buracos com meus amigos e colegas", ele afirma.

Igualdade de oportunidades não significa igualdade de resultados, embora muitas leis e políticas ajam como se fosse o caso, ou muita retórica em voga equipare as duas coisas.

Um exemplo dessa retórica foi o título de recente coluna do *New York Times*: "Um ingresso para o viés". De maneira amarga, essa coluna lembrou a experiência de uma mulher em cadeira de rodas que comprou um ingresso de 300 dólares para um show de rock, mas não conseguiu ver nada quando os outros espectadores a seu redor ficaram de pé. Isso foi equiparado a "preconceito" por parte dos administradores da arena.

"A verdadeira igualdade permanece um sonho inalcançável", a mulher em cadeira de rodas declarou. Ao que tudo indica, só a igualdade de resultados é considerada a "verdadeira" igualdade.

Uma publicação recente da American Historical Association mostra essa mesma confusão ao afirmar que as portas "estão em grande medida fechadas" para os indivíduos que querem se tornar historiadores se eles não se formaram em uma faculdade de alto nível. Em outras palavras, resultados desiguais são prova do viés que fechou portas, segundo essa retórica.

A confusão entre igualdade de oportunidades e igualdade de resultados é uma confusão perigosa por trás de diversos tipos de política de criança mimada.

O VOCABULÁRIO DA ESQUERDA

Um recente e-mail indignado de um leitor afirmou que certas questões não deveriam ser determinadas por "ditames do mercado". Com uma simples frase, ele virou a realidade de cabeça para baixo.

As decisões tomadas por pessoas livres para fazer suas acomodações mútuas com outras pessoas livres foram chamadas de "ditames", ao mesmo tempo que ter terceiros dizendo a todos o que poderiam ou não fazer não era.

Há muito tempo, manobras verbais têm sido uma especialidade da esquerda. Os países totalitários de esquerda se autodenominavam "democracias populares" e utilizavam a saudação igualitária "camarada", ainda que alguns camaradas tivessem o poder arbitrário de vida e morte sobre os outros camaradas.

Nos países democráticos, onde a opinião pública tem importância, a esquerda tem usado seus talentos verbais para mudar completamente o significado das palavras e substituir por novas palavras, de modo que as questões sejam debatidas em termos de seu vocabulário redefinido, em vez do conteúdo real das questões.

Palavras que adquiriram conotações a partir das experiências reais de milhões de seres humanos ao longo de gerações, ou mesmo séculos, foram substituídas por novas palavras que eliminam essas conotações e as substituem por noções mais estilosas da esquerda.

Por exemplo, a palavra "brejo" foi quase apagada da linguagem. Os brejos são lugares bagunçados, ocasionalmente fedorentos, onde os mosquitos se reproduziam e às vezes as cobras se escondiam. A esquerda substituiu a palavra "brejo" por "terra alagadiça", uma palavra pronunciada em tons piedosos geralmente reservados para coisas sagradas.

O objetivo desse malabarismo verbal é impor as noções da esquerda de como as outras pessoas podem usar sua própria terra. Leis restritivas sobre "terra alagadiça" impuseram custos imensos aos agricultores e a outros proprietários de terras que por acaso tinham uma certa quantidade de água nela.

Outra palavra que a esquerda praticamente baniu da linguagem é "vadio". Séculos de experiência com vagabundos que se recusavam a trabalhar e que vadiavam nas ruas causando incômodo — e às vezes fazendo ameaças — foram apagadas de nossas memórias, enquanto a esquerda transformava verbalmente essas mesmas pessoas em um ícone sagrado: "pessoas em situação de rua".

Como com os brejos, o que antes era bagunçado e fedorento foi convertido em algo que tínhamos o dever de proteger. Agora era nosso dever apoiar pessoas que se recusavam a se sustentar.

Os crimes cometidos pelos vadios são encobertos pela mídia, ao transformar verbalmente "as pessoas em situação de rua" em "vagantes" ou "errantes" sempre que cometem crimes. Portanto, "as pessoas em situação de rua" são o único grupo do qual nunca se ouve falar que cometeu crimes.

Mais diretamente, as noções de terceiros são impostas pelo poder governamental de aumentar nossos impostos para sustentar aqueles que estão perturbando nossas ruas e parques, onde passou a ser perigoso demais para nossas crianças brincarem.

A esquerda dispõe de um vocabulário completo dedicado a descrever os que não atendem aos padrões como aqueles aos quais foi

O VOCABULÁRIO DA ESQUERDA

negado "acesso". Quer se trate de padrões acadêmicos, qualificações profissionais ou requisitos de crédito, aqueles que não atendem aos padrões são considerados como tendo sido privados de "oportunidade", "direitos" ou "justiça social".

Os jogos de palavras da esquerda — desde o mantra da "diversidade" até as piedades da "compaixão" — não são apenas jogos. São maneiras de impor poder ao evitar questões de conteúdo por meio do uso de retórica sedutora.

Por exemplo, "direitos" se tornou um termo de uso geral para evitar tanto os fatos quanto a lógica, ao dizer que as pessoas têm "direito" a tudo o que a esquerda quer dar a elas, tirando dos outros.

Durante séculos, direitos eram isenções do poder governamental, como na Declaração de Direitos. Agora, a esquerda redefiniu direitos como coisas que podem ser exigidas dos pagadores de impostos, ou dos empregadores privados ou outros, em prol de pessoas que não aceitam obrigações mútuas, nem mesmo em questões de decência comum.

Em outros tempos, os educadores procuravam ensinar os alunos a definir cuidadosamente palavras e analisar sistematicamente argumentos. "Estamos aqui para ensinar vocês a pensar, e não o que devem pensar", eles diziam.

Atualmente, eles estão ensinando aos alunos o que eles devem pensar: o politicamente correto. Em vez de conhecimento, os alunos recebem "autoestima", para que possam expressar sua ignorância com confiança.

ENCARGOS SEM FINANCIAMENTO

Nada resume tanto o liberalismo contemporâneo como os encargos sem financiamento, em que o governo federal estabelece programas e força os estados a pagar por eles. A própria necessidade de comparar custos e benefícios — a essência da economia — é evitada por esse exercício irresponsável de arrogância. É como comprar por impulso e mandar cobrar no cartão de crédito de outra pessoa.

A grande histeria na mídia sobre os programas maravilhosos que serão perdidos se os encargos sem financiamento forem interrompidos perde todo o sentido. Se esses programas são tão maravilhosos quanto se diz, então devem ser pagos. Nada é mais fácil do que sustentar um argumento verbal para quase qualquer coisa, mas você está disposto a bancar o que você defende?

Se você não está nem mesmo disposto a investir o dinheiro dos pagadores de imposto no que você diz, há algo errado em algum lugar.

A quantidade de coisas que são benéficas excede amplamente o que qualquer nação pode bancar. É por isso que os indivíduos e as organizações devem avaliar sempre as alternativas. Os encargos sem financiamento, os impostos ocultos e todo um conjunto de restrições ambientais são todos modos de tomar decisões custosas sem precisar avaliar esses custos em relação aos benefícios.

ENCARGOS SEM FINANCIAMENTO

Trata-se de um governo baseado em palavras mágicas, sejam essas palavras "segurança", "salário mínimo" ou "qualidade do ar".

Alguém pode ser contra "segurança"? Nem verbalmente, nem politicamente. Porém, na vida real, andamos por aí usando armaduras?

Nós nos recusamos a dirigir ou andar de carro? Claro que não. Avaliamos os riscos em relação aos benefícios.

Apenas na retórica política grandiloquente afirmamos que a segurança deve ser alcançada a qualquer custo. Podemos dizer isso somente porque esses custos serão pagos por outra pessoa. Quando nem mesmo os esbanjadores de Washington estão dispostos a pagar com dinheiro do tesouro federal, então perdemos todo o senso de alternativas. Parecemos crianças pequenas que querem tudo, e choram se não conseguem.

O que é a lei de salário mínimo senão um encargo sem financiamento imposto sobre as organizações privadas? Se todos merecem "um salário digno" ou "um padrão decente de vida", então por que esses que pensam dessa maneira não fornecem essas coisas? Se é responsabilidade da "sociedade" assegurar que ninguém fique abaixo de certo nível econômico, então por que não aumentamos os impostos e pagamos por esse nível?

Por que alguém que dirige uma gráfica ou uma padaria é mais responsável pelo nível econômico de outras pessoas do que alguém que trabalha em mil outras atividades? Sabichões da televisão e moralistas de redação costumam ganhar mais dinheiro do que a grande maioria dos empresários. Por que escolher os empregadores para impor essa responsabilidade?

Todos nós queremos ar e água limpos, não é mesmo? O único problema é que isso nunca existiu. Nenhuma água e nenhum ar já foram 100% puros, pelo menos não desde que Adão e Eva tomaram a decisão errada no Éden. Existem diferentes níveis de impureza com diferentes níveis de incertezas.

Ninguém quer respirar ar cheio de enxofre ou tomar água com esgoto. Assim, faz sentido remover algumas impurezas, mas não todo e qualquer vestígio de tudo em que cada ativista histérico pode pensar.

Há poços sendo fechados pelo governo porque contêm vestígios de produtos químicos menores do que você pode encontrar numa garrafa de refrigerante ou numa lata de cerveja.

Qualquer um de nós pode tornar o ar de sua própria casa mais limpo ao instalar todo tipo de filtros dispendiosos, e podemos eliminar muitas impurezas da água ao tomar apenas água que destilamos por nossa própria conta. Mas nós não fazemos isso, não é mesmo? Achamos que é muito caro, seja em dinheiro, seja em tempo.

Apenas quando estamos transferindo custos para outras pessoas é que agimos de forma tão extravagante. Fazer-nos pagar é uma maneira de nos fazer pensar.

As agências ambientais têm se divertido impondo restrições sobre como outras pessoas podem usar sua própria propriedade. Essas restrições podem reduzir o valor da propriedade pela metade ou até reduzi-lo a zero. Nunca faltam palavras bonitas para justificar isso.

Mas e se esses órgãos tivessem que indenizar o proprietário pelas perdas que impuseram a ele?

Se os benefícios das restrições para a "sociedade" superam as perdas para o proprietário, então faz sentido pagar o dinheiro, e todos saem ganhando. Porém, quando você confisca uma propriedade por vias tortuosas, pode apenas proferir algumas palavras pomposas e seguir em frente. Você não precisa avaliar coisa alguma em relação a coisa alguma.

Na realidade, muitas coisas sendo bancadas por encargos sem financiamento ou impostas a empresas e donos de propriedade não são para o benefício da "sociedade". Elas são para o benefício das carreiras ou dos egos daqueles que promovem os programas. É por isso que coisas que não podem ser justificadas têm que ser financiadas por debaixo dos panos.

REFLEXÕES SOBRE LIMITES DE MANDATO

O espelho d'água entre o Monumento a Washington e o Lincoln Memorial pode ser a única coisa em Washington que está refletindo. A preocupação com a tarefa sem fim de arrecadar fundos políticos, enfrentar desafios diários e tentar dar o enfoque correto à crise do dia deixa muito pouco tempo para os líderes políticos nacionais darem um passo para trás e contemplarem questões mais profundas e duradouras em meio ao turbilhão de eventos e retórica.

A reflexão não é um luxo, mas uma necessidade básica. Qualquer um que já tenha feito algo tão trivial quanto procurar uma casa sabe o quanto de tempo e pensamento é necessário para avaliar um lugar em relação a outro, e ambos em relação à conta bancária, sem falar nas demandas conflitantes de ir ao trabalho, garantir que as crianças estejam em uma boa escola e muitas outras considerações.

Imagine se em um ano você tivesse que decidir — e votar — sobre questões ambientais complexas, política externa em todo o mundo, questões raciais internas, defesa militar, nomeações judiciais, regulamentação de serviços públicos, produtos farmacêuticos, mercado de ações e segurança de minas, aeroportos, alimentos e vacinas. Mesmo que assumamos arbitrariamente que nada disso seja mais complicado do que comprar uma casa, quantas pessoas conseguiriam lidar com todos os problemas de comprar uma casa dez vezes em um ano?

Pior ainda, essas questões nacionais e internacionais não são o único — ou mesmo o principal — foco dos que estão no Congresso ou na Casa Branca. O principal objetivo deles é serem reeleitos. Esse também é o principal objetivo daqueles que trabalham para eles, ainda que, em teoria, esses concursados e nomeados trabalhem para o país e certamente sejam remunerados pelos pagadores de impostos.

Um dos argumentos mais fortes em favor dos limites de mandato é que uma regra de um único mandato liberaria um grande período de tempo e eliminaria um importante conflito de interesses entre os representantes eleitos e suas equipes, ao eliminar sua preocupação opressiva com a reeleição. Aqueles que defendem limites de mandato apenas para restringir a quantidade de mandatos sacrificam grande parte dessa vantagem, pois se forem permitidos três mandatos para um congressista, então em dois terços desses mandatos o congressista e sua equipe ainda estarão preocupados com a reeleição.

Se o receio é que dois anos sejam um tempo muito curto para um membro da Câmara dos Representantes conhecer o terreno e se tornar um legislador eficaz, então em vez de permitir três mandatos de dois anos, poderia ser estabelecido um mandato de seis anos. A questão é fazer com que as pessoas se concentrem nas preocupações nacionais, e não na própria reeleição.

Aqueles que temem que perderíamos a grande *expertise* que os membros do Congresso desenvolveram após anos lidando com certas questões não percebem que grande parte dessa *expertise* está na arte da manipulação, troca de favores, contabilidade criativa e outras formas de fraude. Aqueles que dominam a cena política nacional — e também muitas vezes a cena local — são especialistas apenas na lei e nas maquinações políticas.

Raramente verdadeiros especialistas em campos específicos possuem tanto o incentivo quanto os talentos políticos para serem eleitos para cargos públicos.

REFLEXÕES SOBRE LIMITES DE MANDATO

Um cirurgião, um engenheiro, um executivo corporativo, um cientista ou um consultor financeiro ganha muito mais do que o salário de qualquer funcionário público em Washington. Qual é o incentivo para alguém assim sacrificar o bem-estar presente de sua família e a segurança futura, a menos que seja tão motivado pelo desejo de poder que qualquer sacrifício pareça valer a pena?

Qualquer um com tal desejo de poder é a última pessoa a quem se deve delegar poder.

Uma das maiores decisões econômicas que poderíamos tomar seria pagar um milhão de dólares por ano para cada membro do Congresso, mas sem privilégios e sem aposentadoria. Pagar esse salário para cada membro do Congresso durante todo o século XXI custaria menos do que fazer funcionar o Departamento de Agricultura por um ano.

Isso se pagaria muitas vezes, pois muitas agências e programas do governo poderiam ser eliminadas por um Congresso não preocupado em arrecadar dinheiro de campanha de grupos de interesse que se beneficiam de burocracias aparentemente criadas para servir ao público.

Com um salário desses, as pessoas que estão no topo de muitos campos poderiam se dar ao luxo de passar um mandato em Washington cumprindo um dever cívico sem sacrificar suas famílias, e sem nenhuma perspectiva de que isso pudesse ser uma carreira da qual poderiam se aposentar com uma pensão.

A ausência de privilégios salientaria que esses indivíduos não são pseudodeuses, mas sim apenas cidadãos servindo temporariamente no governo. Eles também poderiam trazer alguma *expertise* real para Washington, *expertise* em algo além da política.

A SOBREVIVÊNCIA DA ESQUERDA

Os biólogos explicam como os organismos se adaptam a seu ambiente físico, mas os ideólogos também se adaptam a seu ambiente social. O fato mais fundamental sobre as ideias da esquerda política é que elas não funcionam. Portanto, não deveríamos nos surpreender de encontrar a esquerda concentrada em instituições em que as ideias não precisam funcionar para sobreviver.

O mundo acadêmico é o *habitat* natural das ideias mal formuladas, exceto nos campos em que existem provas decisivas, como ciência, matemática, engenharia, medicina — e atletismo. Em todos esses campos, de maneiras diferentes, chega um momento em que você faz acontecer ou se cala. Não deveria ser surpreendente que todos esses campos sejam exceções notáveis à dominação completa da esquerda nos *campi* de todos os Estados Unidos.

Nas ciências humanas, por exemplo, o teste do desconstrucionismo não é se ele pode exibir resultados tangíveis, mas se permanece na moda. Enquanto isso acontece, os professores habilidosos em suas artimanhas verbais podem esperar continuar recebendo salários de centenas de milhares de dólares.

Seria natural pensar que o colapso do comunismo em toda a Europa Oriental seria considerado um fracasso decisivo para o marxismo, mas os acadêmicos marxistas norte-americanos estão totalmente

A SOBREVIVÊNCIA DA ESQUERDA

impávidos. Seus salários e sua estabilidade no cargo não são afetados. Suas teorias continuam a florescer nas salas de aula, e seus periódicos continuam a ocupar as prateleiras das bibliotecas.

Em geral, o socialismo apresenta um histórico de fracassos tão flagrante que apenas um intelectual poderia ignorar ou contornar. Mesmo países que foram outrora mais prósperos que seus vizinhos se viram muito mais pobres que seus vizinhos após apenas uma geração de políticas socialistas. Sejam esses países vizinhos Gana e Costa do Marfim ou Mianmar e Tailândia, a história tem sido a mesma ao redor do mundo.

Nem o fracasso econômico é o pior disso. Os milhões de assassinados por Stalin, Mao e Pol Pot por motivos políticos são uma realidade ainda mais assustadora.

Aqueles que vivem e trabalham em um mundo em que há um resultado financeiro de uma empresa, um placar esportivo, um campo de batalha militar ou uma cirurgia de vida ou morte podem achar difícil avaliar plenamente a diferença entre esse tipo de mundo e um em que o único teste decisivo é se seus colegas gostam do que você está dizendo.

A academia é apenas um dos lugares onde imperam os critérios totalmente subjetivos, e onde predominam os esquerdistas. Da mesma forma, instituições subvencionadas, como fundações e museus, costumam não enfrentar nenhum teste além do que pessoas com ideias semelhantes julgam "estimulante", e o que permite que aqueles que administram essas instituições tenham a sensação inebriante de que estão "fazendo a diferença". O mesmo vale para instituições culturais apoiadas involuntariamente por pagadores de impostos, como o Smithsonian, o National Endowment for the Arts e o National Endowment for the Humanities.

De forma semelhante, a rádio e televisão "públicas" sustentadas pelos pagadores de impostos estão isoladas da realidade e são dominadas pela esquerda, não só nos Estados Unidos, mas também em outros países. Todas as panaceias da esquerda que resultaram em fome para milhões de pessoas em países que costumavam ter excedentes de alimentos para exportar, todas as palavras bonitas e realidades cruéis que causaram a fuga de milhões de suas terras natais, essas panaceias continuam vivas na televisão pública — muito parecidas com os filmes clássicos antigos com diálogos conhecidos que o cinéfilos repetem junto com os personagens na tela.

Essas instituições subvencionadas e isoladas, frequentemente cheias de desprezo pelos valores da sociedade norte-americana e da civilização ocidental, não são os únicos baluartes da contracultura de esquerda. Hollywood e Broadway também o são. Embora o *show business* enfrente a necessidade financeira de atrair público, a verdade do que os espetáculos retratam não é essencial. Se conseguirem torná-los impactantes e sedutores, então aqueles que criticam as incorreções históricas e o viés ideológico podem ser preteridos como pedantes irrelevantes.

Por que os esquerdistas conseguem excluir outros tipos de pessoas desses lugares? Porque aqueles que estão dispostos a se submeter ao teste da realidade, seja como empresário no mercado, seja como cirurgião no centro cirúrgico, têm muitos outros lugares onde podem trabalhar e viver. Eles não precisam de nichos especiais e protegidos onde ocultar e acalentar suas preciosas noções.

A adaptação darwiniana ao ambiente se aplica não só à natureza, mas também à sociedade. Assim como não encontramos águias vivendo no mar ou peixes vivendo no alto das montanhas, também não encontramos esquerdistas concentrados onde suas ideias precisam enfrentar o teste do desempenho.

A POLÍTICA EM UMA LIÇÃO

Henri Hazlitt escreveu um livro intitulado *Economics in One Lesson* [*Economia em uma única lição*]. O livro de Charles Murray, *What It Means to be a Libertarian* poderia ter sido intitulado *Politics in One Lesson* [Política em uma única lição]. Ao contrário de *The Bell Curve* [A curva do sino], do qual Murray é coautor, esse livro não possui notas de rodapé, apenas alguns diagramas muito simples, sendo um volume delgado escrito em um estilo fácil e ensaístico.

Raramente tanto conteúdo e sabedoria foram condensados em tão poucas palavras, demonstrando durante o processo que o argumento contra o Estado de bem-estar social e o Estado regulatório é muito direto. Aqueles que se opõem às conclusões de Murray certamente as considerarão "simplistas", pois argumentos elaborados e até mesmo intricados são vistos como sinais de sofisticação, em vez de expedientes desesperados para tentar salvar uma posição contrária aos fatos e à lógica evidentes.

Murray começa repassando as principais funções do governo que ele reduziria ou eliminaria. Ele eliminaria completamente toda a regulamentação governamental de produtos e serviços, deixando o direito de responsabilidade civil tratar dos "danos causados por produtos defeituosos em uso normal". Aliás, o requisito de que a garantia dos produtos seja restrita aos danos causados "em uso normal" seria por si só uma mudança revolucionária no direito de responsabilidade civil existente, no qual o comportamento perigoso do consumidor não impede que o fabricante seja responsabilizado por consequências adversas.

Nesta visão libertária, entre as pastas ministeriais do governo federal a serem completamente extintas, incluem-se os Departamentos de Agricultura, Comércio, Energia, Transporte e Desenvolvimento Urbano e Habitacional. Entre os programas a serem eliminados, destacam-se a Previdência Social, o Medicare, o Medicaid, ações antimonopólio, bem-estar social, exploração aeroespacial e toda a regulamentação de termos e condições de emprego, incluindo as leis de direitos civis.

Poder-se-ia pensar que uma agenda tão abrangente exigiria um livro volumoso para justificar o sacrifício de tantas vacas sagradas. Porém, na realidade, as justificativas políticas para essas atividades governamentais imensas são bastante vulneráveis, como Murray demonstra ao atingi-las com alguns golpes certeiros.

Apesar de todo seu libertarianismo inflexível, Murray rejeita a visão atomística de alguns intelectuais libertários, assim como rejeita as atitudes populares da "geração do eu" em relação à autorrealização, que "deram pouca atenção à paternidade e à vizinhança". De fato, uma de suas objeções mais contundentes ao Estado de bem-estar social é que ele delegou às burocracias governamentais "grande parte da responsabilidade por alimentar os famintos, socorrer os doentes, consolar os entristecidos, educar as crianças, cuidar dos idosos e punir os pecadores".

Em suma, muitas das coisas que os liberais dizem que deveriam ser feitas pela "sociedade", Murray concorda que deveriam ser feitas na sociedade — mas não pelo governo. Murray quer que atos humanitários sejam realizados ao nível individual e de maneiras que não causem dependência ou privem as pessoas de responsabilidade pessoal, dando carta branca ao governo federal para subsidiar comportamentos antissociais e autodestrutivos.

Uma das principais contribuições desse livro é expor a falácia das agências governamentais que utilizam comparações estatísticas entre "antes" e "depois" para confirmar o sucesso de suas atividades. Os benefícios alegados costumam fazer parte de uma tendência que começou muito antes do início do programa em questão, e a trajetória da linha de tendência não se alterou de forma visível posteriormente.

Assim, a maior queda na pobreza ocorreu ao longo da década de 1950, antes do início da "guerra à pobreza". No entanto, toda a continuação dessa tendência é creditada automaticamente aos programas sociais do governo que começaram na década de 1960. Trata-se basicamente do mesmo cenário quando se traça a tendência do aumento da representação negra nas profissões. Murray constata que "a inclinação mais íngreme da linha de tendência ocorreu no início da década de 1960, antes mesmo da Lei dos Direitos Civis de 1964".

É basicamente a mesma história com as tendências estatísticas após a aprovação de legislações sobre saúde, educação, segurança e trabalho. A tendência declinante nas taxas de morte em acidentes de carro ao longo de décadas se estabilizou após a imposição do limite de velocidade de 90 quilômetros por hora, e as pontuações nas provas escolares realmente declinaram após gastos federais substanciais em educação.

Murray admite francamente que suas propostas — que reduziriam o governo em mais da metade — não são politicamente factíveis hoje em dia, ou talvez nem mesmo durante sua vida. Porém, é claro que o objetivo principal de escrever um livro assim é iniciar o processo de mudança de mentalidade das pessoas. Grande parte do New Deal teria sido politicamente impossível apenas cinco anos antes de Franklin D. Roosevelt ser eleito.

O PADRÃO DOS UNGIDOS

Eles passaram a trabalhar com eficiência insuperável. Pleno emprego, máximo de produção resultante e bem-estar geral deveriam ter sido a consequência. Em vez disso, é fato que encontramos miséria, vergonha e, ao final de tudo, um rio de sangue.

— Joseph A. Schumpeter[1]

O que é intelectualmente interessante sobre as visões são seus pressupostos e seu raciocínio, mas o que é socialmente decisivo é até que ponto elas resistem à evidência. Com todas as teorias sociais sendo imperfeitas, o dano causado por suas imperfeições depende não só de em que medida diferem da realidade, mas também de com que agilidade se ajustam à evidência, voltando a se alinhar com os fatos. Uma teoria pode ser mais plausível, ou até mais consistente, do que outra, mas se também for mais dogmática, isso poderá torná-la mais perigosa do que uma teoria que não esteja inicialmente tão próxima da verdade, mas que seja mais capaz de se ajustar ao *feedback* do mundo real. A visão predominante de nosso tempo — a visão dos ungidos — tem demonstrado uma capacidade extraordinária de desafiar a evidência.

Padrões característicos se desenvolveram entre os ungidos para lidar com os fracassos repetidos das políticas baseadas em sua visão. Outros padrões se desenvolveram para aproveitar estatísticas de tal

O PADRÃO DOS UNGIDOS

maneira a escorar os pressupostos da visão, ainda que o mesmo conjunto de estatísticas contenha números que a contradigam. Finalmente, há o fenômeno dos profetas reverenciados entre os ungidos, que continuam a ser reverenciados mesmo quando suas previsões falham por ampla margem, repetidas vezes.

PADRÕES DE FRACASSO

Um padrão bem definido tem surgido repetidamente quando políticas favorecidas pelos ungidos acabam fracassando. Em geral, esse padrão apresenta quatro estágios:

Primeiro estágio. A "crise": Existe alguma situação, cujos aspectos negativos os ungidos propõem eliminar. Tal situação é caraterizada rotineiramente como uma "crise", mesmo que todas as situações humanas tenham aspectos negativos, e mesmo que raramente se solicite ou se forneçam evidências para mostrar como a situação em questão é singularmente ruim ou está ameaçando piorar. Às vezes, a situação descrita como "crise" já vem melhorando há anos.

Segundo estágio. A "solução": Políticas para acabar com a "crise" são defendidas pelos ungidos, que sustentam que essas políticas levarão ao resultado benéfico A. Os críticos afirmam que essas políticas levarão ao resultado prejudicial Z. Os ungidos descartam essas últimas alegações, considerando-as absurdas e "simplistas", ou até mesmo desonestas.

Terceiro estágio. Os resultados: As políticas são instituídas e levam ao resultado prejudicial Z.

Quarto estágio. A resposta: Aqueles que atribuem o resultado prejudicial Z às políticas instituídas são descartados, considerados como "simplistas" por ignorarem as "complexidades" envolvidas, já que "diversos fatores" contribuíram para determinar o resultado. O ônus da prova recai sobre os críticos, que têm que demonstrar com certeza que essas políticas por si só foram a única causa possível da piora que ocorreu. Nenhum ônus da prova recai sobre aqueles que tinham previsto a melhoria com tanta confiança. Aliás, costuma-se afirmar que tudo teria sido ainda pior, não fossem os maravilhosos programas que mitigaram os danos inevitáveis causados por outros fatores.

Exemplos desse padrão são muito frequentes. Três serão considerados aqui. O primeiro e mais geral envolve o conjunto de políticas de bem-estar social denominadas "guerra à pobreza" durante o governo do presidente Lyndon B. Johnson, mas que continuou com outros rótulos desde então. Em seguida, será considerada a política de introdução da "educação sexual" nas escolas públicas, como meio de reduzir a gravidez na adolescência e as doenças venéreas. O terceiro exemplo envolverá as políticas concebidas para reduzir a criminalidade, adotando uma abordagem menos punitiva, preocupando-se mais com políticas sociais preventivas de antemão e reabilitação posteriormente, além de demonstrar maior preocupação com os direitos legais dos réus em casos criminais.

A "guerra à pobreza"

As políticas governamentais concebidas para aliviar as privações dos pobres remontam a um tempo muito anterior à "guerra à pobreza" do presidente Johnson e, é claro, chegam muito além das fronteiras dos Estados Unidos. O que havia de diferente nesse conjunto específico de programas sociais, primeiro submetido ao Congresso durante o

O PADRÃO DOS UNGIDOS

governo Kennedy e depois promulgado em lei durante o governo Johnson, foi que seu propósito declarado era a redução da *dependência*, e não apenas a provisão de mais bens materiais aos pobres. Esse foi o tema recorrente da "guerra à pobreza", desde que o presidente Kennedy apresentou esse projeto de lei em 1962 até o presidente Johnson vê-lo aprovado e promulgar a lei em 1964.

John F. Kennedy declarou que o objetivo da "guerra à pobreza" era "ajudar nossos cidadãos menos afortunados a se ajudarem".[2] Ele disse: "Devemos encontrar maneiras de devolver muito mais independência a nossas pessoas dependentes."[3] Naquele momento, a questão toda do aumento dos gastos federais era "fortalecer e ampliar os serviços de reabilitação e prevenção" oferecidos às "pessoas que são dependentes ou que, de outra forma, se tornariam dependentes", de modo que se esperavam reduções a longo prazo nos gastos governamentais a partir de um declínio subsequente da dependência. Como afirmou o presidente Kennedy: "Em resumo, o bem-estar público deve ser mais do que uma operação de salvamento, que recolhe as ruínas das vidas humanas. Seu foco deve ser cada vez mais direcionado à prevenção e reabilitação, para reduzir não só o custo de longo prazo em termos orçamentários como também o custo de longo prazo em termos humanos."[4]

O mesmo tema de aumento dos gastos a curto prazo para economias a longo prazo, como resultado da redução da dependência, foi um tema repetido em um editorial do *New York Times*:

A mensagem de ontem do presidente Kennedy ao Congresso relativa ao bem-estar social decorre do reconhecimento de que nenhuma solução duradoura para o problema pode ser comprada com um cheque de auxílio. A ajuda financeira para os necessitados deve ser complementada com uma gama significativamente expandida de serviços profissionais e comunitários. Sua meta: evitar que homens, mulheres e crianças tenham que depender da assistência pública, tornando-os cidadãos úteis e criativos. O presidente não faz de conta que será barato prover o aumento de pessoal, instalações e abonos para reabilitação. Na verdade, o custo inicial será maior do que a mera continuidade de subsídios. Os dividendos virão na restauração da dignidade individual e na redução a longo prazo da necessidade de ajuda governamental.[5]

A publicação *Congressional Quarterly* da mesma data (2 de fevereiro de 1962) também relatou: "O presidente enfatizou que o programa de bem-estar social deve ser direcionado para a prevenção da dependência e a reabilitação dos atuais beneficiários de auxílio."[6]

O mesmo tema se manteve no governo Johnson, onde o programa de combate à pobreza foi apresentado como uma maneira de "quebrar o ciclo da pobreza" e transformar "beneficiários de impostos em pagadores de impostos".[7] "Dê uma mão, não uma esmola" era o *slogan* na "guerra à pobreza". Em conformidade com esse tema, o presidente Johnson disse em agosto de 1964, quando a legislação foi finalmente aprovada: "Os dias de assistencialismo em nosso país estão contados."[8] Esse impulso inicial dos programas de guerra à pobreza deve ser claramente reconhecido desde o início, pois uma das muitas respostas às falhas dos programas governamentais tem sido redefinir seus objetivos após o fato, para fazer os programas parecerem "bem-sucedidos".

Um tema adicional da "guerra à pobreza" era que os programas sociais eram uma maneira de prevenir a violência urbana. Lyndon Johnson falou a respeito das "condições que geram desespero e violência". Ele declarou: "Todos nós sabemos quais são essas condições: ignorância, discriminação, favelas, pobreza, doença, falta de empregos."[9]

O mesmo tema ecoou no célebre relatório da Comissão Kerner de 1968 sobre os distúrbios nos guetos, que declarou que a discriminação e a segregação generalizadas são "a fonte do ressentimento mais profundo e estão no centro do problema dos tumultos raciais".[10] Os

O PADRÃO DOS UNGIDOS

distúrbios de 1967 foram atribuídos ao "fracasso de todos os níveis de governo — federal, estadual e local — em enfrentar os problemas de nossas cidades". Em consonância com esse tema de que as condições sociais desfavoráveis e a negligência oficial levam ao desespero, que por sua vez leva à violência, os líderes pelos direitos civis e outros porta-vozes de minorias começaram a prever regularmente "um verão longo e quente" de violência se suas demandas por mais programas governamentais não fossem atendidas.[11] Essas previsões se tornaram um elemento importante do discurso político e têm permanecido assim ao longo dos anos. As agências governamentais que procuram expandir seus orçamentos e ampliar seus poderes também estimularam a crença de que os programas sociais reduziam a incidência de distúrbios e outras formas de violência, enquanto uma redução desses programas agravaria a desordem civil.[12]

Um conjunto diametralmente oposto de crenças e previsões veio de críticos das propostas da "guerra à pobreza". O senador Barry Goldwater previu que esses programas "incentivariam a pobreza" ao encorajar "cada vez mais pessoas a se juntarem às fileiras daqueles que são sustentados pelo governo".[13] Ele tampouco esperava que os programas sociais expandidos levassem a uma sociedade mais harmoniosa, pois enxergava a filosofia subjacente como uma "tentativa de dividir os norte-americanos" em classes sociais, de "rotular as pessoas e criar norte-americanos com dupla identidade".[14] À medida que esses programas avançavam, os prefeitos de Los Angeles, San Francisco e Detroit passaram a culpar a "guerra à pobreza" por "fomentar a luta de classes" por meio de seu apoio a ativistas comunitários, intelectuais radicais e outros com interesse pessoal na insatisfação e na desordem.[15] A suposição de que os aumentos iniciais nos gastos governamentais com programas sociais levariam a uma redução nos gastos em anos posteriores, conforme a dependência diminuísse, também foi contestada por opositores como o colunista Henry Hazlitt, que disse:

"Podemos esperar que a despesa cresça geometricamente com o passar dos anos."[16]

Do ponto de vista analítico, as questões eram praticamente ideais para teste: dois conjuntos de crenças conflitantes levavam logicamente a conclusões opostas, formuladas em termos que poderiam ser testados empiricamente. No entanto, quase nunca foram realizados testes empíricos desse tipo. As concepções expressas na visão dos ungidos tornaram-se axiomáticas. Um reexame dessa visão, enquanto aplicada à "guerra à pobreza", mostra que ela passou pelos quatro estágios já descritos:

Primeiro estágio. A "crise": Considerando que o propósito da "guerra à pobreza" era reduzir a dependência, a pergunta é a seguinte: quanta dependência havia na época e estava aumentando ou diminuindo antes da instituição das novas políticas? Em suma, qual era a "crise" para a qual os ungidos estavam propondo uma "solução"?

Quando os programas de "guerra à pobreza" começaram, a quantidade de pessoas que viviam abaixo da linha oficial da pobreza vinha declinando continuamente desde 1960, e era apenas cerca da metade do que havia sido em 1950.[17] Quanto à questão mais fundamental da *dependência*, a situação estava melhorando de maneira ainda mais evidente. A proporção de pessoas cujos ganhos as colocavam abaixo do nível da pobreza, *sem contar com benefícios governamentais*, decresceu em cerca de um terço entre 1950 e 1965.[18] Em resumo, a dependência de transferências governamentais como meio de evitar a pobreza vinha diminuindo quando a "guerra à pobreza" começou.

Segundo estágio. A "solução": Em 1964, a Lei de Oportunidade Econômica foi aprovada, gerando o Escritório de Oportunidades Econômicas, a agência responsável pela "guerra à pobreza". Como um

O PADRÃO DOS UNGIDOS

historiador dos programas de combate à pobreza afirmou: "O Congresso foi rápido em aprovar um programa que poderia ajudar a assistência social a definhar e desaparecer."[19] O Conselho de Assessores Econômicos declarou: "A subjugação da pobreza está plenamente a nosso alcance."

Terceiro estágio. Os resultados: A porcentagem de pessoas dependentes do governo federal para permanecer acima da linha da pobreza *aumentou*. Embora a quantidade dessas pessoas dependentes estivesse diminuindo por mais de uma década antes do início dos programas de "guerra à pobreza", essa tendência de queda se reverteu e começou a subir alguns anos após o início desse programa.[20]

A pobreza oficial continuou a declinar por algum tempo, conforme os imensos gastos federais colocavam muitos indivíduos acima da linha oficial da pobreza, mas não fora da esfera da dependência, que era o objetivo original. No entanto, com o tempo, até mesmo a pobreza oficial começou a aumentar, de modo que uma quantidade maior de pessoas se achava em situação de pobreza em 1992 do que em 1964, quando a "guerra à pobreza" começou.[21] Embora o Escritório de Oportunidades Econômicas em si fosse modestamente financiado, pelos padrões governamentais, ele era uma ponta de lança, um catalisador e, até certo ponto, também um coordenador dos programas de combate à pobreza em outras agências. A grande expansão dos programas sociais de combate à pobreza continuou mesmo após a extinção do Escritório de Oportunidades Econômicas em 1974, e seus programas foram redistribuídos para outras agências. Os gastos federais totais em programas para os pobres se expandiram quando as regras de qualificação para assistência social e previdência social foram flexibilizadas, o valor dos benefícios foi aumentado, e o seguro-desemprego foi disponibilizado para mais pessoas e por períodos de tempo mais longos.[22]

THOMAS SOWELL • ESSENCIAL

Apesar das alegações iniciais de que diversos serviços governamentais levariam a uma redução dos gastos federais com programas de bem-estar social conforme mais pessoas se tornassem autossuficientes, ocorreu exatamente o contrário. A quantidade de pessoas recebendo auxílio público mais do que dobrou entre 1960 e 1977.[23] O valor em dólares de habitação social aumentou quase cinco vezes em uma década, e a quantia gasta em auxílio-alimentação aumentou mais de dez vezes. Todos os benefícios fornecidos pelo governo em forma de serviços aumentaram cerca de oito vezes entre 1965 e 1969, e mais de 20 vezes em 1974.[24] Os gastos federais com esses programas de bem-estar social não só aumentaram em termos de dólares e em termos reais como também como porcentagem do Produto Nacional Bruto do país, passando de 8% do PNB em 1960 para 16% em 1974.[25]

Quanto aos distúrbios em guetos urbanos, eles se espalharam pelo país durante esse período.[26] Mais tarde, diminuíram drasticamente após o início do governo Nixon, que se opôs a toda a abordagem da "guerra à pobreza" e acabou extinguido o Escritório de Oportunidades Econômicas, que havia sido a ponta de lança desse programa. Tempos depois, durante os oito anos do governo Reagan — supostamente o ápice do descaso —, os principais distúrbios urbanos praticamente desapareceram. O fato de que o rumo real dos acontecimentos seguiu um padrão diametralmente oposto ao que era presumido e apregoado por aqueles com a visão dos ungidos não fez a menor diferença nas políticas que eles defendiam ou nos pressupostos por trás dessas políticas. Nesse aspecto, como em outros, a visão dos ungidos tinha alcançado um status sagrado, hermeticamente isolado da influência contaminadora dos fatos.

Quarto estágio. A resposta: O fracasso da "guerra à pobreza" em alcançar seu objetivo de reduzir a dependência — e, na realidade, *aumentando* a dependência conforme essas políticas foram colocadas em

O PADRÃO DOS UNGIDOS

prática — não trouxe nenhum reconhecimento de insucesso. Nas diversas avaliações retrospectivas desses programas nos anos e nas décadas seguintes, grande parte de seus defensores políticos e midiáticos ignorou decididamente o objetivo original de reduzir a dependência. Ao contrário, o objetivo foi redefinido como sendo a redução da pobreza mediante a transferência de recursos. Como afirmou Hodding Carter III, ex-assessor da Casa Branca de Johnson: "Milhões de pessoas foram tiradas da pobreza durante o período, ou tiveram seu drama consideravelmente aliviado, por meio de programas governamentais e gastos públicos."[27] Um membro do gabinete do presidente Johnson sugeriu ainda outro critério de sucesso: "Pergunte aos 11 milhões de estudantes que receberam empréstimos para sua educação superior se a Lei de Ensino Superior não teve êxito." Questões semelhantes foram sugeridas para aqueles que utilizaram uma ampla gama de outros programas governamentais.[28] Em suma, o teste para saber se um programa foi bom para o país como um todo era se aqueles que se beneficiaram pessoalmente dele o consideravam benéfico. Ainda uma terceira linha de defesa de políticas fracassadas tem sido reivindicar mérito moral por suas boas intenções. Hodding Carter III foi apenas um entre muitos a usar essa defesa quando escreveu sobre a "guerra à pobreza" como "uma clara e constante tendência distante do longo e vergonhoso descaso da maioria por essa outra América invisível, que está no desamparo absoluto".[29]

O entusiasmo e a inspiração da elite estavam ligadas à redenção moral das massas indiferentes. Numa homenagem ao vigésimo aniversário dos programas sociais do governo Johnson, outro ex-assessor do presidente Johnson referiu-se à "visão que estimulou e inspirou o país".[30] A senhora Johnson falou a respeito do "sentido de cuidado" e a "exaltação" das iniciativas de seu marido.[31] Finalmente, afirmou-se que as coisas teriam sido ainda piores se não fossem esses programas. "A questão não é qual é o resultado hoje — com a pobreza em alta —, mas onde estaríamos se não tivéssemos esses programa em vigor", afirmou o professor Sheldon Danziger, diretor do Instituto de Pesquisa sobre Pobreza da Universidade de Wisconsin. "Acho que teríamos taxas de pobreza acima de 25%."[32] Ainda que a pobreza e a dependência estivessem diminuindo durante anos antes do início da "guerra à pobreza", o professor Danziger preferiu afirmar que as taxas de pobreza teriam aumentado. Não há resposta possível para essas afirmações do tipo "cara, eu ganho; coroa, você perde", exceto notar que elas justificariam qualquer política sobre qualquer assunto em qualquer lugar, independentemente de suas consequências observadas empiricamente.

Em suma, aconteça o que acontecer, a visão dos ungidos sempre triunfa, se não pelos critérios originais, então pelos critérios improvisados posteriormente — e se não pelos critérios empíricos, então por critérios suficientemente subjetivos para fugir até mesmo da possibilidade de refutação. A evidência se torna irrelevante.

Educação sexual

Entre as diversas cruzadas que prosperaram na década de 1960, destacou-se a campanha para disseminar a educação sexual nas escolas públicas e por outros meios. Em 1964, entre as primeiras ações do Escritório de Oportunidades Econômicas, incluiu-se a concessão de uma subvenção a uma unidade de Planejamento Familiar no Texas. De um dispêndio total de menos de meio milhão de dólares no ano fiscal de 1965, o Escritório de Oportunidades Econômicas expandiu seu financiamento relativo à educação sexual mais de cinco vezes no ano fiscal de 1966.[33] No final da década de 1960, não só o governo federal começou a expandir significativamente seus gastos próprios com educação sexual — frequentemente conhecida como "planejamento familiar" ou

O PADRÃO DOS UNGIDOS

por outros eufemismos — como também passou a exigir que os Estados promovessem esses programas. A quantidade de pacientes atendidos por clínicas de "planejamento familiar" aumentou cerca de cinco vezes entre 1968 e 1978.[34] Já em 1968, a Associação Nacional de Educação [NEA, na sigla em inglês], em sua publicação *NEA Journal*, afirmava que um projeto financiado pelo governo federal em uma escola de Washington "demonstrou a necessidade de educação sexual como parte integrante do currículo escolar a partir das séries iniciais". Algumas das meninas grávidas que foram aconselhadas "relataram que achavam que, se tivessem estudado sexualidade humana com professores compreensivos durante o ensino fundamental, não teriam engravidado".[35] A educação sexual e as clínicas de "planejamento familiar" — assim chamadas apesar de terem sido criadas para prevenir a gestação — não só cresceram rapidamente, mas também mudaram o público atendido. Como um estudo dessa época afirmou:

> Os serviços de planejamento familiar cresceram extraordinariamente entre meados da década de 1960 e meados da década de 1970. Em 1964, o governo federal fez sua primeira subvenção relativa ao planejamento familiar, que atendia apenas mulheres casadas. Em 1970, o Congresso aprovou a primeira legislação nacional de planejamento familiar e população. Os gastos federais aumentaram de 16 milhões de dólares para quase 200 milhões de dólares. Em 1969, havia menos de 250 mil adolescentes usando as clínicas de planejamento familiar; em 1976, esse número havia crescido para 1,2 milhão.[36]

Segundo o Instituto Alan Guttmacher, importante organização de pesquisa e defesa que promove a educação sexual, o apoio do governo federal aos "serviços de planejamento familiar" cresceu de menos de 14 milhões de dólares em 1968 para 279 milhões de dólares uma década depois,[37] um aumento de quase 20 vezes. No início da década de

1980, quase dois terços do dinheiro recebido pelas agência de "planejamento familiar" vinham do governo federal.[38] Qual era o propósito de toda essa atividade? "A educação sexual é considerada um dos principais recursos para ajudar as adolescentes a evitar a gravidez indesejada", conforme um comentário típico da época.[39] Novamente, temos um padrão de quatro estágios:

Primeiro estágio. A "crise": Em 1968, afirmou-se o seguinte: "[...] a educação e a orientação sobre a contracepção são agora urgentemente necessárias para ajudar a prevenir a gravidez e a ilegitimidade em garotas do ensino médio".[40] Em 1966, o diretor do Planejamento Familiar testemunhou perante um subcomitê do Congresso quanto à necessidade da educação sexual "para ajudar as jovens a reduzir a incidência de nascimentos fora do casamento e casamentos precoces determinados pela gravidez".[41] A incidência de doenças venéreas entre os jovens foi mencionada pelo diretor do Conselho de Educação da Cidade de Nova York como evidência da necessidade de "um programa educacional urgente". Em 1969, um artigo publicado no *American School Board Journal* descreveu a educação sexual como uma forma de combater "a ilegitimidade e as doenças venéreas".[42] A *PTA Magazine* também recomendou a educação sexual para combater "a escalada vertiginosa da taxa de doenças venéreas, a gravidez antes do casamento e os resultados emocionalmente desastrosos do comportamento sexual irresponsável".[43]

Diversas fontes veicularam declarações semelhantes. Porém, qual era realmente a situação quando esse gênero de mentalidade de "crise" estava sendo usado para pressionar por mais educação sexual nas escolas? As taxas de fertilidade entre as adolescentes vinham *declinando* por mais de uma década desde 1957.[44] As doenças venéreas também estava em *declínio*. Por exemplo, a taxa de infecção por gonorreia diminuiu a cada ano de 1950 a 1959, e a taxa de infecção por sífilis era, em 1960, menos da metade do que havia sido em 1950.[45] Essa era a "crise" que o auxílio federal deveria resolver.

Segundo estágio. A "solução": Um auxílio federal significativo para programas de educação sexual nas escolas e para clínicas de "planejamento familiar" foi defendido para combater a gravidez na adolescência e as doenças venéreas. Após a educação sexual, segundo um "professor da vida familiar", um garoto "verá uma menor necessidade de experimentação casual, irresponsável e autocentrada com sexo".[46] Os críticos se opuseram a tais ações por diversos motivos, incluindo a convicção de que a educação sexual resultaria em mais atividade sexual, em vez de menos, e também a mais gravidez na adolescência. Essas opiniões foram desprezadas pela mídia, pela política e também pelos defensores da educação sexual. O editorial do *New York Times* rejeitou "emoções e tradição não examinada" nessa área,[47] e seu editor de educação declarou: "Temer que a educação sexual se torne sinônimo de maior permissividade sexual é entender mal o propósito fundamental de toda iniciativa".[48] Como em muitos outros casos, as *intenções* eram o critério da visão dos ungidos.

Terceiro estágio. Os resultados: Já em 1968, quase metade de todas as escolas norte-americanas — públicas e privadas, religiosas e seculares — ofereciam aulas de educação sexual, e isso estava crescendo rapidamente.[49] Conforme os programas de educação sexual se espalhavam amplamente pelo sistema educacional na década de 1970, a taxa de gravidez entre as jovens de quinze a dezenove anos aumentou de cerca de 68 por mil em 1970 para cerca de 96 por mil em 1980.[50] Entre as jovens não casadas de quinze a dezessete anos, as taxas de natalidade aumentaram 29% entre 1970 e 1984,[51] apesar do crescimento significativo nos abortos, que mais do que dobraram no mesmo período. Em 1974, entre as jovens com menos de quinze anos, a quantidade de abortos superou a quantidade de recém-nascidos vivos.[52] Não foi difícil descobrir o motivo: de acordo com o Instituto Alan Guttmacher, em 1976, a porcentagem de adolescentes não casadas que tinham mantido relações sexuais era maior em cada faixa etária dos quinze aos dezenove anos do que era cinco anos antes.[53] A taxa de gonorreia entre adolescentes triplicou entre 1956 e 1975.[54] Sargent Shriver, ex--diretor do Escritório de Oportunidades Econômicas, que comandou a ofensiva inicial em favor de mais educação sexual e clínicas de "planejamento familiar", testemunhou com toda a franqueza perante um Comitê do Congresso em 1978: "Assim como as doenças venéreas dispararam 350% nos últimos 15 anos, quando tivemos mais clínicas, mais pílulas anticoncepcionais e mais educação sexual do que nunca na história, a gravidez na adolescência aumentou".[55] No entanto, essa sinceridade foi exceção em vez de regra entre aqueles que pressionaram em favor de educação sexual e clínicas de controle de natalidade ("planejamento familiar").

Quarto estágio. A resposta: Os defensores da educação sexual continuaram a considerar axiomática a necessidade de mais educação sexual para combater a gravidez na adolescência e as doenças venéreas. Até mesmo em 1980, e apesar do acúmulo de evidências, o Instituto Alan Guttmacher declarou: "A gravidez na adolescência pode, por meio de melhores serviços educacionais e preventivos, ser, se não totalmente evitada, pelo menos reduzida, e mediante melhores serviços de maternidade, aborto e assistência social, ser reduzida em seu impacto pessoal na adolescente que fica grávida." A oposição à educação sexual continuou a ser rejeitada como uma "visão simplista" pela revista especializada *The American Biology Teacher.*[56] O congressista James H. Scheuer, de Nova York, considerou que as estatísticas alarmantes sobre o aumento da gravidez na adolescência só "destacam

O PADRÃO DOS UNGIDOS

a necessidade de uma firme liderança do governo federal na solução desse problema".[57] A própria possibilidade de que uma "firme liderança" federal pudesse ter piorado a situação nem sequer foi mencionada. Também para o Instituto Alan Guttmacher, uma "quase quadruplicação" das doenças venéreas entre 1960 e 1972[58] apenas mostrou que mais "programas nacionais abrangentes, conduzidos através do sistema escolar público, são necessários e são há muito esperados".[59]

A oposição à educação sexual foi descrita como "uma ameaça para uma sociedade democrática".[60] Quando confrontados com evidências de que a gravidez e os abortos aumentaram na década de 1970, os defensores da educação sexual costumam negar que a educação sexual tenha se disseminado durante aquela década, restringindo a expressão "educação sexual" à educação sexual *obrigatória*, que acabou se tornando compulsória mais tarde.

Embora os programas de educação sexual tenham sido apregoados ao público, ao Congresso e aos profissionais da educação como maneiras de reduzir males sociais tangíveis como gravidez na adolescência e doenças venéreas, grande parte dos líderes desse movimento sempre teve um plano mais amplo. Como apontou cautelosamente o relatório de um comitê do Congresso: "O objetivo principal das iniciativas federais em vida familiar e educação sexual tem sido reduzir as taxas de gravidez indesejada entre adolescentes, enquanto o objetivo principal dos educadores sexuais parece ser o estímulo de atitudes saudáveis em relação ao sexo e à sexualidade."[61]

Em resumo, por mais proveitosa politicamente que possa ser a preocupação pública com a gravidez na adolescência e as doenças venéreas na obtenção de dinheiro do governo e no acesso a uma plateia cativa nas escolas públicas, o objetivo real era mudar as *atitudes* dos estudantes — sem rodeios, fazer a lavagem cerebral neles com a visão dos ungidos, para substituir os valores que lhes foram ensinados em casa. Nas palavras de um artigo no *Journal of School Health*, a educação sexual apresenta "uma oportunidade estimulante para desenvolver novas normas".[62] Apenas em função desse plano faz sentido que a chamada "educação sexual" seja defendida para se desenrolar ao longo dos anos escolares — desde o jardim de infância até a faculdade —, quando certamente não seria necessário tanto tempo para dar informações básicas de biologia ou medicina sobre sexo. O que exige tanto tempo é uma constante doutrinação em novas atitudes.[63] Um exemplo dessa doutrinação pode ser útil:

> Um programa de instrução sexual para alunos da segunda etapa do ensino fundamental, com idades entre treze e catorze anos, exibe fotogramas de quatro casais nus, dois homossexuais e dois heterossexuais, praticando uma série de atos sexuais explícitos, e os professores são alertados com uma nota de advertência dos educadores sexuais para não mostrar o material para os pais ou amigos: "Grande parte dos materiais deste programa apresentados a pessoas fora do âmbito do próprio programa pode provocar mal-entendidos e dificuldades."[64]

Os pais que ficaram sabendo desse programa e protestaram foram prontamente rotulados como "fundamentalistas" e "extremistas de direita", embora fossem, na verdade, episcopais abastados em Connecticut.[65] Eis um exemplo quase didático da visão dos ungidos, antecipando as decisões dos pais sobre quando e como seus próprios filhos devem ser introduzidos ao sexo, e repudiando sumariamente aqueles com pontos de vista distintos. Esse episódio tampouco foi peculiar a essa escola em particular. Episódios semelhantes têm acontecido por todo o país.[66] Os pais são desconsiderados tanto nas discussões de políticas públicas, quanto nos materiais fornecidos aos alunos nas escolas.[67] Um comentário típico dos "especialistas" é que "o sexo e a sexualidade se tornaram complexos e técnicos demais para serem

O PADRÃO DOS UNGIDOS

deixados aos progenitores, que são desinformados ou muito tímidos para compartilhar informações úteis sobre sexo com seus filhos".[68]

Essa certeza absoluta de terem razão, chegando ao ponto de contornar os progenitores, está em completa consonância com a visão, por mais inconsistente que seja após décadas de evidência empírica sobre as consequências reais de "atitudes saudáveis em relação ao sexo" como promovidas pelos "especialistas". O ponto principal acerca da campanha pela educação sexual, da perspectiva de entender a visão dos ungidos, é que a evidência provou ser tão irrelevante aqui quanto em outras questões.

Justiça criminal

Como tantas tendências sociais negativas, as taxas de criminalidade crescentes começaram na década de 1960, em meio a um otimismo radiante sobre o quão melhor as coisas poderiam ser se as crenças tradicionais da maioria fossem substituídas pelos novos insights especiais da minoria. No entanto, no caso da justiça criminal, as mudanças nas políticas não se originaram só da legislação, mas também das decisões e políticas judiciais e administrativas. Porém, o espírito da época por si só não desencadeou as políticas em mudança que dependiam de pessoas específicas realizando coisas específicas. Entre as principais pessoas cujas palavras e ações definiram o tom para as mudanças do sistema de justiça criminal na década de 1960, destacaram-se o presidente da Suprema Corte dos Estados Unidos, o procurador-geral dos Estados Unidos e o juiz-chefe do Tribunal de Apelações do Circuito para o Distrito de Colúmbia, então e agora considerado de fato o segundo tribunal mais importante do país. Pelo nome, eram Earl Warren, Ramsey Clark e David L. Bazelon, respectivamente. Qual era o problema ou "crise" que eles estavam tentando "resolver"?

Primeiro estágio. A "crise": Embora o juiz-chefe Bazelon tenha dito em 1960 que "precisamos desesperadamente de toda ajuda possível dos cientistas comportamentais modernos"[69] para lidar com o direito penal, os fatos concretos sugerem que não havia tal desespero ou crise. Como os dados de crime mais confiáveis a longo prazo são sobre homicídios, qual era a taxa de homicídios naquele momento? Nos Estados Unidos, em 1960, o número de homicídios cometidos foi menor do que em 1950, 1940 ou 1930, mesmo com o crescimento populacional ao longo dessas décadas e os homicídios nos dois novos Estados do Havaí e do Alasca sendo contabilizados nas estatísticas nacionais pela primeira vez em 1960.[70] Nesse ano, a *taxa* de homicídios, em proporção à população, era pouco menos da metade do que havia sido em 1934.[71]

Na visão do juiz Bazelon sobre o sistema de justiça criminal em 1960, o problema não estava na "chamada população criminal",[72] mas sim na sociedade, cuja "necessidade de punir" era um "impulso primitivo, irracional demais"[73] — aliás, um "medo infantil profundo de que, com qualquer redução da punição, multidões ficariam fora de controle".[74] Era esse "espírito vingativo", essa "irracionalidade" de "ideias e práticas relativas à punição"[75] que tinha que ser corrigida. Segundo o juiz Bazelon, o criminoso "é como nós, apenas um tanto mais fraco", e "precisa de ajuda se ele vai trazer à tona o bem dentro de si mesmo e conter o mal".[76] De fato, a sociedade é culpada por "criar essa classe especial de seres humanos", por seu "fracasso social" para o qual "o criminoso serve como bode expiatório".[77] A punição em si é um "processo desumanizador" e uma "estigmatização social" que só fomenta mais crimes.[78] Como os criminosos "possuem um problema especial e precisam de ajuda especial", o juiz Bazelon defendeu "tratamento psiquiátrico" com "técnicas novas e mais sofisticadas", e perguntou: "Seria mesmo o fim do mundo se todas as cadeias fossem convertidas em hospitais ou centros de reabilitação?"[79]

O PADRÃO DOS UNGIDOS

Os pontos de vista do juiz-chefe Bazelon não eram opiniões isoladas de um homem, mas expressavam uma visão generalizada entre os ungidos, muitos dos quais o idolatravam por tais declarações.[80] A mesma visão terapêutica ainda era evidente mais de um quarto de século depois, quando o juiz da Suprema Corte William J. Brennan se referiu à "etiologia do crime", para a qual ele pediu a ajuda de "psiquiatras e psicólogos", além de "especialistas em ciências comportamentais".[81] O juiz William O. Douglas, colega de longa data de Brennan na Suprema Corte, também adotou a abordagem terapêutica: "A reabilitação dos criminosos raramente foi tentada. Matá-los ou prendê-los é um método antigo, testado e comprovado. Por que não dirigir nossos olhares para a reabilitação?"[82]

A visão terapêutica também impregnou os escritos e discursos de Ramsey Clark, procurador-geral do presidente Lyndon Johnson:

A reabilitação deve ser o objetivo das correções modernas. Todas as outras considerações devem ser subordinadas a ela. Reabilitar significa proporcionar saúde, liberdade de drogas e álcool, educação, formação profissional, compreensão e capacidade de contribuir para a sociedade.

A reabilitação significa que o propósito da lei é a justiça, e que, como um povo generoso, desejamos dar a cada indivíduo sua oportunidade de realização. A teoria da reabilitação se baseia na crença de que pessoas saudáveis e racionais não prejudicarão os outros, que entenderão que o indivíduo e sua sociedade são mais bem servidos por condutas que não causam danos, e que uma sociedade justa possui a capacidade de propiciar saúde, propósito e oportunidade para todos os seus cidadãos. Reabilitado, um indivíduo não terá a capacidade de — não conseguirá se forçar a — prejudicar o outro ou tomar ou destruir propriedade.[83]

Segundo o procurador-geral Clark, tal como o juiz-chefe Bazelon e outros, o problema residia no público ignorante e em suas atitudes ultrapassadas. A sociedade impõe longas sentenças de prisão "porque estamos com raiva", de acordo com Clark, mas "isso não vai reduzir a criminalidade". Ele disse: "Se estamos preocupados com a segurança pública, a questão é como as pessoas condenadas por crimes podem ser reabilitadas, e não por quanto tempo devem ser mantidas na prisão."[84] Novamente, torna-se necessário enfatizar que essas não era opiniões isoladas de um homem. O livro de Ramsey Clark, *Crime in America*, foi muito elogiado entre as elites opinativas. Por exemplo, Tom Wicker, colunista do *New York Times*, chamou Clark de "um profissional notavelmente versado" e elogiou sua "generosidade e compreensão", além de sua "coragem, persistência e eloquência".[85] A revista *Saturday Review* considerou *Crime in America* um dos "melhores livros sobre violência publicados nos Estados Unidos".[86] Elogios semelhantes apareceram na revista *Time*,[87] na revista *The New Republic*,[88] e até mesmo em Londres, o semanário *Times Literary Supplement* disse em sua resenha de *Crime in America* que ninguém "fez mais para expor o problema e apontar o caminho para a melhoria do que Ramsey Clark".[89] Acima de tudo, o procurador-geral, o juiz-chefe Bazelon e os juízes da Suprema Corte não eram simplesmente pessoas cujas palavras recebiam grande atenção e aprovação pública das elites formadoras de opinião. Eles eram pessoas em posição de agir.

Segundo estágio. A "solução": Na década de 1960, uma série de decisões marcantes da Suprema Corte mudou o curso da justiça criminal nos Estados Unidos. Os casos *Mapp v. Ohio* (1961), *Escobedo v. Illinois* (1964) e *Miranda v. Arizona* (1966) ampliaram sucessivamente os direitos dos criminosos sob custódia policial ao invalidar suas condenações se os procedimentos especificados pelos tribunais não fossem

O PADRÃO DOS UNGIDOS

seguidos à risca pela polícia. O caso *Gideon v. Wainwright* (1963) exigiu que os Estados fornecessem defensores públicos para os réus criminais, sujeitos à ameaça de que as condenações deles seriam revogadas, mesmo que a culpa fosse indiscutível, quando tais defensores não fossem fornecidos. Na Califórnia, mesmo quando defensores públicos eram fornecidos, se as estratégias de defesa desses advogados fossem questionadas pelos juízes de apelação e consideradas inadequadas, as condenações poderiam ser revogadas com base na negação do direito constitucional à assistência jurídica.[90]

Embora a Suprema Corte norte-americana tenha iniciado sua revolução judicial em direito penal na década de 1960, o juiz-chefe Bazelon, ainda antes disso, ampliou o escopo da defesa baseada em "insanidade" no caso emblemático de *Durham v. United States* (1954), e ele continuou a conduzir o Tribunal de Apelações do Circuito para o Distrito de Colúmbia em direção a visões mais amplas dos direitos dos criminosos. Além disso, os tribunais em todo o país envolveram-se cada vez mais na administração das prisões, determinando melhores condições de vida e impondo ao sistema prisional o dever de fornecer aos detentos acesso a livros de direito para elaborar recursos de suas condenações. Ademais, as sentenças eram menos frequentemente aplicadas e tendiam a ser de menor duração.[91]

Em resumo, a visão dos ungidos triunfou no sistema de justiça criminal. Os pressupostos subjacentes a suas ações eram os mesmos de outros lugares. As presunções generalizadas sobre a irracionalidade e mesquinhez do público foram feitas sem nenhuma evidência ou senso de necessidade de evidências. Por outro lado, a validade e aplicabilidade das crenças dos "especialistas" eram consideradas como axiomáticas. Por exemplo, o juiz Bazelon referiu-se à defesa baseada em insanidade como "simplesmente uma maneira de acolher o psiquiatra no tribunal".[92] Independentemente dos méritos ou deméritos dessa postura, ela cumpriu os requisitos essenciais relativos à visão dos ungidos: estabeleceu que os ungidos e os ignorantes estavam em planos morais e intelectuais bastante diferentes, e justificou tirar as decisões das mãos daqueles que aprovavam as leis existentes em resposta aos eleitores e colocar essas decisões nas mãos de juízes receptivos àqueles com *"expertise"*. Além disso, colocou o ônus da prova sobre os outros. Como o juiz Bazelon afirmou, "na ausência de dados empíricos decisivos",[93] ele estava preparado para experimentar. Não houve nenhuma sugestão de quais dados empíricos deveriam ser empregados para testar o sucesso desse experimento, absolutamente ou em relação à abordagem descartada com tanto desprezo.

Embora os juízes tenham assumido a liderança nessa revolução na justiça criminal, eles foram apoiados por políticos e pela mídia que compartilhavam a visão predominante. O presidente Lyndon Johnson vislumbrava os programas sociais como o caminho verdadeiro para combater a criminalidade. Como citado no *New York Times*:

> "Eu não sei por que algumas pessoas não trabalham, nem estudam, e decidem seguir o caminho mais custoso: o caminho da delinquência, o caminho da cadeia, o caminho da penitenciária", ele afirmou.
>
> "Custa mais de nosso dinheiro cuidar de um prisioneiro em uma penitenciária do que preparar um garoto para ser um bom cidadão pagador de impostos que sabe ler e escrever", ele disse.[94]

Em 1968, pontos de vista semelhantes foram expressos por Edmund Muskie, candidato democrata a vice-presidente. Ao responder a questões de lei e ordem formuladas por seus adversários na campanha eleitoral, o senador Muskie respondeu: "Não é possível ter lei e ordem baseadas na ignorância [...] Você tem de construí-las por meio da educação, do esclarecimento e da oportunidade. Essa é a maneira de tornar uma sociedade segura."[95]

O PADRÃO DOS UNGIDOS

Essas opiniões não ocorreram sem contestação, ainda que as reformas legais tenham se tornado "a lei do país", em grande medida mediante processos judiciais em vez de legislativos. Na própria Suprema Corte houve discordâncias acirradas em relação às contínuas expansões — ou criações — dos "direitos" dos criminosos. Em 1966, a decisão do caso Miranda, que foi o ponto culminante da revolução judicial no direito penal, levou a esta cena na Suprema Corte:

O juiz Harlan, com o rosto vermelho de constrangimento e a voz ocasionalmente vacilante de emoção, denunciou a decisão como "experimentação perigosa" neste momento de "alta taxa de criminalidade, que é motivo de crescente preocupação".

Ele afirmou que era uma "nova doutrina" sem jurisprudência substancial, que refletia um equilíbrio em favor do acusado.

O juiz White afirmou:

"Em um número desconhecido de casos, a decisão do Tribunal devolverá um assassino, um estuprador ou outro criminoso para as ruas e ao ambiente que o gerou, para repetir seu crime sempre que lhe convier. Como consequência, não haverá ganho, mas sim perda na dignidade humana."[96]

Essas discordâncias foram ignoradas, e os protestos do público e das autoridades de segurança pública foram desprezados. Em 1965, em uma conferência jurídica, um ex-comissário de polícia da cidade de Nova York se queixou da tendência das decisões da Suprema Corte sobre direito penal, e suas preocupações foram recebidas com zombaria sarcástica por um professor de direito, que afirmou: "Eu gostaria de saber que direitos sobrariam se sempre cedêssemos à histeria policial." O juiz William J. Brennan e o presidente da Suprema Corte Earl Warren, que, segundo uma descrição do *New York Times*, se mantiveram imperturbáveis durante as declarações do comissário de polícia, depois "por várias vezes riram às gargalhadas" enquanto o professor de direito desprezava e ridicularizava essas declarações, que foram caracterizadas como "simplistas, tacanhas e politicamente convenientes".[97] Os ignorantes simplesmente não eram levados a sério pelos ungidos.

Caso alguém estivesse realmente interessado em testar empiricamente as teorias opostas sobre a criminalidade, essas teorias eram idealmente apropriadas para tal teste, uma vez que cada uma delas levava a conclusões que não só estavam em consonância lógica com suas próprias premissas como também eram praticamente inevitáveis, dadas as suas respectivas premissas. Além disso, essas conclusões eram claramente distinguíveis empiricamente, e os dados estavam prontamente disponíveis.

Na visão habitual dos ungidos, a ênfase na punição era equivocada, pois o necessário eram alternativas terapêuticas à punição, programas sociais para atacar as "causas raízes" da criminalidade, e mais direitos para os acusados e condenados, de modo a comprovar que a lei era justa e digna de respeito. Por sua vez, esse respeito seria um componente no comportamento mais obediente à lei por parte daqueles alienados da sociedade. Em contraste, a visão tradicional levaria à expectativa de um aumento na taxa de criminalidade após as mudanças da década de 1960. Se a punição dissuade, como os tradicionalistas acreditavam, então a redução no encarceramento que ocorreu na década de 1960 tenderia a gerar mais crimes. Porém, se o próprio encarceramento exacerbava o problema da criminalidade, como alegavam o juiz Bazelon, Ramsey Clark e muitos outros com a visão dos ungidos, então essa redução no encarceramento tenderia a reduzir a criminalidade. Da mesma forma, se os programas sociais para os pobres, para as minorias e para os mentalmente perturbados eram necessários para atacar as "causas raízes" da criminalidade, como os ungidos afirmavam, então a expansão vasta e sem precedentes desses programas ao longo da década de 1960 deveria ter reduzido a taxa de

O PADRÃO DOS UNGIDOS

criminalidade. As implicações lógicas de cada visão eram bastante claras. Só era necessária a evidência empírica.

Terceiro estágio. Os resultados: As taxas de criminalidade dispararam. As taxas de homicídio se elevaram rapidamente e, em 1974, eram mais do que o dobro das de 1961.[98] Entre 1960 e 1976, as chances de um cidadão se tornar vítima de um crime violento grave triplicaram.[99] O número de policiais assassinados também triplicou durante a década de 1960.[100] Os jovens criminosos, que foram particularmente favorecidos pela nova solicitude, tornaram-se especialmente violentos. A taxa de encarceramento de menores por homicídio mais do que triplicou entre 1965 e 1990, mesmo considerando mudanças no tamanho da população.[101]

Como em outras áreas, essas evidências fizeram pouca ou nenhuma diferença na visão dos ungidos, exceto para incitá-los a novos feitos de inventividade na interpretação.

Quarto estágio. A resposta: Como nem mudanças no direito penal nem outras mudanças sociais tendem a gerar efeitos verdadeiramente instantâneos, houve um breve período durante o qual nenhuma mudança na taxa de criminalidade foi perceptível, e essa momentânea calmaria deu ensejo a ocasiões para manifestações de muito desprezo contra aqueles que previram que as novas práticas da justiça criminal levariam a taxas mais altas de criminalidade. Apenas dois meses após a decisão do caso Miranda, em 1966, o *New York Times* declarou que "felizmente, as sombrias previsões de seus críticos não se realizaram".[102] No entanto, quando as taxas de criminalidade começaram claramente a aumentar na sequência dessa e de muitas outras mudanças judiciais concebidas para reduzi-las, a tática dos defensores dessas inovações mudou. Entre as primeiras respostas às crescentes taxas de criminalidade, em consequência das políticas concebidas para reduzi-las, incluíram-se os desmentidos de que os crimes estavam de fato mais frequentes. O aumento na notificação de crimes ou a melhor coleta de estatísticas foram responsabilizados pelo aumento nas estatísticas oficiais.[103] Porém, como James Q. Wilson afirmou, "em 1970, um número suficiente de membros do público liberal teve suas máquinas de escrever roubadas para dificultar negar a existência de uma onda de crimes".[104] Além disso, mesmo na ausência de experiência pessoal acumulada, era difícil acreditar que as crescentes estatísticas de homicídios refletiam simplesmente melhor controle de registros, já que sempre foi difícil ignorar um cadáver.

Uma alternativa para negar o aumento das taxas de criminalidade foi tornar socialmente inaceitável falar a respeito disso, equiparando discussões acerca de "lei e ordem" ao racismo, já que era do conhecimento geral que as taxas de criminalidade eram mais altas entre os negros. "Lei e ordem" era "uma declaração incendiária", segundo o conhecido psiquiatra Karl Menninger. "Receio que o que realmente significa é que todos nós deveríamos sair e encontrar os negros para espancá-los."[105] Essa foi apenas uma entre muitas manifestações da visão predominante do doutor Menninger, cujo livro, *The Crime of Punishment* [O crime da punição], foi bastante aclamado por culpar a "sociedade" pela criminalidade, tratar os criminosos como mais injustiçados do que culpados, e preconizar a substituição da punição pelo tratamento psiquiátrico. Outra tentativa notável de evitar as amargas implicações dos dados sobre a reversão do declínio nas taxas de criminalidade após a transformação no sistema de justiça criminal na década de 1960 foi feita em outro livro bastante elogiado, *Criminal Violence, Criminal Justice* [Violência criminal, justiça criminal], de Charles E. Silberman, que escreveu: "Apesar de a toda discussão sobre a diminuição da punição e o efeito prejudicial das decisões

O PADRÃO DOS UNGIDOS

da Suprema Corte presidida por Earl Warren, os dados disponíveis indicam que os tribunais criminais contemporâneos processam, condenam e encarceram uma proporção maior daqueles presos por um crime doloso hoje do que os tribunais da década de 1920."[106]

Não foi explicado por que a década de 1920 foi escolhida como período de referência para determinar o impacto da Suprema Corte presidida por Earl Warren, cuja presidência começou em 1953 e cujas decisões marcantes em direito penal foram tomadas na década de 1960. Se esse expediente desesperado de escolher um período de referência irrelevante sugere que as conclusões de Silberman não poderiam ter sido sustentadas se sua comparação de antes e depois tivesse se baseado em datas reais de decisões reais, ou mesmo na data do início da presidência da Suprema Corte por Earl Warren, uma análise de alguns fatos facilmente disponíveis confirma essa suspeita. Em primeiro lugar, a probabilidade de que alguém que cometeu um crime grave fosse preso caiu até ser apenas um quinto do que era em 1979 em comparação com 1962.[107] Quanto ao encarceramento, uma tendência anterior de aumento das taxas de encarceramento foi interrompida no final da década de 1950 e início da década de 1960, e as taxas de encarceramento permaneceram baixas, ao mesmo tempo que as taxas de criminalidade aumentaram durante a década de 1960.[108]

Em resumo, ao contrário do sugerido por Silberman, os criminosos não estavam mais sendo capturados, condenados e encarcerados como eram antes de a Suprema Corte presidida por Warren reformar o direito penal. Além disso, as consequências foram exatamente o que qualquer pessoa sem a visão dos ungidos teria esperado: em 1953, quando Earl Warren se tornou presidente da Suprema Corte, a taxa de homicídios nos Estados Unidos era de 4,8 por 100 mil habitantes, menor do que havia sido em quatro décadas.[109] Porém, um aumento acentuado nos homicídios começou na década de 1960, mais do que dobrando de 1963 a 1973,[110] e em 1991, a taxa apenas para homicídios

THOMAS SOWELL • ESSENCIAL

dolosos e homicídios culposos intencionais era de 9,8 por 100 mil habitantes,[111] mesmo omitindo outras formas de homicídio que eram levadas em conta nas estatísticas anteriores. Independentemente da importância das estatísticas de antes e depois, à medida que são citadas, o ano "antes" selecionado pode alterar completamente a conclusão. A escolha de Silberman da década de 1920 como base de comparação sugere uma evasão desesperada do óbvio. Novamente, deve-se notar que os pontos de vista de Charles E. Silberman não eram simplesmente as opiniões de um único homem, como demonstraram os elogios generalizados a seu livro na mídia de elite.[112]

O público em geral e as autoridades de segurança pública que não compartilhavam a visão da elite continuaram a se queixar, mas, embora suas preocupações encontrassem algum respaldo na arena política, os ungidos permaneceram impassíveis. Earl Warren, presidente da Suprema Corte, menosprezava aqueles cuja "indignação farisaica" acerca do aumento das taxas de criminalidade se baseava na "simplificação excessiva". Segundo Warren, "todos nós devemos assumir uma parte da responsabilidade", pois ele atribuiu o aumento das taxas de criminalidade ao fato de que "por décadas temos varrido para debaixo do tapete" as condições de miséria que alimentam o crime.[113] Ele ignorou o fato de que as taxas de criminalidade estavam *declinando* durante todas essas décadas quando deveriam estar aumentando, de acordo com sua teoria. Nem há nenhuma razão para acreditar que Warren tenha reconsiderado essa teoria enquanto as taxas de criminalidade continuavam a crescer, pois ele disse em suas memórias:

Uma proporção considerável do povo norte-americano ao buscar uma razão para tanta criminalidade em nossa sociedade conturbada, mas ignorando as causas raízes da atividade criminal — como a degradação da vida miserável nos guetos, a ignorância, a pobreza, o tráfico de drogas, o desemprego e o crime organizado (frequentemente viabilizado pela

O PADRÃO DOS UNGIDOS

corrupção policial) —, uniu-se em atribuir a culpa aos tribunais e, em particular, à Suprema Corte.[114]

Nenhuma tentativa foi feita para mostrar como qualquer um desses outros fatores havia piorado de forma tão drástica na década de 1960 no que diz respeito a explicar, por exemplo, a reviravolta completa na taxa de homicídios historicamente em declínio, ou por que nenhum dos supostos benefícios das novas reformas da justiça criminal se materializou. A relação entre teoria e evidência simplesmente não foi discutida. A visão era axiomática.

REEXAMINANDO
ON LIBERTY

Entre os muitos escritos de John Stuart Mill, *On Liberty* [*Da liberdade individual e econômica*] é, provavelmente, o mais lido nos dias atuais, e as ideias expressas nele são consideradas as mais características da filosofia de Mill. No entanto, essa obra pequena e escrita de forma clara costuma ser extremamente incompreendida.

Embora *On Liberty* tenha se tornado um símbolo invocado contra as intromissões do governo na vida particular dos indivíduos ou contra sua repressão de ideias, Mill deixou inequivocamente claro que a intromissão do governo *não* era o alvo de sua preocupação nesse específico ensaio. Ele afirmou: "A época de penalidades e castigos por causa de debates políticos acabou em nosso país."[1] Mesmo um processo judicial contra a imprensa um ano antes da publicação de *On Liberty* "não me induziu", nas palavras de Mill, "a alterar uma única palavra no texto".[2] Mill desprezou diversas outras restrições governamentais, considerando-as como "apenas resquícios de perseguição".[3] O governo não era o que Mill temia, nem aquilo contra o que *On Liberty* tinha a intenção de alertar. Na verdade, nessa obra ele se opôs à "tirania [social] da maioria"[4] e ao "despotismo do costume".[5] Ele escreveu:

Na Inglaterra, pelas circunstâncias peculiares da história política, embora o jugo da opinião talvez seja mais pesado, o da lei é mais leve do que na maioria dos demais países europeus. Além disso, há rejeição considerável da interferência direta do poder legislativo ou executivo na conduta pessoal. Não tanto devido a um justo respeito pela independência do indivíduo quanto pelo hábito ainda subsistente de se ver o governo como representante de interesses antagônicos aos do povo.[6]

Então, qual é o assunto de *On Liberty*? Mill diz no primeiro parágrafo desse ensaio que seu assunto é "a natureza e os limites do poder que a sociedade pode exercer legitimamente sobre o indivíduo".[7] A sociedade, e não o governo. Mill declarou:

> Como outras tiranias, a tirania da maioria apoiou-se a princípio no medo, e vulgarmente ainda se apoia nele, em especial quando atua por intermédio de atos das autoridades públicas. Contudo, pessoas esclarecidas perceberam que, quando a própria sociedade é o tirano — a sociedade enquanto coletivo ante os indivíduos que a compõem separadamente —, seus meios de tiranizar não se restringem aos atos que ela pode praticar pelas mãos de seus funcionários políticos. A sociedade pode executar e executa suas próprias ordens. E se expede ordens erradas em vez de certas, pratica uma tirania social mais terrível do que muitos tipos de opressão política.[8]

Embora a desaprovação da sociedade "não se apoie em geral em penalidades tão extremas" como as que o governo pode ter a sua disposição, "deixa menos escapatória", com a desaprovação social "penetrando muito mais fundo nos detalhes da vida e escravizando a própria alma".[9] Mill afirma em *On Liberty*: "Nossa intolerância meramente social não mata ninguém, não erradica opiniões, mas induz os homens a disfarçá-las ou a se absterem de qualquer empenho ativo para sua difusão".[10] Ao admitir que algumas regras de conduta devem ser impostas, tanto pela lei quanto pela opinião pública, ainda assim,

THOMAS SOWELL • ESSENCIAL

no pensamento de Mill: "[...] o único fim para o qual a espécie humana tem a justificativa, individual ou coletivamente, de interferir na liberdade de ação de qualquer um de seus membros é a autoproteção.[11] *On Liberty* sustentou que os indivíduos deveriam ser livres para fazer o que quisessem "sem a perda da estima alheia" aos olhos dos outros.[12] No entanto, esse era um princípio assimétrico, conforme Mill o aplicava. Dizer que as pessoas deveriam ser livres para fazer o que quisessem "sem perda da estima alheia" aos olhos dos outros é dizer que os outros não têm o direito de expressar suas próprias opiniões ou mesmo de evitar em silêncio aqueles cuja conduta desaprovam.

Em seu ensaio, este princípio central é assimétrico de mais de uma maneira. Fica claro, sobretudo nos trechos posteriores de *On Liberty*, que a preocupação especial de Mill reside nos efeitos da opinião pública e dos costumes da elite intelectual. "Os costumes são criados pelas circunstâncias costumeiras e pelos caracteres costumeiros",[13] ele afirma. Pessoas excepcionais devem ser isentas da influência da opinião pública de massa, mas a opinião pública de massa não deve ser isenta da influência da elite intelectual. Ao contrário, um dos argumentos em favor da isenção da elite da influência social das massas é que isso permitirá que ela se desenvolva de maneiras que então a capacitarão a exercer influência social sobre as massas:

> Sempre existe a necessidade das pessoas não só de descobrir novas verdades e de mostrar quando as de antigamente não são mais verdadeiras, mas também de iniciar novas práticas e dar o exemplo de uma conduta mais evoluída e de um melhor gosto e sentido na vida humana. É verdade que esse benefício não é capaz de ser prestado por todos da mesma forma: há poucos indivíduos, em comparação ao conjunto da humanidade, cujas experiências, se adotadas por outros, tenderiam a ser algum aprimoramento na prática estabelecida. Mas esses poucos são o sal da terra; sem eles, a vida humana se tornaria uma poça de água estagnada.[14]

Assim, *On Liberty*, que parece a princípio ser um argumento a favor da tolerância aos indivíduos em geral, acaba sendo um argumento a favor de uma atitude de tolerância *unidirecional* a indivíduos especiais, que devem aplicar influência social sobre os outros, enquanto esses outros devem se abster de aplicá-la a eles.

Em todos os escritos de Mill ao longo de sua vida, as elites intelectuais especiais foram retratadas como a salvação da sociedade em geral e das massas em particular. Grandes conquistas poderiam ser alcançadas, Mill afirmou em um de seus primeiros escritos, "se os espíritos superiores se unissem" para o aprimoramento social.[15] Ele exortou as universidades a "enviar para a sociedade uma sucessão de mentes, não criaturas de sua geração, capazes de ser seus aperfeiçoadores e regeneradores".[16]

De acordo com *On Liberty*, a democracia pode se elevar acima da mediocridade somente quando "a maioria soberana se deixar guiar (o que sempre fez em seus melhores tempos) pelos conselhos e pela influência de um ou de uma minoria mais altamente dotada e instruída".[17] Este ensaio é um argumento a favor do tratamento diferenciado de uma elite intelectual, expresso na linguagem de maior liberdade para todos. Nesse e em outros escritos de Mill, são essas elites — "os melhores e mais sábios",[18] "as mentes pensantes",[19] "os intelectos mais cultivados do país",[20] "aqueles que estavam à frente da sociedade em pensamento e sentimento"[21] — que ele buscava para o progresso da sociedade. O que Mill chamava de "o progresso geral da mente humana" era, de fato, o progresso especial de mentes especiais que deveriam liderar os outros. Mesmo quando careciam de poder ou influência para desempenhar esse papel, a elite intelectual tinha o dever de "manter viva a chama sagrada em algumas mentes quando não podemos fazer mais", como Mill escreveu a um amigo.[22]

Em resumo, as conclusões elaboradas pela elite intelectual eram mais ou menos automaticamente consideradas superiores às experiências de vida de milhões, como condensadas em valores e costumes sociais. O papel das massas era serem ensinadas por seus superiores, e o papel de seus superiores era serem ensinados pelos melhores. Mill escreveu a Harriet Taylor que eles deviam escrever para fornecer material do qual "pensadores, se houver algum depois de nós, possam se alimentar e depois diluir para outras pessoas".[23] Quanto às massas, Harriet Taylor escreveu para Mil: "[...] para a grande massa de pessoas, considero que a sabedoria seria aproveitar ao máximo a sensação enquanto são jovens o suficiente, e então morrer".[24]

MARX, O HOMEM

Após um século de mitos e contramitos, de endeusamento e demonização, é difícil perceber que por trás de todos os retratos e caricaturas vistos em páginas impressas e cartazes realmente havia um ser humano chamado Karl Marx. Ele nasceu na pequena cidade alemã de Tréveris, na Renânia, em 1818, em uma casa de três andares numa parte elegante da cidade. Um barão vivia nas proximidades,[1] e sua filha de quatro anos estava destinada a se tornar a mulher de Karl Marx. As pessoas que assinaram como testemunhas na certidão de nascimento de Karl Marx eram cidadãos importantes. Os Marx, assim como seus vizinhos e amigos, tinham empregados, bens, educação e proeminência local. No entanto, ao contrário da maioria de seus vizinhos e amigos, tanto Heinrich Marx quanto sua mulher, Henrietta, descendiam de uma longa linhagem de rabinos. Aliás, Heinrich e o rabino-chefe da cidade eram irmãos, embora afastados, pois Heinrich Marx havia abandonado a religião de seus pais.[2] Karl Marx foi batizado como luterano e, ao longo de sua vida, falou dos judeus na terceira pessoa, e raramente de forma elogiosa.

Marx foi o terceiro filho nascido em sua família, o segundo a sobreviver, e o mais velho dos meninos. Irmãos mais novos nasceram anualmente nos quatro anos seguintes, e depois mais dois com intervalos de dois anos.[3] O pai era um advogado próspero, que também

THOMAS SOWELL • ESSENCIAL

possuía vinhedos, além de casas cujos aluguéis complementavam sua renda. Ele era um homem de vasta cultura e inclinações políticas liberais. Karl o idolatrava, e em anos posteriores costumava falar dele para os próprios filhos, embora eles nunca o tivessem conhecido, já que a morte de Heinrich Marx ocorrera décadas antes de seu nascimento. A mãe de Marx era holandesa e falava alemão com um carregado sotaque holandês. Ela era uma dona de casa dedicada, não era uma mulher instruída, e embora seu filho a amasse na infância, eles logo se afastaram na juventude dele. Quando ela morreu, muitos anos depois, Marx não manifestou o menor pesar.[4]

JUVENTUDE

Karl Marx cresceu como uma criança brilhante e mimada, que intimidava suas irmãs mais novas e provocava seus colegas de escola com gracejos sarcásticos, além de entreter ambos com histórias criativas. Ele tinha uma tez morena que, em anos posteriores, lhe valeu o apelido de "O Mouro", um nome usado com muito mais frequência em seu círculo íntimo (incluindo suas filhas) do que seu nome verdadeiro. Seu vizinho, o culto barão Von Westphalen, demonstrou grande interesse pelo jovem Marx, com quem costumava fazer longas caminhadas discutindo Homero, Shakespeare, Voltaire ou outros grandes autores em qualquer uma das várias línguas que o barão falava.[5]

Na juventude, Marx frequentou a Universidade de Bonn por um ano. Lá, ele era um estudante empolgado, mas também um bebedor animado, e participou de tumultos e pelo menos um duelo.[6] Seu pai o transferiu para a Universidade de Berlim, uma instituição maior e mais séria. Porém, os hábitos consumistas, boêmios e perdulários exibidos por Marx em Bonn continuaram em Berlim, tanto que ele foi processado diversas vezes por falta de pagamento de dívidas.[7] As cartas de seu pai mostram crescentes recriminações dirigidas não só à capacidade prodigiosa de seu filho de gastar dinheiro — um talento que ele manteve durante toda a sua vida —, mas também a uma característica pessoal bastante perturbadora: a egomania.[8] Um dos muitos poemas de Marx desse período afirma:

Então eu vou vagar divino e vitorioso
Através das ruínas do mundo
E, dando a minhas palavras uma força ativa,
Eu vou me sentir igual ao criador.[9]

Os temas sobre destruição, corrupção e selvageria permeiam os poemas de Marx desse período,[10] dois dos quais foram publicados em uma pequena revista literária da época sob o título "Canções selvagens".[11] Não havia nada de político nesses escritos. Marx ainda não havia voltado sua atenção nessa direção. Como disse um biógrafo, ele era simplesmente "um homem com a capacidade peculiar de saborear o desastre".[12] Uma descrição contemporânea de Marx como estudante descreve a mesma personalidade demoníaca — novamente, ainda não em um contexto político:

Mas quem avança aqui cheio de impetuosidade?
É uma figura sombria de Tréveris, um monstro à solta,
Com passos firmes ele golpeia o chão com seus calcanhares
E ergue seus braços em fúria para o céu
Como se quisesse se apoderar da abóbada celeste e baixá-la para a terra.
Furioso, ele lida continuamente com seu punho temível,
Como se mil demônios estivessem agarrando seu cabelo.[13]

Em suma, as visões apocalípticas e coléricas de Marx existiam antes mesmo de ele descobrir o capitalismo como foco de tais visões.

THOMAS SOWELL · ESSENCIAL

Marx ingressou na Universidade de Berlim alguns anos após a morte de seu professor mais conhecido, G. W. F. Hegel, cuja influência póstuma foi ainda maior do que durante sua vida.[14] Marx começou a se associar a um grupo chamado Jovens Hegelianos, que estavam preocupados com a filosofia em geral e a religião em particular, ou melhor, com o ateísmo, já que eram críticos radicais do cristianismo. Os estudos formais de Marx se arrastaram; ele frequentou apenas dois cursos em seus últimos três anos na Universidade de Berlim.[15] Marx se tornou um "estudante boêmio, que considerava a universidade apenas seu local de acampamento",[16] e era autodidata em grande medida.[17] Em 1838, a morte de seu pai e seu longo noivado com Jenny von Westphalen acabaram por tornar necessário que ele se preparasse para concluir seus estudos. Embora tivesse estudado na Universidade de Berlim, ele se candidatou a um doutorado na Universidade de Jena, uma instituição menos exigente, conhecida como uma fábrica de diplomas.[18] Sua tese de doutorado foi sobre dois filósofos materialistas antigos: Demócrito e Epicuro.

INÍCIO DE CARREIRA

Buscando a esmo uma carreira, Marx acabou se aventurando no jornalismo e se tornou editor do *Rheinische Zeitung*, jornal liberal que refletia as próprias opiniões políticas de Marx na época, assim como as da classe média da Renânia em geral. Sob a repressão prussiana daquele tempo, o liberalismo era uma doutrina sob ataque e em perigo, e Marx tornou o jornal mais polêmico e mais amplamente lido do que antes.

Sua gestão do jornal foi caracterizada por um contemporâneo como "uma ditadura de Marx",[19] tal qual ocorreu em relação a muitos grupos aos quais ele se afiliou ao longo de sua vida. Outro contemporâneo o

MARX, O HOMEM

descreveu como "autoritário, impetuoso, entusiasmado, dotado de uma autoconfiança ilimitada".[20] Marx envolveu-se em uma batalha contínua de astúcia com os censores governamentais,[21] e — ironicamente — tentou conter alguns dos jornalistas mais radicais do *Rheinische Zeitung*.[22] Entre eles, incluía-se outro jovem de origem endinheirada chamado Moses Hess, comunista que acabou convertendo ainda outro filho da riqueza ao comunismo: Friedrich Engels.[23] No entanto, Marx expurgou Hess do jornal por seu "contrabando de dogmas comunistas e socialistas para o jornal disfarçados como crítica teatral".[24] Somente após a renúncia de Marx como editor, para poupar o jornal de ser banido, ele começou os estudos que acabaram por levá-lo ao comunismo.

No mesmo período, no início da década de 1840, Marx teve uma ruptura decisiva com sua família. Agora que seu pai morrera e a herança tinha que sustentar oito pessoas, a senhora Marx não estava disposta a continuar enviando dinheiro indefinidamente para seu filho mais velho, adulto e detentor de um doutorado. Marx, que dera continuidade a sua prática já de longa data de acumular dívidas que não podia pagar, ficou indignado quando a mãe cortou sua pequena mesada remanescente. Como ele escreveu em uma carta para um amigo: "Embora seja bastante rica, minha família colocou obstáculos em meu caminho que temporariamente me deixaram em uma situação delicada."[25] Essas dificuldades temporárias viriam a se tornar uma característica permanente da vida de Marx ao longo das próximas quatro décadas. No entanto, ele acabou convencendo os aristocráticos Von Westphalen a permitirem que ele se casasse com sua filha — então com vinte e nove anos —, que havia esperado fielmente por ele por sete anos.

As perspectivas do casamento não foram vistas com agrado por ambas as famílias. Em 1843, houve uma cerimônia nupcial na igreja, mas grande parte da família dela e toda a família dele se abstiveram de comparecer. No entanto, a mãe da noiva pagou pela lua de mel e, além disso, entregou ao casal uma pequena herança que ela tinha recebido. Essa herança estava guardada na forma de moedas em um cofre, que Marx e sua noiva deixaram aberto em seu quarto de hotel, convidando os hóspedes a pegarem o que precisassem. Ficou vazia antes de eles retornarem para a casa dela,[26] onde viveram com a mãe de Jenny por vários meses.

Em outubro de 1843, Marx e sua mulher — agora grávida — mudaram-se para Paris, onde ele foi contratado para contribuir com um projeto editorial: um jornal bilíngue para leitores alemães e franceses. Apenas um número foi publicado. Marx e o editor brigaram e se separaram, o que deixou Marx sem dinheiro em um país estrangeiro. Às pressas, uma arrecadação de dinheiro foi realizada por amigos em Colônia, e o casal foi salvo, como seria repetidas vezes ao longo de suas vidas. Em Paris, Marx iniciou os estudos que o levariam ao comunismo. Ele também começou a conhecer outras figuras radicais da época, incluindo o poeta radical Heinrich Heine, o anarquista russo Mikhail Bakunin e o escritor radical francês Pierre Joseph Proudhon. Heine, ainda que inicialmente um grande amigo dos Marx, acabou se distanciando por causa da arrogância e do dogmatismo de Karl Marx.[27] Em anos posteriores, Heine descreveu os radicais parisienses — incluindo Marx — como um "grupo de deuses ímpios e autoeleitos".[28] Entre esses radicais, incluía-se um jovem alemão que Marx havia conhecido rapidamente antes: Friedrich Engels.

COLABORAÇÃO COM ENGELS

Dois anos mais novo que Marx, Engels vinha de uma família ainda mais rica, que era dona de metade de uma fábrica na Alemanha e metade de outra fábrica na Inglaterra.[29] Seu pai nunca foi tão paciente quanto o pai de Marx, e Engels jamais frequentou uma universidade, mas ele era

MARX, O HOMEM

culto, e na meia-idade conseguia ler e escrever em quase duas dezenas de idiomas.[30] Aos dezessete anos, Engels foi enviado para obter formação prática no negócio da família em Bremen. Ali ele não foi "sobrecarregado" — afinal, ele era filho do proprietário —, e era conhecido por consumir cerveja e charutos, escrever poemas e cartas, desfrutar de um almoço sem pressa e tirar um cochilo depois numa rede.[31] Ele também encontrou tempo para estudar Hegel. Engels acabou se tornando membro dos Jovens Hegelianos, e em 1842 teve seu primeiro e breve encontro com o editor do *Rheinische Zeitung*, Karl Marx. O primeiro encontro deles foi frio, pois Marx via Engels naquele momento apenas como mais um membro do grupo radical cujas contribuições para o jornal estavam lhe causando problemas com os censores.

De 1842 a 1844, Engels viveu em Manchester, na Inglaterra, trabalhando nos negócios da família e observando as condições dos trabalhadores nessa cidade industrial. Tais observações levaram a seu primeiro livro, *The Conditions of the Working Class in England in 1844* [A situação da classe trabalhadora na Inglaterra em 1844]. Quando Engels passou por Paris no caminho de volta para a Renânia em 1844, ele voltou a encontrar Marx — e dessa vez, muitos dias de discussão fizeram com que eles passassem a estar "em completo acordo na questões de teoria"[32] —, e continuaram a se reencontrar nas décadas restantes de suas vidas. Nesse momento, Engels não só estava mais à frente do que Marx no caminho para o comunismo como também tinha um conhecimento muito maior em economia. Embora a primeira publicação conjunta deles — *The Holy Family* [A *sagrada família*] — tenha aparecido um ano depois, naquele momento não havia nenhuma indicação de uma colaboração contínua entre os dois. O prefácio de *The Holy Family* prometia escritos futuros da dupla; "cada um por si, é claro".[33] Porém, na realidade, acontecimentos posteriores os reuniram novamente na Inglaterra, em uma aliança permanente em que suas ideias e palavras se entrelaçaram de tal maneira que seria imprudente afirmar de forma conclusiva, cem anos depois, o que era de Marx e o que era de Engels. Mesmo a filha de Marx, após a morte dele, publicou por engano uma coletânea de artigos de jornal de seu pai que, posteriormente, descobriu-se terem sido todos escritos por Engels.[34]

Naturalmente, o mais famoso de seus textos explicitamente colaborativos foi *The Communist Manifesto* [*O manifesto comunista*]. Sua origem exemplificou o padrão da intriga política marxiana. Em Londres, uma organização radical denominada Liga dos Justos estava em processo de reorganização para se tornar a Liga dos Comunistas, e envolveu diversas pessoas na redação de seu credo. Uma dessas pessoas enviou seu rascunho para Engels, que confessou a Marx que "*apenas entre nós*, eu preguei uma peça infernal em Mosi",[35] substituindo o programa marxiano pelo rascunho confiado a ele. Engels percebeu a enormidade de sua traição, já que aconselhou Marx a manter absoluto sigilo, "caso contrário, seremos depostos e haverá um escândalo terrível".[36] Assim, Marx e Engels se tornaram as vozes do comunismo. Engels redigiu um documento em formato de perguntas e respostas, mas depois decidiu que não gostava dele. Ele entregou seu trabalho para Marx refazer em outro formato, e sugeriu o título: *The Communist Manifesto*. Lentamente, o documento evoluiu, escrito sobretudo no estilo de Marx, mas reproduzindo algumas ideias do rascunho inicial de Engels. Em fevereiro de 1848, o texto foi publicado como *The Manifesto of the Communist Party*, sem mencionar os autores, como se fosse o trabalho de alguma organização importante, em vez de um pequeno grupo de refugiados radicais.

Os membros da Liga dos Comunistas eram predominantemente intelectuais e profissionais, com muito poucos artesãos qualificados. A idade média era inferior a trinta anos.[37] Apresentava o mesmo tipo de composição social que, nos anos seguintes, caracterizaria a chamada Associação Internacional dos Trabalhadores, e diversos outros grupos radicais nos quais os jovens nascidos em meio ao privilégio

MARX, O HOMEM

chamavam a si mesmos de proletariado. Em 1847, quando Engels foi eleito delegado para a Liga dos Comunistas, a fim de dissimular o fato de que foi escolhido sem oposição, nas palavras de Engels, "um trabalhador foi proposto apenas para manter as aparências, mas aqueles que o propuseram votaram em mim".[38]

Ironicamente, 1848 foi um ano de revoluções, mas revoluções que diferiam daquelas descritas em *The Communist Manifesto*. A burguesia e o proletariado estavam em aliança revolucionária contra os governos autocráticos do continente europeu. Durante os tumultos que varreram a Europa, Marx e Engels retornaram à Alemanha — Marx para editar um jornal, o *Neue Rheinische Zeitung*, em seu conhecido estilo ditatorial.[39] Engels trabalhou inicialmente como seu principal assistente, até que teve que fugir de uma ordem de prisão por incitação à violência. Engels atravessou a França até chegar à Suíça, desfrutando ao longo do caminho "das uvas mais doces e das moças mais encantadoras".[40] Esse fato deu sequência ao padrão duradouro de mulherengo de Engels,[41] incluindo a esposa de um companheiro comunista, cuja sedução ele revelou a outro comunista "quando estava bêbado".[42] Ele, que tinha um fraco por mulheres francesas, relatou a Marx em 1846 "alguns encontros deliciosos com *grissettes*",[43] e mais tarde observou: "Se eu tivesse uma renda de 5 mil francos, não faria outra coisa além de trabalhar e me divertir com mulheres até me acabar. Se não existissem mulheres francesas, a vida não teria sentido."[44]

Em 1849, Engels retornou à Alemanha, onde a revolução estava sendo reprimida, e participou de confrontos armados contra as forças governamentais. Uma ordem de expulsão foi emitida contra Marx, que teve que fechar o jornal com perdas financeiras desastrosas.[45] No segundo semestre de 1849, Marx e Engels se dirigiram separadamente para a Inglaterra, onde estavam destinados a passar o restante de suas vidas.

EXILADOS

O sonho de retornar ao continente europeu em triunfo, após as revoluções lá, continuou a fascinar Marx e Engels. Um estudioso contou mais de 40 expectativas de revolução iminente nas cartas e nos escritos deles ao longo dos 30 anos seguintes — nenhuma das quais se materializou.[46] Porém, já em 1850, Marx e Engels tiveram que começar a se preparar para se sustentar na Inglaterra. Marx estava com trinta e dois anos, e Engels, trinta. Nenhum dos dois tinha sido financeiramente independente. Eles haviam vivido de mesadas e presentes de suas famílias (incluindo a família da mulher de Marx), pequenas heranças de parentes, venda de pertences, empréstimos, dívidas não pagas, arrecadações de emergência entre amigos e colegas, e alguns ganhos esporádicos e modestos de seus escritos. Agora, a maioria dessas fontes tinha secado.

Tanto Marx quanto Engels estavam afastados de suas famílias, que se achavam tão desapontadas com a dependência prolongada dos filhos quanto foram rejeitadas por causa das doutrinas deles. Mesmo assim, em 1849, a mãe de Marx, muito desprezada por ele, adiantou-lhe dinheiro suficiente de sua futura herança para lhe permitir viver confortavelmente por anos, ainda que, na prática, tudo tenha sido gasto em um ano, grande parte para comprar armas para levantes fracassados e financiar o jornal de Marx.[47] O piedoso pai de Engels, descrito pelo próprio filho na juventude como "intolerante e despótico",[48] mesmo assim o apoiou financeiramente.[49] Aos trinta anos, Engels aceitou a oferta do pai para trabalhar na empresa da família em Manchester.[50] Isso se tornou a fonte de sustento de Engels, e também grande parte da de Marx. O jovem Engels chamou isso de "trabalho forçado" — uma expressão dolorosamente irônica, considerando o que essa expressão viria a significar nas sociedades comunistas do século xx. Por

MARX, O HOMEM

exemplo, eis uma das queixas de Engels: "[...] agora tenho que estar no escritório o mais tardar às dez da manhã".[51]

A empresa, da qual o pai de Engels detinha metade do capital, empregava cerca de 800 trabalhadores. Ainda que Engels tenha começado em um nível modesto na gestão, sua posição e seu salário aumentaram ao longo dos anos. Ele foi capaz de se aposentar aos cinquenta anos com recursos substanciais e, ao mesmo tempo, proporcionar uma renda vitalícia muito generosa que aliviou Marx das preocupações financeiras pelo resto de sua vida. Porém, antes de chegar a esse ponto, a situação financeira de Marx e de sua família em crescimento costumava ser calamitosa e ocasionalmente desesperadora.

Em 1850, a família de Marx mudou-se para um bairro pobre de Londres, onde passaram grande parte dos próximos 20 anos. Nesse período, muitas vezes era difícil para Marx arranjar dinheiro para pagar o aluguel, comprar mantimentos ou quitar suas contas. A família costumava se esquivar dos credores, foi despejada por falta de pagamento de aluguel, em certas ocasiões teve que se alimentar de pão e batatas, frequentemente penhorava seus escassos pertences, e teve três crianças que morreram em meio à miséria, incluindo uma para cujo enterro não havia dinheiro, até que uma doação foi recebida para esse propósito. No entanto, apesar da pobreza muito real e dolorosa em que Marx muitas vezes se encontrava, suas fontes de renda conhecidas eram suficientes para um padrão familiar de classe média baixa naquela época, sendo cerca de três vezes maior do que a renda de um trabalhador não qualificado.[52] Um exilado alemão contemporâneo com uma renda similar à de Marx se gabava de comer regularmente "suculentos bifes de carne".[53]

O único ganho regular de Marx era como correspondente estrangeiro para o *New York Tribune*, mas Engels complementava isso mesmo nos primeiros anos antes de suas próprias finanças se consolidarem;

e outros presentes e heranças acrescentavam materialmente aos recursos de Marx. O problema era a incapacidade crônica de Marx para gerir suas finanças, sobretudo a tendência dele e de sua mulher de esbanjar quando grandes quantias entravam. Além disso, Marx gastou pelo menos 100 libras esterlinas em um processo judicial fútil contra um obscuro caluniador chamado Vogt — o bastante para sustentar uma família durante meses naquela época[54] —, e desperdiçou ainda mais dinheiro e tempo em um livro de refutação havia muito esquecido intitulado *Herr Vogt*, pelo qual foi processado em tribunal, onde foi cobrado pelos custos não pagos da publicação.[55] Em 1864, Marx recebeu uma série de heranças que somavam dez vezes o que ele tinha como renda anual[56] — e ainda assim estava endividado em 1868, quando Engels veio em seu socorro, pagando suas dívidas e concedendo-lhe então uma renda vitalícia.

Curiosamente, as pesquisas e os escritos mais importantes de Marx foram realizados ao longo desses anos de provação e aflição, e ele produziu pouco durante os últimos 12 anos de sua vida, quando levou uma existência burguesa próspera. Na década de 1850, ele se isolou na sala de leitura do Museu Britânico durante o dia, estudando economia. Até tarde da noite e nas primeiras horas da manhã, Marx escrevia rapidamente os volumosos manuscritos que representavam as diversas tentativas fracassadas de redigir o livro que acabou se tornando *The Capital* [*O capital*]. Nesse período, Engels escreveu pouco, enquanto trabalhava como capitalista em Manchester e financiava os esforços de Marx na causa comunista de pôr fim ao capitalismo.

Com o passar dos anos, males físicos atormentaram Marx cada vez mais. Seus hábitos irregulares de sono, o consumo de álcool e a falta de higiene pessoal ou exercícios físicos podem muito bem ter contribuído para isso, assim como sua imprudência tornou sua família vítima da fome, das doenças e das mortes de três crianças na infância e na primeira infância. Porém, ele atribuiu a culpa dessas tragédias

— como da maioria de seus problemas — a outras pessoas. Marx atribuiu a culpa da morte de seu filhinho à "miséria burguesa", que também devia ser, para ele, a causa dos furúnculos que cobriam seu corpo, pois prometeu fazer a burguesia pagar por eles por meio de seus textos revolucionários.[57] Repetidamente, Marx denunciava os credores que insistiam em cobrar o que ele lhes devia.[58] Ele até perdeu a paciência com sua mulher por causa das crises de choro dela em meio às tragédias que se acumulavam.[59]

Mesmo durante os longos anos de pobreza, a casa de Marx possuía uma empregada, Helene Demuth, mais conhecida pelo apelido de Lenchen. Ela havia sido criada da baronesa Von Westphalen, que, em 1845, enviou-a como presente para sua filha, que não estava preparada para cuidar dos filhos ou da casa. Embora os Marx raramente estivessem em condição de pagá-la, a "querida e fiel Lenchen" permaneceu a serviço deles até o fim da vida do casal, e depois foi trabalhar para os Engels. Em sua juventude, Lenchen recusou pretendentes e outras oportunidades de emprego para ficar e servir aos Marx. Em 1851, durante o período mais desesperador da família Marx, quando a mulher de Marx estava grávida, Lenchen também engravidou. Apenas alguns amigos ficaram sabendo do nascimento da criança; o recém-nascido foi enviado para ser criado por uma família da classe trabalhadora, e não havia o nome do pai na certidão de nascimento. A mulher de Marx foi informada de que Engels — um solteirão — era o pai, mas muito tempo depois das mortes de Marx e sua esposa, soube-se que, na verdade, o pai era Karl Marx. Engels confirmou isso em seu leito de morte para a filha chorosa de Marx.[60] Em sua vida, ele assumiu a culpa por Marx, a fim de salvar o casamento de seu amigo, mas diante da morte, Engels pelo visto não estava preparado para levar a culpa para sempre.

O filho, Freddy Demuth, cresceu sem nenhuma relação com Marx e nunca visitou sua mãe enquanto os Marx estavam vivos. Apenas depois da morte deles, quando Helene Demuth se tornou governanta dos Engels, o rapaz começou a visitar a mãe, entrando e saindo pela porta dos fundos. Ele foi sacrificado primeiro para a conveniência de Marx, e depois para a imagem de Marx. Ao que tudo indica, sua mãe o amava; quando Helene morreu, deixou tudo para ele.[61]

Em geral, as relações humanas de Marx eram egocêntricas, ou até mesmo aproveitadoras. Quando sua mulher deu à luz uma criança que morreu imediatamente, Marx mencionou sem demora suas próprias reações em uma carta a Engels, ignorando completamente o impacto sobre a esposa. Isso fez Engels responder fazendo-o lembrar: "Você não diz como *ela* está."[62] Em 1851, aos trinta e três anos, Marx escreveu para sua mãe "ameaçando emitir notas promissórias contra ela e, no caso de não pagamento, ir para a Prússia e me deixar ser preso".[63] Depois que sua mãe se recusou a ser chantageada dessa maneira, Marx reclamou da resposta "insolente" dela.[64] Em 1863, após a morte da mãe, a carta de Marx para Engels foi um modelo de brevidade, sem desperdiçar sentimentos com a "velhinha" e se concentrando inteiramente em obter sua herança imediatamente.[65] Tampouco foi a única ocasião em que a morte na família foi vista puramente em termos econômicos. Anteriormente, em 1852, ele se referiu a uma "boa notícia" — a doença do "indestrutível tio de minha mulher" — e acrescentou: "Se aquele cachorro morrer agora, ficarei livre de problemas" financeiros.[66]

Como Marx queria que o socialista alemão Ferdinand Lassalle "me arranjasse algum trabalho literário na Alemanha" para complementar "minha menor renda e minhas maiores despesas",[67] ele o cultivou com bajulação pessoalmente e com desprezo pelas costas. Marx se referiu ao livro de Lassalle sobre Hegel como uma "exposição de enorme erudição" ao escrever para Lassalle e como uma "mistura ridícula" ao escrever para Engels.[68] Marx acrescentou que Lassalle era um "negro judeu",[69] com base em sua análise da aparência dele:

MARX, O HOMEM

Agora está bem claro para mim que, como também atestado por sua morfologia craniana e pelo padrão capilar, ele é descendente de negros que se juntaram ao êxodo de Moisés do Egito (a menos que sua mãe ou avó do lado paterno tenha cruzado com um negro). Bem, essa combinação entre linhagem judaica e germânica e o componente básico negroide está fadada a produzir um produto estranho. A importunação do sujeito também é de negro.[70]

Engels também aproveitou a origem de Lassalle, chamando-o de "um autêntico judeu"[71] e "De cabo a rabo, um estúpido judeuzinho".[72]

Por mais grosseiros e repulsivos que fossem os comentários raciais que Marx e Engels costumavam fazer entre si, não há necessidade de piorá-los ainda mais, colocando-os na mesma categoria do século XX que justificou os genocídios.[73] Por exemplo, *On the Jewish Question* [*Sobre a questão judaica*],[74] ensaio bastante criticado de Marx, contém afirmações claras de sua aversão pelo que ele considerava serem características culturais ou sociais judaicas, mas, no final das contas, foi uma defesa do direito dos judeus à plena igualdade política, escrita como resposta a um contemporâneo que havia alegado que os judeus deviam ser obrigados a abrir mão de sua religião antes de receberem igualdade civil. Marx esperava que as características que ele não gostava nos judeus desaparecessem com o fim do capitalismo, levando assim à "abolição da essência do judaísmo",[75] mas certamente não no sentido de Hitler e dos nazistas. Da mesma forma, apesar de seus estereótipos antinegros, durante a Guerra Civil Americana ele fez propaganda a favor do Norte e da libertação dos escravos.[76] Talvez mais indicativo, Marx concordou com o casamento de sua filha mais velha com um homem conhecido por ter alguma origem negra, depois de desencorajar outros pretendentes.[77] Do mesmo modo, em 1851, Engels manifestou a um amigo sua esperança de que "a presente perseguição aos judeus na Alemanha não se espalhe mais".[78] Em suma, Marx e

THOMAS SOWELL • ESSENCIAL

Engels eram incoerentes e grosseiros em particular, mas não eram fanáticos raciais.

A PRIMEIRA INTERNACIONAL

Junto com *The Communist Manifesto* e *The Capital*, outro marco na carreira de Marx foi sua liderança da Primeira Internacional, ou seja, a Associação Internacional dos Trabalhadores. A fama lendária de Marx hoje em dia torna difícil se dar conta de que ele era uma figura obscura, sem uma base sólida de seguidores no início da década de 1860, de que seus textos eram ignorados em grande medida,[79] e de que até mesmo um homem tão bem informado como John Stuart Mill podia viver 20 anos na mesma cidade, escrevendo sobre os mesmos temas, totalmente ignorante da existência de alguém chamado Karl Marx.[80] A Associação Internacional dos Trabalhadores resgatou Marx da obscuridade. Como no caso anterior da Liga dos Comunistas, Marx surgiu em cena justamente quando uma organização existente estava em processo de reorganização, e ele aproveitou a oportunidade para assumir o controle dela. Inicialmente, em 1864, Marx era apenas um entre vários indivíduos em um comitê encarregado de redigir uma declaração de princípios para a Internacional. Ele não tinha participado ativamente da organização anteriormente,[81] só foi trazido tardiamente para as discussões e foi mencionado por último na lista de participantes.[82] Contudo, Marx conseguiu enredar o grupo em discussões intermináveis, como prelúdio de seu *coup* [golpe]. Como ele descreveu em uma carta para Engels:

> Para ganhar tempo, sugeri que antes de "editar" o preâmbulo, deveríamos "discutir" as regras. Isso foi feito. Já era uma da manhã quando a primeira das 40 regras foi acordada. Cremer disse (*e isso era o que eu*

estava buscando): "Não temos nada para mostrar ao comitê, que vai se reunir em 25 de outubro. Devemos adiar a reunião para 1º de novembro. Porém, o subcomitê pode se reunir em 27 de outubro e tentar chegar a uma conclusão definitiva." Isso foi acordado, e os "documentos" foram "enviados de volta" para mim para que eu desse minha opinião.[83]

A partir daí, Marx deu seu show. Sob um "pretexto" (de acordo com Marx), "alterei todo o preâmbulo, eliminei a declaração de princípios e finalmente substituí as 40 regras por dez".[84] Então, ele designou alguns marxistas para cargos estratégicos na nova organização,[85] e em 1867, escrevia para Engels sobre "esta poderosa máquina *em nossas mãos*" e sua própria influência "nos bastidores".[86] No entanto, a Internacional nunca foi predominantemente marxista, e correntes conflitantes sempre estavam em ação. Engels só *esperava* que a *próxima* Internacional se tornasse comunista e "proclamasse abertamente nossos princípios".[87] Com o tempo, a figura imponente do anarquista revolucionário russo Mikhail Bakunin surgiu para desafiar Marx pelo controle da Internacional. A luta deles pelo controle acabou por destruir a organização. Marx conseguiu expulsar Bakunin e transferiu a sede da Internacional para os Estados Unidos, onde estaria a salvo de outros desafios revolucionários europeus, ainda que ele soubesse que isso também significaria seu fim. Era a tática de "tudo ou nada" que reapareceria várias vezes em infiltrações comunistas posteriores em organizações não comunistas.

ANOS CREPUSCULARES

Na década que restou de sua vida após a destruição da Internacional, Marx publicou pouco. Em grande medida, suas preocupações financeiras ficaram para trás, mas as doenças o atormentavam, assim como atormentavam sua mulher. A conclusão de *The Capital* foi adiada não só por doenças, mas também pelas digressões de Marx sobre outros assuntos, notadamente a história da Rússia, que o obrigou a aprender o idioma russo. Nem mesmo Engels sabia que Marx deixara os manuscritos dos volumes II e III de *The Capital* intocados durante anos enquanto ele se ocupava com outros temas.[88] Quando Engels descobriu isso após a morte de Marx, afirmou: "Se eu tivesse conhecimento disso, não teria deixado Marx descansar nem de dia nem de noite até tudo estar terminado e impresso."[89] Desde 1845, Engels vinha exortando Marx em vão para concluir o livro planejado sobre economia.[90] Como resultado, grande parte das últimas duas décadas da vida de Engels foi dedicada a tentar decifrar e montar os manuscritos dos dois volumes restantes de *The Capital*. Ao se dar conta da tarefa monumental envolvida nisso, e sua própria idade avançada, Engels introduziu o jovem Karl Kautsky nos mistérios da caligrafia de Marx, o que permitiu que Kautsky acabasse reunindo os manuscritos restantes em *Theories of Surplus Value* [*Teorias da mais-valia*], uma obra em três volumes originalmente planejada por Marx como o livro final de *The Capital*. Portanto, uma obra iniciada em meados do século xIx só foi completamente publicada no final da primeira década do século xx.

Certa vez, Marx observou que todos os seus ganhos com *The Capital* não seriam suficientes para pagar os charutos que fumou enquanto o escrevia. Foram necessários quatro anos para vender mil exemplares.[91] E ainda que traduções começassem a aparecer com o passar dos anos, Marx permaneceu durante sua vida uma figura pouco conhecida fora dos círculos dos revolucionários. Sua maior notoriedade veio como defensor das atividades sangrentas da Comuna de Paris de 1871. Seu livro sobre o assunto, *The Civil War in France* [*A guerra civil na França*], vendeu muito mais exemplares do que *The Communist Manifesto*.[92] Marx gostava dessa notoriedade pública, ainda que isso também incluísse ameaças de morte.

MARX, O HOMEM

A família de Marx, mesmo depois de ter se livrado da extrema pobreza, enfrentou muitas dificuldades. A mulher de Marx, uma beleza na juventude, viu-se com o rosto marcado por cicatrizes como resultado de uma doença — nas palavras dela, "parecendo mais um rinoceronte que escapou do zoológico do que um membro da raça caucasiana".[93] Em consequência de décadas de tensão, os filhos continuavam a deixá-la uma pilha de nervos e irritada, já que sua criação mimada não a tinha preparado para isso. Embora a criada de sua mãe, Helene Demuth, tivesse sido uma dádiva para uma jovem esposa incapaz de cuidar das crianças, do dinheiro ou da casa, o modo como Lenchen lidava com essas responsabilidades também pode ter retardado ou impedido o amadurecimento de Jenny Marx. Sua imaturidade ainda era evidente muito tempo depois de ela ter deixado de ser jovem. Aos cinquenta anos, Jenny realizou um sonho de toda a vida ao dar um baile completo, com criados uniformizados e músicos contratados.[94] Mesmo sendo uma mulher de meia-idade e esposa de um revolucionário, ela tinha cartões de visita impressos identificando-se como "Baronesa Von Westphalen".[95] Essas não eram as únicas vaidades que ela e Marx se permitiam. Eles continuaram a proporcionar aulas de piano, música e dança para suas filhas, mesmo que às vezes isso significasse não pagar o aluguel.[96]

Manter as aparências foi um item importante no orçamento dos Marx ao longo de suas vidas. Durante os piores anos de desespero financeiro, Marx esforçou-se muito e com aflitivo embaraço para impedir que os visitantes descobrissem sua pobreza (ainda que Engels apontasse como isso era inútil e sem sentido[97]), mesmo quando isso exigia que sua mulher "levasse tudo que não estava preso à casa de penhores"[98] para pagar pela recepção das visitas. Em uma das piores crises financeiras, Marx considerou "a contenção máxima de gastos", o que poderia incluir a necessidade de "mudança para uma habitação genuinamente proletária" e "dispensa das empregadas".[99]

As três filhas de Marx se envolveram com homens incapazes de sustentá-las — duas por meio de casamento e uma por meio de união estável. Em algum momento, todas receberam dinheiro de Engels — a mais velha para pagar aluguéis atrasados,[100] a filha do meio várias vezes por diversos motivos,[101] e a mais nova em uma grande herança que ela não viveu o suficiente para desfrutar.[102]

No entanto, os relacionamentos de Marx com os filhos e os netos mostram seu lado mais feliz e humano. Ele era um pai gentil e carinhoso, que entretinha as filhas com contos de fadas originais, e fazia piqueniques e brincadeiras com elas com grande prazer.[103] As mortes daqueles que pereceram na infância o afetaram severamente durante anos.[104] Marx escreveu em uma carta: "Bacon afirma que os homens realmente importantes têm tantos contatos com a natureza e o mundo, e têm tanto que os interessa, que superam facilmente suas perdas. Eu não sou um desses homens importantes. A morte de meu filho destroçou meu coração e minha mente, e eu sinto a perda tão intensamente como no primeiro dia.[105]

AVALIAÇÕES

Marx com suas crianças era um homem muito diferente do Marx descrito por seus contemporâneos adultos. Quando seu pai questionou se seu coração era tão bom quanto sua cabeça,[106] ele levantou uma questão que muitos outros continuaram a levantar sobre Marx ao longo de sua vida. Um companheiro revolucionário disse a respeito de Marx: "Se seu coração tivesse correspondido a seu intelecto, e se ele possuísse tanto amor quanto ódio, eu teria enfrentado o fogo por ele", mas *"uma ambição pessoal muito perigosa consumiu todo o bem nele"* (grifo no original).[107] Ainda outro contemporâneo radical, Proudhon, escreveu para Marx: "Pelo amor de deus, depois de abolirmos todos os dogmatismos *a priori*, não tentemos, sobretudo agora, incutir outro tipo de dogma nas pessoas." Ele disse:

> Tenhamos polêmicas decentes e sinceras. Vamos dar ao mundo um exemplo de tolerância douta e previdente. Mas simplesmente porque estamos na liderança do movimento, não nos tornemos os líderes de uma nova intolerância, não posemos como apóstolos de uma nova religião, mesmo que essa religião seja a religião da lógica, a religião da razão.[108]

Carl Schurz, quando ainda um jovem revolucionário na Alemanha (antes de sua posterior fama como liberal nos Estados Unidos), conheceu Marx e formou uma opinião dele que corresponde às impressões de muitos outros:

> Eu nunca vi um homem cujo comportamento fosse tão provocador e intolerável. A nenhuma opinião que diferisse da sua ele concedia a honra de sequer uma consideração condescendente. Todos os que o contradiziam ele tratava com desprezo absoluto; a todo argumento que não lhe agradava ele respondia com escárnio mordaz à ignorância incompreensível que o inspirara, ou com injúrias ultrajantes sobre os motivos daquele que o tinha sugerido.[109]

Marx gostava de fuzilar com o olhar quem desafiasse suas conclusões e afirmar: "Eu vou aniquilar você!" Os radicais e revolucionários com que Marx sucessivamente se indispôs ao longo de 40 anos compõem uma espécie de "quem é quem" da esquerda política do século XIX. Mesmo o paciente e sofredor Engels chegou perto de romper com Marx, cujos comentários secos e toscos sobre a morte da companheira de união estável de Engels em 1863 magoaram seu amigo. Engels escreveu: "Todos os meus amigos, incluindo conhecidos filisteus, mostraram-me mais compaixão e amizade nessa ocasião, que inevitavelmente me afetou profundamente, do que eu tinha o direito de esperar. Você achou o momento adequado para uma demonstração de superioridade de seu modo frio de pensar. Que assim seja!"[110]

O pedido de desculpas de Marx trouxe perdão,[111] e a parceria histórica continuou.

O Marx mais jovem da década de 1840 apresentou uma visão mais humana em seus escritos, e se tornou uma espécie de refúgio para os radicais modernos desiludidos com o Marx posterior mais severo e que parecia prenunciar Lenin e Stalin. O humor leve também iluminou alguns dos escritos mais antigos[112] de uma maneira raramente vista de novo nas obras posteriores de Marx e Engels. No entanto, seria um erro ignorar os elementos autoritários e terroristas tão presentes nesses escritos anteriores quanto nos posteriores; e tanto em Engels quanto em Marx. O primeiro rascunho de Engels para *The Communist Manifesto* incluía trabalho forçado,[113] enfraquecimento intencional da família com o fim da dependência "da esposa em relação ao marido e das crianças em relação aos pais",[114] e a construção de "moradias comuns para comunidades de cidadãos" para substituir casas de família. O *Neue Rheinische Zeitung* de Marx declarou em seu último dia de publicação: "*Quando chegar nossa vez, não vamos disfarçar nosso terrorismo.*"[115]

Uma moda atual, caracterizada de modo apropriado como "caça a Engels"[116] torna especialmente importante avaliar o papel de Engels no marxismo. Engels foi muito mais do que amigo e benfeitor de Marx. Ele foi um dos poucos com quem Marx teve intercâmbio intelectual, e de longe o mais importante. Na maior parte de sua vida, Marx, como um autodidata obscuro, esteve completamente isolado da participação do mundo das universidades, publicações especializadas, conferências acadêmicas e outros intercâmbios intelectuais institucionalizados. E nem tinha nenhuma interação intelectual, por correspondência ou pessoalmente, com as principais mentes de seu tempo: por

MARX, O HOMEM

exemplo, Mill, Darwin, Tolstoi, Menger ou Dostoievski. O relacionamento de Marx com intelectuais radicais contemporâneos era de tutela ou hostilidade. Sua correspondência consistia de forma preponderante de fofocas, intrigas e comentários passageiros sobre eventos atuais e personalidades contemporâneas. Somente com Engels eram discutidos assuntos intelectuais sérios, ainda que ocasionalmente com regularidade.

Os primeiros textos sobre economia de Engels forneceram a concepção básica que Marx sistematizou e elaborou nos volumosos livros de The Capital. Finalmente, a compilação e a edição de diversos manuscritos para os livros póstumos da obra-prima de Marx foram um trabalho monumental de dedicação e abnegação, que se estendeu por mais de uma década.

Engels não era só um escritor muito mais claro do que Marx, mas costumava transmitir de maneira mais sutil e precisa as teorias de Marx — sobretudo as teorias da história —, pois não se entregava tão facilmente à propensão de Marx por epigramas em detrimento da precisão. As cartas de Engels sobre a teoria marxiana da história são uma contribuição importante para entender o que Marx realmente fez em seus escritos históricos, em contraste com a maneira pela qual Marx procurou condensar sua prática em clichês que continuam a encobrir mais do que revelar.

Não é possível saber o que Engels teria realizado nas décadas que dedicou, primeiro, a garantir o sustento tanto para si quanto para Marx, e depois, a concluir a obra inacabada de Marx. Porém, o que ele realmente realizou foi impressionante e indicativo. Seu livro Socialism: Utopian and Scientific [Do socialismo utópico ao socialismo científico] continua sendo o melhor resumo do sistema de pensamento que leva o nome de Marx. O quanto do marxismo teve origem com Engels é uma questão que talvez nunca seja respondida. Sem dúvida, Engels foi um precursor da teoria das crises marxiana na economia,

THOMAS SOWELL · ESSENCIAL

como o próprio Marx indicou.[117] As cartas de Engels para Marx também pressagiaram o conteúdo e o título de *Eighteeth Brumaire* [*O 18 de Brumário de Luís Bonaparte*].[118] Mas os escritos colaborativos de Marx e Engels e suas conversas não registradas ao longo de 40 anos impossibilitam qualquer deslinde definitivo de suas respectivas contribuições ao marxismo.

Em 1883, junto ao túmulo de Marx, Engels retratou uma imagem idealizada que deu origem à matéria-prima que compõe as lendas. Ele começou: "No dia 14 de março, às 14h45, o maior pensador vivo deixou de pensar." Segundo Engels, "Marx descobriu a lei do desenvolvimento da história humana" e também "a lei especial do movimento que rege o modo de produção capitalista atual".[119] Inúmeras calúnias Marx "afastou como se fossem teias de aranha", e "embora possa ter tido muitos oponentes, mal tinha um único inimigo pessoal".[120] Na melhor das hipóteses, isso foi uma imagem bastante higienizada de um homem que personalizava cada disputa e cujas cartas para Engels estavam repletas de fofocas maldosas e intrigas desprezíveis. Finalmente, a oração fúnebre de Engels terminou com estas palavras: "Seu nome perdurará através dos tempos, assim como sua obra!"[121] De fato, o nome de Marx se tornou muito mais conhecido do que quando ele morreu em relativo anonimato há cem anos. Quanto do que aconteceu no século XX é "sua obra" — e em que sentido — é uma questão muito maior e mais complexa. Quanto a Marx, o homem, ele talvez tenha escrito seu melhor epitáfio ao citar: "Nada do que é humano me é estranho."[122] Outros o converteram em uma abstração e um ícone.

FONTES

QUESTÕES SOCIAIS

o ensaio "'Bola morta' *versus* 'bola viva'" foi escrito para este livro e não foi publicado anteriormente.

ECONOMIA

"PENSAMENTO no estágio inicial", "A economia do crime" e "A economia da discriminação" pertencem a meu livro *Applied Economics*.

"DISTRIBUIÇÃO de renda" é de meu livro *Intellectuals and Society*.

"SALVANDO vidas", "Leis de salário mínimo" e "O papel da economia" foram todos publicados em meu livro *Basic Economics: A Common Sense Guide to the Economy* [*Economia básica: um guia de economia voltado ao senso comum*].

QUESTÕES POLÍTICAS

"o padrão dos ungidos" está incluído em meu livro *The Vision of the Anointed: Self-Congratulation as A Basis for Social Policy*.

"REEXAMINANDO *On Liberty*" pertence a meu livro *On Classical Economics*.

"MARX, o homem" foi publicado em meu livro *Marxism: Philosophy and Economics*.

NOTAS

PENSAMENTO NO ESTÁGIO INICIAL

1. WINES, Michael. Caps on prices only deepen Zimbabweans' misery. *New York Times*, 2 de agosto de 2007, pp. A1, A8.

SALVANDO VIDAS

1. Catastrophes. *The Economist*, 20 de março de 2004, p. 116.

A ECONOMIA DO CRIME

1. WILSON, James Q.; PETERSILIA, Joan, editores. *Crime*. San Francisco: ICS Press, 1995, p. 492.
2. Ibid., p. 43.
3. Why we are, as we are. *The Economist*, 20 de dezembro de 2008, p. 128.
4. HERRNSTEIN, Richard J.; MURRAY, Charles. *The Bell Curve*. Nova York: Simon & Schuster, 1996, pp. 242-243.
5. MALCOLM, Joyce Lee. *Guns and Violence: The English Experience*. Cambridge, Massachusetts: Harvard University Press, 2002, p. 165.
6. FRASER, David. *A Land Fit for Criminals: An Insider's View of Crime, Punishment and Justice in England and Wales*. Sussex: Book Guild Publishing, 2006, pp. 82, 279, 294, 295, 297.
7. KLECK, Gary. *Point Blank: Guns and Violence in America*. New Brunswick, N. J.: Aldine Transaction, 2009, p. 140.
8. Ibid., p. 136.
9. WILSON, James Q.; HERRNSTEIN, Richard J.. *Crime and Human Nature*. Nova York: Simon & Schuster, 1985, p. 409.

NOTAS

10. SILBERMAN, Charles E. *Criminal Violence, Criminal Justice*. Nova York: Random House, 1978, p. 4.
11. SAUNDERS, Peter; BILLANTE, Nicole. Does prison work? *Policy*, volume 18, nº 4 (verão 2002-03), pp. 6, 7. FRASER, David. *A Land Fit for Criminals*, p. 97.
12. LIPTAK, Adam. World spurns bail for profit, but it's a pillar of U.S. justice. *New York Times*, 29 de janeiro de 2008, pp. A1, A16.
13. HITCHENS, Peter. *The Abolition of Britain*. San Francisco: Encounter Books, 2000, p. 32.
14. MALCOLM, Joyce Lee. *Guns and Violence*, p. 225.
15. Ibid., pp. 164-166, 168. HITCHENS, Peter. *A Brief History of Crime: The Decline of Order, Justice and Liberty in England*. Londres: Atlantic Books, 2003, p. 151.
16. BRICK, Michael. '80s plot to hit Giuliani? Mob experts doubt it. *New York Times*, 26 de outubro de 2007, p. B2.

A ECONOMIA DA DISCRIMINAÇÃO

1. LASKI, Harold J. *The American Democracy*. Nova York: Viking Press, 1948, p. 480. STIGLER, George J. *Memoirs of an Unregulated Economist*. Nova York: Basic Books, 1988, p. 31.
2. MENDELSOHN, Ezra. *The Jews of East Central Europe Between the World Wars*. Bloomington: Indiana University Press, 1983, pp. 23, 27.
3. ANDERSON, Bernard E. *Negro Employment in Public Utilities*. Filadélfia: Industrial Research Unit, Wharton School of Finance and Commerce, Universidade da Pensilvânia, 1970, pp. 73, 80.
4. Ibid., p. 150.
5. BOWLES, Jerry. Diversity to work. *BusinessWeek*, 16 de abril de 2007, pp. 70-75 (seção especial).
6. LAPPING, Brian. *Apartheid: A History*. Londres: Grafton, 1986, p. 164.
7. LIPTON, Merle. *Capitalism and Apartheid: South Africa, 1910-84*. Aldershot, Hants, Inglaterra: Gower, 1985, p. 152.
8. WILLIAMS, Walter E. *South Africa's War against Capitalism*. Nova York: Praeger, 1989, p. 78.
9. ISRAEL, Jonathan I. *European Jewry in the Age of Mercantilism, 1550-1750*, segunda edição. Oxford: Clarendon Press, 1989, pp. 87-93.
10. WIRTH, Louis. *The Ghetto*. Chicago: The University of Chicago Press, 1964, p. 229.

"DISTRIBUIÇÃO DE RENDA"

1. Class and the american dream. *New York Times*, 30 de maio de 2005, p. A14.
2. THOMAS, Evan; GROSS, Daniel. Taxing the super rich. *Newsweek*, 23 de julho de 2007, p. 38.

THOMAS SOWELL · ESSENCIAL

3. ROBINSON, Eugene. Tattered dream; who'll tackle the issue of upward mobility? *Washington Post*, 23 de novembro de 2007, p. A39.

4. HOOK, Janet. Democrats pursue risky raising-taxes strategy. *Los Angeles Times*, 1º de novembro de 2007.

5. HACKER, Andrew. *Money: Who Has How Much and Why*. Nova York: Scribner, 1997, p. 10.

6. DIONNE, E. J. Overtaxed rich is a fairy tale of supply side. *Investor's Business Daily*, 29 de julho de 2010, p. A11.

7. Ver, por exemplo, WESSEL, David. As rich-poor gap widens in the U.S., class mobility stalls. *Wall Street Journal*, 13 de maio de 2005, pp. A1 e seguintes.

8. Movin' on up. *Wall Street Journal*, 13 de novembro de 2007, p. A24.

9. JOHNSTON, David Cay. Richest are leaving even the rich far behind. *New York Times*, 5 de junho de 2005, seção 1, pp. 1 e seguintes.

10. Departamento do Tesouro dos Estados Unidos. Income mobility in the U.S. from 1996 to 2005, 13 de novembro de 2007, p. 12.

11. HERMAN, Tom. There's rich, and there's the 'Fortunate 400'. *Wall Street Journal*, 5 de março de 2008, p. D1.

12. The 400 individual income tax returns reporting the highest adjusted gross incomes each year, 1992-2000. *Statistics of Income Bulletin*. Departamento do Tesouro dos Estados Unidos, primavera de 2003, publicação 1136 (revisado 6-03).

13. COX, W. Michael; ALM, Richard. By our own bootstraps: economic opportunity & the dynamics of income distribution. *Annual Report*, 1995, Federal Reserve Bank of Dallas, p. 8.

14. SAUNDERS, Peter. Poor statistics: getting the facts right about poverty in Austrália. *Issue Analysis* nº 23, Centre for Independent Studies (Austrália), 3 de abril de 2002, p. 5. GREEN, David. *Poverty and Benefit Dependency*. Wellington: New Zealand Business Roundtable, 2001, pp. 32, 33. CLEMENS, Jason; EMES, Joel. Time reveals the truth about low income. *Fraser Forum*, setembro de 2001, pp. 24-26.

15. Departamento do Trabalho dos Estados Unidos, Agência de Estatísticas do Trabalho. *Characteristics of Minimum Wage Workers: 2005*. Washington: Department of Labor, Bureau of Labor Statistics, 2006, p. 1 e Tabela 1.

16. Departamento do Tesouro dos Estados Unidos. Income mobility in the U. S. from 1996 to 2005, 13 de novembro de 2007, p. 2.

17. Compilado de DENAVAS-WALT, Carmen *et al.* Income, poverty, and health insurance coverage in the United States: 2005. *Current Population Reports*, P60-231. Washington: U.S. Bureau of the Census, 2006, p. 4.

18. Ver, por exemplo, The rich get richer, and so do the old. *Washington Post*, edição nacional semanal, 7 de setembro de 1998, p. 34.

19. Compilado de *Economic Report of the President*. Washington: U. S. Government Printing Office, 2009, p. 321. Ibid, edição de 2008, p. 263.

20. MILLER, Herman P. *Income Distribution in the United States*. Washington: U. S. Government Printing Office, 1966, p. 7.

NOTAS

21. KREIDER, Rose M.; ELLIOTT, Diana B. America's family and living arrangements: 2007. *Current Population Reports*, P20-561. Washington: U. S. Bureau of the Census,setembro de 2009, p. 5.

22. RECTOR, Robert; HEDERMAN, Rea S. *Income Inequality: How Census Data Misrepresent Income Distribution*. Washington: The Heritage Foundation, 1999, p. 11.

23. Dados sobre números de chefes de família trabalhando em domicílios de alta e baixa renda em 2000 são da Tabela HINC-06 da *Current Population Survey*, obtidos por download do site do Departamento do Censo.

24. REYNOLDS, Alan. *Income and Wealth*. Westport, CT: Greenwood Press, 2006, p. 28.

25. HARRINGTON, Michael. *The Other America: Poverty in the United States*. Nova York: Penguin Books, 1981, pp. XIII, 1, 12, 16, 17.

26. REYNOLDS, Alan. *Income and Wealth*, p. 67.

27. HACKER, Andrew. *Money*, p. 31.

28. DIMEGLIO, Steve. With golf needing a boost, its leading man returns. USA *Today*, 25 de fevereiro de 2009, pp. A1 e seguintes.

LEIS DE SALÁRIO MÍNIMO

1. Departamento do Trabalho dos Estados Unidos, Agência de Estatísticas do Trabalho. *Characteristics of Minimum Wage Workers: 2004*. Washington: Department of Labor, Bureau of Labor Statistics, 2005, p. 1 e Tabela 1.

2. Economic and financial indicators. *The Economist*, 15 de março de 2003, p. 100.

3. Hong Kong's jobless rate falls. *Wall Street Journal*, 16 de janeiro de 1991, p. C16.

4. The Economist Intelligence Unit. *Country Commerce: Hong Kong 2002*, dezembro de 2002, p. 45.

5. SEGAL, Philip. Hong Kong solutions. *Far Eastern Economic Review*, 20 de março de 2003, p. 13.

6. World Watch. *Wall Street Journal*, 18 de junho de 2003, p. A14.

7. BECKER, Gary; BECKER, Guity Nashat. *The Economics of Life*. Nova York: McGraw-Hill, 1997, p. 39.

8. LETT, Erin; BANISTER, Judith. Labor costs of manufacturing employees in China: an update to 2003-04. *Monthly Labor Review*, novembro de 2006, p. 41.

9. CLEMENS, Jason *et al. Measuring Labour Markets in Canada and the United States: 2003 Edition*. Vancouver, Canadá: The Fraser Institute, 2003.

10. Departamento do Trabalho dos Estados Unidos, Agência de Estatísticas do Trabalho. *Characteristics of Minimum Wage Workers: 2004*, p. 1 e Tabela 1.

11. Bad law, worse timing. *Wall Street Journal*, 25 de julho de 2008, p. A14.

12. ADAMS, Scott; NEUMARK, David. A decade of living wages: what have we learned? *California Economic Policy*, julho de 2005, pp. 1-23.

13. Ver, por exemplo, DEERE Donald; MURPHY, Kevin M.; WELCH, Finis. Employment and the 1990—1991 minimum-wage hike. *The American Economic Review*, maio de 1995, pp. 232-237.

14. ACIL Economics and Policy, Pty. Ltd. *What Future for New Zealand's Minimum Wage Law?* Wellington: New Zealand Business Roundtable, 1994, pp. 32-34.

15. NEUMARK, David; WASCHER, William. Minimum wages and employment: a review of evidence from the new minimum wage research. National Bureau of Economic Research, documento de trabalho 12663, novembro de 2006, p. 123.

16. Unions v Jobs. *The Economist*, 28 de maio de 2005, p. 49.

17. No way to start out in life. *The Economist*, 18 de julho de 2009, p. 53.

18. DEERE, Donald; MURPHY, Kevin M.; WELCH, Finis. Employment and the 1990-1991 minimum-wage hike. *The American Economic Review*, maio de 1995, pp. 232-237.

19. Pelosi's tuna surprise. *Wall Street Journal*, 16 de janeiro de 2007, p. A20.

20. NEUMARK David; CUNNINGHAM, Wendy; SIGA Lucas. The effects of the minimum wage in Brazil on the distribution of family incomes, 1996-2001. *Journal of Development Economics*, Vol. 80 (2006), pp. 157-158.

21. Long-term unemployment. *The Economist*, 23 de junho de 2007, p. 105.

22. WILLIAMS, Walter. *Youth and Minority Unemployment*. Stanford: Hoover Institution Press, 1977. ACIL Economics and Policy, Pty. Ltd. *What Future for New Zealand's Minimum Wage Law?*, pp. XVI, XVII, 23, 24, 33-35, 45.

23. A divided self: a survey of France. *The Economist*, 16 de novembro de 2002, p. 11.

24. JENKINS JR., Holman W. Shall we eat our young? *Wall Street Journal*, 19 de janeiro de 2005, p. A13.

25. SCHWARTZ, Nelson D. Young, down and out in Europe. *New York Times*, 1º de janeiro de 2010, pp. B1, B4.

26. BUCKINGHAM, Jennifer. *State of the Nation*. St. Leonards, NSW: Centre For Independent Studies, 2004, p. 110.

27. MOORE, Des. Who is the fairest of them all?. *Policy* (Austrália), primavera de 2007, p. 8.

28. WILLIAMS, Walter. *Youth and Minority Unemployment*. YOUNG, Charles H.; REID, Helen R. Y. *The Japanese Canadians*. Toronto: The University of Toronto Press, 1938, pp. 49-50.

29. BERNSTEIN, David E. *Only One Place of Redress*. Durham: Duke University Press, 2001, p. 103.

30. BANFIELD, Edward C. *The Unheavenly City* (Boston: Little, Brown, 1970), p. 98.

31. WILLIAMS, Walter. *Youth and Minority Unemployment*, p. 14.

32. Left behind. *The Economist*, 22 de agosto de 2009, p. 26.

O PAPEL DA ECONOMIA

1. KUHN, Thomas S. *The Structure of Scientific Revolutions*, segunda edição. Chicago: University of Chicago Press, 1970, p. 17.

2. VINER, Jacob. *The Long View and the Short*. Glencoe, IL: Free Press, 1958, p. 79.

NOTAS

3. MARX, Karl. *Wage labour and capital*, seção V. MARX, Karl; ENGELS, Friedrich. *Selected Works*. Moscou: Foreign Languages Publishing House, 1955, Vol. I, p. 99. MARX, Karl. *The Capital: A Critique of Political Economy*. Chicago: Charles H. Kerr & Co., 1909, Vol. III, pp. 310-311.

4. SMITH, Adam. *The Wealth of Nations*. Nova York: Modern Library, 1937, p. 423.

5. MARX, Karl; ENGELS, Friedrich. *Selected Correspondence 1846-1895*, traduzido para o inglês por Dona Torr. Nova York: International Publishers, 1942, p. 476.

6. SCHUMPETER, Joseph A. Science and ideology. *American Economic Review*, março de 1949, p. 352.

7. Ibid., p. 353.

8. Ibid., p. 355.

9. Ibid., p. 346.

10. Ibid., p. 358.

11. SCHUMPETER, Joseph A. *History of Economic Analysis*. Nova York: Oxford University Press, 1954, p. 43.

12. SCHUMPETER Joseph A. Science and ideology. *American Economic Review*, março de 1949, p. 359.

13. KEYNES, John Maynard. *The General Theory of Employment Interest and Money*. Nova York: Harcourt, Brace and Company, 1936, p. 383.

14. STIGLER, George J. *Essays in the History of Economics*. Chicago: University of Chicago Press, 1965, p. 21.

O PADRÃO DOS UNGIDOS

1. SCHUMPETER, Joseph A. Review of Keynes's general theory. *Journal of the American Statistical Association*, dezembro de 1936, p. 795.

2. Public welfare program — message from the President of the United States (H. Doc. No. 325). *Congressional Record*, 1º de fevereiro de 1962, p. 1405.

3. Ibid., p. 1406.

4. Ibid., p. 1405.

5. Relief is no solution. *New York Times*, 2 de fevereiro de 1962, p. 28.

6. *Congressional Quarterly*, 2 de fevereiro de 1962, p. 140.

7. HUNTER, Marjorie. Johnson signs bill to fight poverty; pledges new era. *New York Times*, 21 de agosto de 1964, p. 1.

8. Ibid.

9. Excerpts from President Lyndon B. Johnson's address to the nation on civil disorders, July 27, 1967. *Report of the National Advisory Commission on Civil Disorders*, 1º de março de 1968, p. 297. Transcript of Johnson's TV address on the riots. *New York Times*, 28 de julho de 1967, p. A11.

10. *Report of the National Advisory Commission on Civil Disorders*, 1º de março de 1968, p. 91.

THOMAS SOWELL · ESSENCIAL

11. SEMPLE JR., Robert B. Dr. King scores poverty budget. *New York Times*, 16 de dezembro de 1966, p. A33. SEMPLE JR., Robert B. 2 More score U. S. on help for poor. *New York Times*, 7 de dezembro de 1966, p. A32.

12. Ver, por exemplo, MOYNIHAN, Daniel Patrick. *Maximum Feasible Misunderstanding: Community Action in the War on Poverty*. Nova York: The Free Press, 1969, pp. xxvi-xxvii.

13. MOHR, Charles. "Viva Goldwater" greets senator. *New York Times*, 16 de fevereiro de 1964, p. 47.

14. Goldwater sees Johnson retreat. *New York Times*, 19 de janeiro de 1964, p. 49.

15. PATTERSON, James T. *America's Struggle Against Poverty: 1900-1980*. Cambridge, Mass.: Harvard University Press, 1981, pp. 145, 146, 149, 152.

16. HAZLITT, Henry. The war on poverty. *Newsweek*, 6 de abril de 1964, p. 74.

17. MURRAY, Charles. *Losing Ground: American Social Policy, 1950-1960*. Nova York: Basic Books, Inc., 1984, p. 57.

18. Ibid., p. 64.

19. PATTERSON, James T. *America's Struggle Against Poverty*, p. 132.

20. Ibid., pp. 64-65.

21. Departamento do Censo dos Estados Unidos. *Current Population Reports*, Series P-60-185. Washington: U.S. Government Printing Office, 1993, p. ix. A taxa de pobreza como porcentagem da população total não era tão alta como em 1964, mas o número absoluto de pessoas na pobreza era. Esse aumento no número absoluto de pessoas na pobreza começou no final da década de 1970. U. S. Bureau of the Census. *Current Population Reports*, Series P-23, nº 173. Washington: U. S. Government Printing Office, 1991, p. 18.

22. MURRAY, Charles. *Losing Ground*, pp. 49, 67.

23. PATTERSON, James T. *America's Struggle Against Poverty*, p. 170.

24. Ibid., pp. 164-165.

25. Ibid., p. 164.

26. Ver, por exemplo, MOYNIHAN, Daniel Patrick. *Maximum Feasible Misunderstanding*, pp. liii, 150, 156.

27. CARTER III, Hodding. "Disarmament" spells defeat in war on poverty. *Wall Street Journal*, 11 de agosto de 1983, p. 21.

28. How great was the great society?. *The Great Society: A Twenty Year Critique*. Austin, TX: The Lyndon Baines Johnson Library, 1986, p. 125.

29. CARTER III, Hodding. "Disarmament" spells defeat in war on poverty. *Wall Street Journal*, 11 de agosto de 1983, p. 21.

30. MIDDLETON, Harry J. Welcome. *The Great Society*, p. 1.

31. JOHNSON, Mrs. Lyndon B. Welcome. Ibid., p. 2.

32. MOUNT, Lucia. U. S. war on poverty: no sweeping victory, but some battles may have been won. *Christian Science Monitor*, 19 de setembro de 1984, pp. 3-4.

33. Senado dos Estados Unidos, 90º legislatura, primeira sessão. *Hearings Before the Subcommittee on Employment, Manpower, and Poverty of the Committee on Labor and Public Welfare*, Parte 7. Washington: U. S. Government Printing Office, 1967, pp. 2170-2171.

NOTAS

34. TORES, Aida; FORREST, Jacqueline Darroch; EISMAN, Susan. Family planning services in the United States, 1978-79. *Family Planning Perspectives*, volume 13, nº 3 (maio/junho de 1981), pp. 139, 141.

35. SCHILLER, Patricia. Sex education that makes sense. NEA *Journal*, fevereiro de 1968, p. 19.

36. OOMS. Theodore. *Teenage Pregnancy in a Family Context*. Filadélfia: Temple University Press, 1981, p. 26.

37. Alan Guttmacher Institute, *Informing Social Change*. Nova York: The Alan Guttmacher Institute, 1980, p. 7.

38. HAYES, Cheryl D., editor. *Risking the Future: Adolescent Sexuality, Pregnancy, and Childbearing*. Washington: National Academy Press, 1987, p. 160.

39. OOMS, Theodore. *Teenage Pregnancy in a Family Context*, pp. 39-40.

40. HOYMAN, H. S. Should we teach about birth control in high school sex education? *Education Digest*, fevereiro de 1969, p. 22.

41. Senado dos Estados Unidos, 89ª legislatura, segunda sessão. *Family Planning Program: Hearing Before the Subcommittee on Employment, Manpower and Poverty of the Committee on Labor and Public Welfare*. Washington: U. S. Government Printing Office, 1966, p. 84.

42. ZAZZARO, Joanne. Critics or no critics, most Americans still firmly support sex education in schools. *American School Board Journal*, setembro de 1969, p. 31.

43. HILDRUP, Robert P. Why sex education belongs in the schools. PTA *Magazine*, fevereiro de 1974, p. 13.

44. KASUN, Jacqueline. *The War Against Population*. San Francisco: Ignatius Press, 1988, p. 144.

45. *Today's VD Control Problem: Joint Statement by American Public Health Association, American Social Health Association, American Venereal Disease Association, Association of State and Territorial Health Officers in Co-operation with the American Medical Association*, fevereiro de 1966, p. 20.

46. KIRKENDALL, Lester A. Sex education: a reappraisal. *The Humanist*, primavera de 1965, p. 82.

47. Three's a crowd. *New York Times*, 17 de março de 1972, p. 40.

48. HECHINGER, Fred M. Introduction. *Sex Education and the Schools*, editado por Virginia Hilu. Nova York: Harper & Row, 1967, p. XIV.

49. KOBLER, John. Sex invades the schoolhouse. *The Saturday Evening Post*, 29 de junho de 1968, p. 26.

50. KASUN, Jacqueline. *The War Against Population*, pp. 142, 144.

51. HAYES, Cheryl D., editor. *Risking the Future*, p. 66.

52. Ibid., p. 58.

53. Alan Guttmacher Institute. *Informing Social Change*, p. 30.

54. Audiências perante o Comitê Legislativo sobre Populações, 95ª legislatura, segunda sessão. *Fertility and Contraception in America: Adolescent and Pre-Adolescent Pregnancy*. Washington: U. S. Government Printing Office, 1978, volume II, p. 253.

55. Ibid., p. 625.

56. PICKER, Les. Human sexuality education implications for biology teaching. *The American Biology Teacher*, Vol. 46, nº 2 (fevereiro de 1984), p. 92.

57. Audiências perante o Comitê Legislativo sobre Populações, 95º legislatura, segunda sessão. *Fertility and Contraception in America: Adolescent and Pre-Adolescent Pregnancy*, volume II, p. 1.

58. REICHELT, Paul A.; WERLEY, Harriet H. Contraception, abortion and venereal disease: teenagers' knowledge and the effect of education. *Family Planning Perspectives*, março/abril de 1975, p. 83.

59. Ibid., p. 88.

60. SCALES, Peter. The new opposition to sex education: a powerful threat to a democratic society. *The Journal of School Health*, abril de 1981, p. 303.

61. *Fertility and Contraception in the United States: Report Prepared by the Select Committee on Population*. Washington: U. S. Government Printing Office, 1978, p. 5.

62. HACKER, Sylvia S. It Isn't Sex Education Unless... *The Journal of School Health*, abril de 1981, p. 208.

63. Ver, por exemplo, SOWELL, Thomas. *Inside American Education: The Decline, The Deception, The Dogmas*. Nova York: Free Press, 1992, capítulo 3.

64. FIELDS, Suzanne. "War" Pits Parents vs. Public Policy. *Chicago Sun-Times*, 17 de outubro de 1992, p. 19.

65. Ibid.

66. Ver, por exemplo, SOWELL, Thomas. *Inside American Education*, pp. 51-53, 255.

67. Sobre a difamação de pais em sala de aula, ver ibid., pp. 48-53.

68. HOTTOIS James; MILNER, Neal A. *The Sex Education Controversy: A Study of Politics, Education, and Morality*. Lexington, Mass.: D. C. Heath and Co., 1975, p. 6.

69. BAZELON, juiz David L. The imperative to punish. *The Atlantic Monthly*, julho de 1960, p. 41.

70. Departamento de Censo dos Estados Unidos, *Historical Statistics of the United States: Colonial Times to 1970*. Washington: U. S. Government Printing Office, 1975, p. 414.

71. Ibid.

72. BAZELON, juiz David L. The imperative to punish. *The Atlantic Monthly*, julho de 1960, p. 41.

73. Ibid., p. 42.

74. Ibid., p. 43.

75. Ibid.

76. Ibid.

77. Ibid.

78. Ibid.

79. Ibid., p. 47.

80. BRENNAN, William J. Foreword. David L. Bazelon, *Questioning Authority: Justice and Criminal Law*. Nova York: Alfred A. Knopf, 1988, pp. ix-XII.

81. Ibid., pp. XI, XII.

NOTAS

82. DOUGLAS, William O. *The Court Years: The Autobiography of William O. Douglas*. Nova York: Random House, 1980, p. 84.

83. CLARK, Ramsey. *Crime in America: Observations on Its Nature, Causes, Prevention and Control*. Nova York: Simon & Schuster, 1970, p. 220.

84. Ibid., p. 202.

85. WICKER, Tom. Introduction, ibid., pp. 11, 14.

86. Pick of the paperbacks. *Saturday Review*, 27 de novembro de 1971, p. 48.

87. SHNAYERSON, Robert. Force and the law. *Time*, 30 de novembro de 1970, pp. 83-84.

88. PACKER, Herbert. Causes of crime. *New Republic*, 7 de novembro de 1970, pp. 28-30.

89. The liberals' friend. *Times Literary Supplement*, 26 de novembro de 1971, p. 1467.

90. Ver, por exemplo, FLEMING, Macklin. *The Price of Perfect Justice*. Nova York: Basic Books, 1974, capítulo 9.

91. WILSON, James Q. *Thinking About Crime*. Nova York: Basic Books, 1975, p. 173. VAN DEN HAAG, Ernest. *Punishing Criminals: Concerning a Very Old and Painful Question*. Nova York: Basic Books, 1975, p. 158. Departamento de Justiça dos Estados Unidos. *The Case for More Incarceration*, 1992, NCJ-139583. Washington: U. S. Department of Justice, 1992, pp. 1-5.

92. BAZELON, juiz David L. The imperative to punish. *The Atlantic Monthly*, julho de 1960, p. 42.

93. Ibid., p. 46.

94. FRANKEL, Max. Johnson derides urban reform foes. *New York Times*, 26 de junho de 1967, p. 45.

95. JOHNSON, Thomas A. Muskie, in Jersey, calls Wallace "The man we've got to defeat". *New York Times*, 24 de outubro de 1968, p. 42.

96. GRAHAM, Fred P. Dissenters bitter: four view limitation on confessions as aid to criminals. *New York Times*, 17 de junho de 1966, pp. 1 e seguintes.

97. ZION, Sidney E. Attack on court heard by Warren. *New York Times*, 10 de setembro de 1965, pp. 1 e seguintes.

98. WILSON James Q.; HERRNSTEIN, Richard J. *Crime and Human Nature*. Nova York: Simon & Schuster, 1985, p. 409.

99. SILBERMAN, Charles E. *Criminal Violence, Criminal Justice*. Nova York: Random House, 1978, p. 4.

100. Departamento do Censo dos Estados Unidos. *Historical Statistics of the United States: Colonial Times to 1970*, p. 415.

101. Federal Bureau of Investigation (FBI). *Crime in the United States, 1991: Uniform Crime Reports*, 1991. Washington: U. S. Government Printing Office, 1992, p. 280.

102. No shackles on the law. *New York Times*, 15 de agosto de 1966, p. 26.

103. "Há exemplos marcantes de 'ondas de crime' que acabaram por ser nada mais do que ondas de relatórios estatísticos." KAMISAR, Yale. Public safety v. individual liberties: some "facts" and "theories". *The Journal of Criminal Law, Criminology and Police Science*, vol. 63 (1962), p. 187. "Eles têm feito grande alarde sobre os

THOMAS SOWELL · ESSENCIAL

preços 'desastrosos' e 'catastróficos' que estamos pagando para efetivar as liberdades constitucionais, mas ainda não forneceram evidências convincentes de que o preço é mesmo substancial." Ibid., p. 193.

104. WILSON, James Q. *Thinking About Crime*, p. 75.

105. STERN, Michael. Menninger discounts criminality in nation. *New York Times*, 30 de outubro de 1968, p. 49.

106. SILBERMAN, Charles E. *Criminal Violence, Criminal Justice*, p. 261.

107. WILSON, James Q.; HERRNSTEIN Richard J. *Crime and Human Nature*, pp. 424-425.

108. Ibid., p. 429.

109. Departamento de Censo dos Estados Unidos. *Historical Statistics of the United States: Colonial Times to 1970*, p. 414.

110. WILSON, James Q. *Thinking About Crime*, p. 17.

111. Federal Bureau of Investigation (FBI). *Crime in the United States, 1991: Uniform Crime Reports*, 1991, p. 13.

112. A revista *Newsweek* considerou o livro de Silberman "um dos estudos mais completos e provocativos já feitos sobre crime nos Estados Unidos". FOOTLICK, Jerold K. White fear, black crime. *Newsweek*, 23 de outubro de 1978, p. 134. Elogios semelhantes apareceram em publicações como *The New Yorker, The New York Review of Books* e outros baluartes dos ungidos. Ver BLIVEN, Naomi. Crime and punishment. *The New Yorker*, 26 de março de 1979, pp. 131-134. HUGHES, Graham. American terror. *New York Review of Books*, 25 de janeiro de 1979, pp. 3-4. As American as Jesse James. *Time*, 6 de novembro de 1978, pp. 76, 78. GARDNER, Peter, resenha. *Psychology Today*, janeiro de 1979, p. 99.

113. GRAHAM, Fred P. Warren says all share crime onus. *New York Times*, 2 de agosto de 1968, pp. 1, 13.

114. WARREN, Earl, presidente da Suprema Corte. *The Memoirs of Earl Warren*. Garden City, N.Y.: Doubleday & Co., Inc., 1977, p. 317.

REEXAMINANDO *ON LIBERTY*

1. MILL, John Stuart. On liberty. *Essays on Politics and Society*, editado por J. M. Robson. Toronto: University of Toronto Press, 1977, p. 228.

2. Ibid., p. 228n.

3. Ibid., p. 240.

4. Ibid., p. 219.

5. Ibid., p. 272.

6. Ibid., pp. 222-223.

7. Ibid., p. 217.

8. Ibid., p. 220.

9. Ibid.

10. Ibid., p. 241.

NOTAS

11. Ibid., p. 223.
12. Ibid., p. 270.
13. Ibid., p. 262.
14. Ibid., p. 267.
15. MILL, John Stuart. De Tocqueville on democracy in America [I], ibid, p. 86.
16. MILL, John Stuart. Civilization, ibid., p. 128.
17. MILL, John Stuart. On Liberty, ibid., p. 269.
18. MILL, John Stuart. Civilization, ibid., p. 139.
19. MILL, John Stuart. Civilization, ibid., p. 121.
20. MILL, John Stuart. De Tocqueville on Democracy in America [I], ibid., p. 86.
21. MILL, John Stuart. On Liberty, ibid., p. 222.
22. MILL, John Stuart. Carta para Alexander Bain, 6 de agosto de 1859. *Collected Works of John Stuart Mill*, Vol. XV: *The Later Letters of John Stuart Mill*, editado por Francis E. Mineka e Dwight N. Lindley. Toronto: University of Toronto Press, 1972, p. 631.
23. HAYEK, F. A. *John Stuart Mill and Harriet Taylor: Their Correspondence and Subsequent Marriage*. Chicago: University of Chicago Press, 1951, p. 191.
24. Ibid., p. 92.

MARX, O HOMEM

1. MCLELLAN, David. *Karl Marx: His Life and Thought*. Nova York: Harper & Row, 1973, p. 15n. No entanto, o barão Von Westphalen não morava ao lado, como às vezes é dito.
2. PAYNE, Robert. *Marx: A Biography*. Nova York: Simon & Schuster, 1968), p. 21.
3. Ibid., p. 20.
4. MARX, Karl. *The Letters of Karl Marx*, traduzido para o inglês por Saul K. Padover. Englewood Cliffs: Prentice-Hall, Inc., 1979, p. 171. Ver também PAYNE, Robert. *Marx*, pp. 316, 345.
5. MCLELLAN, David. *Karl Marx*, p. 15.
6. Ibid., p. 17.
7. Ibid, p. 33.
8. MARX, Karl. *The Letters of Karl Marx*, traduzido para o inglês por Saul K. Padover, pp. 490-511, *passim*.
9. MCLELLAN, David. *Karl Marx*, p. 22.
10. PAYNE, Robert. *Marx*, pp. 59-74, *passim*.
11. Ibid., p. 62.
12. Ibid., p. 63.
13. MCLELLAN, David. *Karl Marx*, pp. 32-33.
14. Ibid., p. 31.
15. Ibid., p. 34.
16. PAYNE, Robert. *Marx*, p. 77.

17. Ibid., p. 79.
18. MCLELLAN, David. *Karl Marx*, p. 40.
19. Ibid., p. 53.
20. Ibid.
21. Ibid., p. 59. MEHRING, Franz. *Karl Marx: The Story of His Life*. Londres: George Allen & Unwin Ltd., 1966, p. 51.
22. MCLELLAN, David. *Karl Marx*, pp. 51-53.
23. Ibid., p. 55.
24. PAYNE, Robert, *Marx*, p. 85.
25. Ibid., p. 88.
26. PADOVER, Saul K. *Karl Marx: An Intimate Biography*. Nova York: New American Library, 1978, p. 76.
27. PAYNE, Robert. *Marx*, p. 117. PADOVER, Saul K. *Karl Marx*, p. 89.
28. PADOVER, Saul K. *Karl Marx*, p. 89.
29. MAYER, Gustav. *Friedrich Engels: A Biography*. Nova York: Alfred A. Knopf, Inc., 1936, p. 4.
30. PADOVER, Saul K. *Karl Marx*, p. 94.
31. MAYER, Gustav. *Friedrich Engels*, p. 9.
32. MCLELLAN, David. *Engels*. (Glasgow: Fontana/Collins, 1977), p. 16.
33. MARX, Karl; ENGELS, Friedrich. *The Holy Family*. (Moscou: Foreign Languages Publishing House, 1956), p. 16.
34. EVANS, Faith, tradutor para o inglês. *The Daughters of Karl Marx*. Nova York: Harcourt Brace Jovanovich, 1970, p. 281n. Ver também MCLELLAN, David. *Karl Marx*, pp. 285-286.
35. PAYNE, Robert. *Marx*, p. 160.
36. Ibid., p. 161.
37. PADOVER, Saul K. *Karl Marx*, p. 115.
38. MARX, Karl; ENGELS, Friedrich. *Collected Works*. Nova York: International Publishers, 1982, volume 38, p. 143.
39. PAYNE, Robert. *Marx*, p. 183.
40. MCLELLAN, David. *Engels*, p. 19.
41. Ibid., p. 66.
42. MARX, Karl; ENGELS, Friedrich. *Collected Works*, volume 38, p. 153.
43. Ibid.
44. Ibid., p. 115.
45. MCLELLAN, David. *Karl Marx*, pp. 222-223.
46. PAYNE, Robert. *Marx*, p. 338.
47. PADOVER, Saul K. *Karl Marx*, p. 132.
48. MARX, Karl; ENGELS, Friedrich. *Collected Works*, volume 38, p. 30.
49. MCLELLAN, David. *Engels*, p. 17.
50. Ibid., p. 20.
51. MARX Karl; ENGELS, Friedrich. *Selected Letters*, editado por Fritz J. Raddatz. Boston: Little, Brown & Company, 1980, p. 23.

NOTAS

52. Ver MCLELLAN, David. *Karl Marx*, pp. 264, 357n.
53. Ibid., p. 264.
54. PADOVER, Saul K. *Karl Marx*, p. 182.
55. Ibid., p. 184.
56. Ibid., p. 264. O próprio Marx confessou a Engels: "Eu vivo de forma muito dispendiosa para minhas circunstâncias." MARX Karl; ENGELS, Friedrich. *Selected Letters*, editado por Fritz J. Raddatz, p. 112.
57. Ver NICOLAIEVSKY, Boris; MAENCHEN-HELFEN, Otto. *Karl Marx: Man and Fighter*. Filadélfia: J. B. Lippincott Company, 1936, p. 239. PAYNE, Robert. *Marx*, pp. 349-350.
58. Ver, por exemplo, MARX, Karl; ENGELS, Friedrich. *Collected Works*, volume 38, p. 227; volume 39, p. 85.
59. PAYNE, Robert. *Marx*, p. 266.
60. Ibid., pp. 537-538.
61. Ibid., p. 534.
62. MARX, Karl; ENGELS, Friedrich. *Selected Letters*, editado por Fritz J. Raddatz, p. 95.
63. Ibid., p. 27.
64. MARX, Karl; ENGELS, Friedrich. *Collected Works*, volume 38, p. 323.
65. MARX, Karl; ENGELS, Friedrich. *Selected Letters*, editado por Fritz J. Raddatz, p. 108.
66. Ibid., p. 44.
67. Ibid., p. 68.
68. Ibid., p. 66.
69. Ibid., p. 81.
70. Ibid., p. 82.
71. PAYNE, Robert. *Marx*, p. 71.
72. Ibid., p. 72.
73. Como é feito por Dagobert D. Runes, "Introduction". MARX, Karl. *A World Without Jews*. Nova York: Philosophical Library, 1960, p. XI.
74. MARX, Karl; ENGELS, Friedrich. *The Holy Family*, pp. 117-121, 127-133, 143-159.
75. Ibid., p. 148.
76. MARX, Karl; ENGELS, Friedrich. *Letters to Americans*. Nova York: International Publishers, 1953, pp. 65-66.
77. Ver MARX, Karl. *Letters of Karl Marx*, traduzido por Saul K. Padover, pp. 197, 214-216.
78. MARX, Karl; ENGELS, Friedrich. *Collected Works*, volume 38, p. 372.
79. Ver, por exemplo, PAYNE, Robert. *Marx*, p. 426. PADOVER, Saul K. *Karl Marx*, pp. 216-221.
80. Não há uma única referência a Marx em nenhum dos volumosos escritos de Mill, nem em sua volumosa correspondência.
81. MEHRING, Franz. *Karl Marx*, p. 323.

82. PAYNE, Robert. *Marx*, p. 366.
83. Ibid., p. 369.
84. Ibid.
85. Ibid., pp. 369, 372.
86. Ibid., p. 373.
87. MARX, Karl; ENGELS, Friedrich. *Selected Correspondence*, traduzido para o inglês por Dona Torr. Nova York: International Publishers, 1942, p. 330.
88. MCLELLAN, David. *Karl Marx*, p. 422.
89. Ibid.
90. MARX, Karl; ENGELS, Friedrich. *Selected Letters*, editado por Fritz J. Raddatz, p. 9.
91. MCLELLAN, David. *Karl Marx*, p. 353.
92. PAYNE, Robert. *Marx*, p. 426.
93. Ibid., p. 327.
94. Ibid., p. 355.
95. PADOVER, Saul K. *Karl Marx*, p. 271.
96. Ibid., pp. 270–271.
97. MARX, Karl; ENGELS, Friedrich. *Selected Letters*, editado por Fritz J. Raddatz, p. 52.
98. Ibid., p. 81.
99. Ibid., p. 98.
100. PADOVER, Saul K. *Karl Marx*, p. 277.
101. Ver, por exemplo, ENGELS, Friedrich; LAFARGUE, Paul e Laura. *Correspondence*. Moscou: Foreign Languages Publishing House, 1959, volume I, pp. 49, 50, 51, 52, 54, 55, 57, 60, 62, 68, 104, 110, 119, 131, 133, 136, 174, 185, 214, 245, 255, 257, 295, 309, 316, 345, 367. Existem dois volumes adicionais da correspondência deles para outros investigarem.
102. PAYNE, Robert. *Marx*, pp. 522-531.
103. NICOLAIEVSKY, Boris; MAENCHEN-HELFEN, Otto. *Karl Marx*, pp. 243-245.
104. MARX, Karl. *Letters of Karl Marx*, traduzido por Saul K. Padover, p. 414.
105. PAYNE, Robert, *Marx*, p. 295.
106. RUBEL, Maximilien; MANALE, Margaret. *Marx Without Myth: A Chronological Study of His Life and Work*. Nova York: Harper & Row Publishers, 1975, p. 14.
107. PAYNE, Robert. *Marx*, p. 321.
108. Ibid., p. 143.
109. Ibid., pp. 155-156.
110. MARX, Karl; ENGELS, Friedrich. *Selected Letters*, editado por Fritz J. Raddatz, p. 106.
111. MARX, Karl. *The Letters of Karl Marx*, traduzido por Saul K. Padover, pp. 163-166.
112. MARX, Karl; ENGELS, Friedrich. *The German Ideology*. Nova York: International Publishers, 1947, pp. 100-101. MARX, Karl; ENGELS, Friedrich. *The Holy Family*, pp. 78-80, 144.
113. MARX, Karl; ENGELS, Friedrich. *Collected Works*, volume 6, p. 350.
114. Ibid., p. 354.

NOTAS

115. PAYNE, Robert. *Marx*, p. 192.
116. DUNCAN, Graeme, *Marx and Mill*. Cambridge: Cambridge University Press, 1973, p. ix.
117. MARX, Karl; ENGELS, Friedrich. *Selected Correspondence*, traduzido por Dona Torr, pp. 48-52.
118. Ibid.
119. ENGELS, Friedrich. Speech at the graveside of Karl Marx. MARX, Karl; ENGELS, Friedrich. *Selected Works*, volume II. Moscou: Foreign Languages Publishing House, 1955, p. 167.
120. Ibid., pp. 168-169.
121. Ibid., p. 169.
122. MEHRING, Franz. *Karl Marx*, p. XII.

ASSINE NOSSA NEWSLETTER E RECEBA INFORMAÇÕES DE TODOS OS LANÇAMENTOS

www.faroeditorial.com.br

CAMPANHA

Há um grande número de pessoas vivendo com HIV e hepatites virais que não se trata. Gratuito e sigiloso, fazer o teste de HIV e hepatite é mais rápido do que ler um livro.

FAÇA O TESTE. NÃO FIQUE NA DÚVIDA!

ESTE LIVRO FOI IMPRESSO PELA

GRÁFICA HROSA

EM FEVEREIRO DE 2025